Gregor Gysi

# Was nun?

Über Deutschlands Zustand
und meinen eigenen

*[signature] 23. 11. 2003*

Hoffmann und Campe

2., durchgesehene Auflage 2003
Copyright © 2003 by Hoffmann und Campe Verlag, Hamburg
*www.hoffmann-und-campe.de*
Schutzumschlaggestaltung: Büro Hamburg/Claudia Lieb
Foto: dpa
Satz: Dörlemann Satz, Lemförde
Druck und Bindung: GGP Media, Pößneck
Printed in Germany
ISBN 3-455-09369-8

**HOFFMANN
UND CAMPE**

*Ein Unternehmen der*
GANSKE VERLAGSGRUPPE

# Inhalt

# Vorbemerkung

Im Jahre 2001 erschien bei Hoffmann und Campe mein Buch »Ein Blick zurück, ein Schritt nach vorn«. In ihm schildere ich meinen politischen Werdegang nach der Herstellung der deutschen Einheit. Am Schluss meines damaligen Vorwortes schrieb ich: »Wenn ich noch einmal ein Buch schreiben sollte, werde ich versuchen, mich mit den Irrtümern in diesem zu beschäftigen.«

Ich ahnte nicht, dass es so schnell dazu kommen sollte. Aber in diesem Buch soll es natürlich nicht nur um die Korrektur meiner Irrtümer von damals gehen. Vor allem will ich versuchen, die Entwicklung nach dem Zeitpunkt meines Verzichts auf den Fraktionsvorsitz der PDS im Bundestag zu skizzieren. Dabei spielen meine Erlebnisse im Berliner Landtagswahlkampf im Jahre 2001 und als Bürgermeister und Senator in Berlin ebenso eine wichtige Rolle wie die Entwicklung bzw. Fehlentwicklung der PDS. Ich komme nicht umhin, mich mit den gravierenden Unterschieden zwischen der dogmatischen und der demokratischen Linken zu befassen, aber auch Einschätzungen zur Entwicklung des Kapitalismus und zur Perspektive eines demokratischen Sozialismus zu geben. Ich will mich mit dem Verhältnis von Politik und Medien beschäftigen, ein Thema, das mich wie kaum ein anderes seit 1990 begleitet hat.

Und natürlich ist auch dieses Buch wieder ein sehr persönliches, denn meine konkreten Begegnungen mit Menschen, meine eigenen Erlebnisse werden nicht nur geschildert, sondern liegen meinen Erfahrungen und Ansichten zugrunde.

## 1. Kapitel

# Wie ich in die Berliner Landespolitik geriet

Nachdem ich am 2. Oktober 2000 aus dem Amt als Fraktionsvorsitzender der PDS im Bundestag ausgeschieden war, hatte ich zunächst tatsächlich mehr Zeit für meine Frau und meine Tochter, für Freundinnen und Freunde, und wir alle genossen dies sehr. Eines Vormittags kam ich nach Hause, und eine Nachbarin traf mich auf der Treppe. Sie wunderte sich, mich um diese Zeit zu sehen, und fragte erstaunt, was ich dort machte. »Ich wohne hier«, erwiderte ich, und sie meinte: »Aber doch nicht um diese Zeit.« Loriots »Pappa ante portas« ließ also grüßen. Diese Phase hielt aber nur bis Anfang des Jahres 2001 an.

Nachdem mein letztes Buch erschienen und in einer Pressekonferenz vom ehemaligen SPD-Vorsitzenden Oskar Lafontaine vorgestellt worden war, begannen mehrere Lesereisen quer durch die Bundesrepublik. Dahin war die Zeit für die Familie, und ich war jetzt noch seltener zu Hause als vorher. Also stimmte meine These, dass an der mangelnden Zeit für die Familie weniger ein Amt schuld ist als die innere Einstellung. Zum einen war ich natürlich daran interessiert, dass sich das Buch gut verkaufte. Weniger aus materiellen Gründen, mehr aus Gründen, die mit Ehrgeiz und Eitelkeit zu tun haben. Es ist schließlich peinlich, ein Buch zu schreiben, das kaum erworben wird. Aber es gab ein weiteres Motiv: Die Veranstaltungen selbst waren atmosphärisch geradezu ein Labsal für mich. Egal ob im Süden oder Norden, im Westen oder Osten Deutschlands, stets waren sie gut besucht, das Publikum höchst interessiert, sehr sachlich und freundlich, und das sogar in westdeutschen Kleinstädten, in denen ich es früher besonders schwer gehabt hatte. Mit einem »Ausgeschiedenen« oder doch zumindest fast »Ausgeschiedenen« geht man halt anders um. Jetzt konnte man auch die eine oder andere Seite an mir anerkennen, brauchte sein Interesse nicht mehr zu kaschieren. Nicht selten kamen sogar die CSU- oder CDU-Bürgermeister dieser Städte zu den Lesungen, einfach um sie mitzuerleben. Wenn man wie ich so viele Jahre Veranstaltungen erlebt hat, bei denen man nicht weiß, aus welcher Ecke welcher Angriff als Nächster kommt, dann genießt man eine solche Atmosphäre. Diese Buchpräsentationen hatten noch einen weiteren Vorteil. Sie unterscheiden sich von mehr oder weniger offiziellen Terminen, die man in einem Amt wahrzunehmen hat, vor allem durch eines: Eine Lesung ist abgeschlossen, wenn sie zu Ende ist. Bei offiziellen Terminen einer »Amtsperson« sieht das anders aus. Man geht mit etwa drei Problemen dorthin, schafft es in der Regel nicht, sie zu lösen, hat dafür aber hinterher drei neue zu klären. Wenn ein solcher Termin beendet ist, beschäftigt er einen gedanklich noch stärker als vorher. Ich räume ein, es wirklich genossen zu haben, dass ich mir über eine Buchveranstaltung im Nachhinein keine Gedanken mehr zu machen brauchte. In der Regel blieb eine angenehme Erinnerung. Offensichtlich konnte ich von solchen Auftritten kaum genug bekommen, denn anders lässt sich nicht erklären, weshalb ich sie in dieser Vielzahl absolvierte. Ich befriedigte einen Nachholbedarf an atmosphärisch angenehmen öffentlichen Veranstaltungen.

Obwohl ich noch gar nicht in dem Alter war, wurde ich eher wie ein älterer, ausgeschiedener Politiker behandelt, der über seine »reichen« politischen Lebenserfahrungen plaudert. Das hat einen Vorteil: Ich weiß schon heute, dass das Alter auch seine Vorzüge haben wird. Sollen sich die Jungen balgen, man selbst wird nur noch für mehr oder weniger weise Ratschläge zuständig sein und gleichzeitig Anspruch auf respektvolle Behandlung haben.

Abgesehen von meinen außenpolitischen Aktivitäten, wurde es in zwei Fällen aber doch noch sehr konkret. Der Bundestag beschäftigte sich mit der Frage, ob an künstlich außerhalb des Mutterleibs befruchteten Eiern (In-vitro-Fertilisation) eine Diagnostik auf Erbkrankheiten (pränatale Diagnostik) zulässig sein soll. Für den Fall einer festgestellten Erbkrankheit sollte die

Frau bzw. sollten die Frau und ihr Partner ein Entscheidungsrecht haben, ob das befruchtete Ei bei ihr eingepflanzt werden soll. Außerdem ging es um die Frage, ob es Wissenschaftlerinnen und Wissenschaftlern erlaubt werden solle, an »überzähligen« Embryonen zu forschen. Für eine In-vitro-Fertilisation werden der Frau immer mehr Eier entnommen, als später eingepflanzt werden können. Beide Fragen führten zu einer breiten ethischen Debatte in der Gesellschaft. Die zweite Frage ist tatsächlich schwer zu beantworten. Der Missbrauch solcher Forschungen und vor allem ihrer eventuellen Ergebnisse kann durch niemanden ausgeschlossen werden. Gerade zur Zeit dieser Debatte war es erstmalig gelungen, ein Schaf zu klonen. Natürlich steht die Frage im Raum, ob solche Forschungen nicht dazu dienen könnten, auch Menschen zu klonen. Und wenn die Menschen einmal diese Möglichkeit hätten, würden sie sie vielleicht nutzen, um eine entsetzliche Selektion vorzunehmen. Welchen Kampf könnte es bedeuten, nach welchen Kriterien entschieden würde, ob ein Mensch geklont werden soll oder nicht? Horrorszenarien sind denkbar, gegen die Orwells Vorstellungen harmlos wirken.

Dennoch: Forschung hat sich noch nie von Gesetzen aufhalten lassen. Was möglich war, wurde auch gemacht. Mögliche Erkenntnisse lassen sich nicht unterdrücken. Eine ganz andere Frage ist ihre Verwertung. Also sollte der Gesetzgeber rechtzeitig Pflöcke setzen, um zum Beispiel das Klonen von Menschen auszuschließen, nicht aber, um Erkenntnisgewinnung unmöglich zu machen. Es gibt immer wieder die Vorstellung, dass es leichter wäre, eine Erkenntnis zu verhindern, um ihren Missbrauch auszuschließen, als später den Missbrauch zu unterbinden. Aber dieser Weg war noch nie praktikabel.

Hinsichtlich der Auseinandersetzung über die pränatale Diagnostik zur Feststellung von Erbkrankheiten bei Embryonen vor ihrer Einpflanzung in den weiblichen Körper glaubte ich während der Debatten in meiner Fraktion und im Bundestag gelegentlich im »falschen Film« zu sein. Noch gut hatte ich die Diskussion über die Abschaffung des Paragraphen 218 StGB in Erinnerung. Eine große Mehrheit der Mitglieder der Fraktionen von Bündnis 90/Die Grünen und PDS vertrat damals die Auffassung, der Paragraph müsse ersatzlos gestrichen werden. Niemand von ihnen hatte gefordert, die Fruchtwasseruntersuchung zu verbieten, der sich schwangere Frauen unterziehen, um bestimmte Erbkrankheiten ausschließen oder diagnostizieren zu lassen. Auch eine solche Untersuchung dient ja dem Zweck, über eine Fortsetzung oder den Abbruch einer Schwangerschaft zu entscheiden. Aber viele der ärgsten Verfechterinnen und Verfechter der ersatzlosen Streichung des Paragraphen 218 StGB vertraten plötzlich die Auffassung, das menschliche Leben beginne bereits mit der Befruchtung der Eizelle, und deshalb sei eine solche Erbkrankheitsuntersuchung außerhalb des Mutterleibes unstatthaft.

In der PDS-Fraktion kam es über beide Fragen zu einer sehr lebhaften Debatte. Ich befürwortete die Zulässigkeit einer pränatalen Diagnostik und im oben geschilderten Sinne auch von Forschung und unterlag in beiden Punkten, und zwar nicht knapp, sondern eindeutig. Zwei bis drei Abgeordnete teilten noch in etwa meine Auffassung, die anderen hatten sich alle entschlossen, »katholisch« zu werden, und zwar für meine Begriffe »katholischer« als Katholikinnen und Katholiken. Um auch das klarzustellen: Diejenigen, die immer gegen eine Legalisierung des Schwangerschaftsabbruchs eintraten, weil sie zum Beispiel aus religiösen Überzeugungen jeden Gedanken einer Herrschaft des Menschen über die »göttliche Schöpfung« ablehnen, habe ich immer respektiert. Bei ihnen scheint es mir auch völlig nachvollziehbar zu sein, dass sie gegen eine pränatale Diagnostik an Embryonen im Reagenzglas und gegen die Forschung an »überzähligen« Embryonen eintreten. Aber bei den Verfechterinnen und Verfechtern der ersatzlosen Streichung des Paragraphen 218 StGB scheint mir ein solcher Bruch in der Logik und in der Ethik vorzuliegen, dass ich nicht bereit bin, ihn nachzuvollziehen.

Eine weitere sehr kontroverse Debatte – wenn auch nur in kleinem Kreis und hinter verschlossenen Türen – gab es im Zusammenhang mit der Rentenreform der Bundesregierung. Die PDS-Bundestagsfraktion – mich eingeschlossen – war strikter Gegner dieser Reform. Nach unserer Auffassung öffnet sie die Tür zum Ausstieg aus der paritätisch finanzierten Rentenversicherung. Um einen weiteren Anstieg der Beiträge in die gesetzliche Rentenversicherung zu verhindern, sieht die Reform vor, dass die gesetzliche Rente so begrenzt wird, dass einigermaßen stabile Beiträge gesichert werden können. Dieses Ziel ist übrigens verfehlt worden, wie die vor wenigen Monaten erfolgte Beitragserhöhung zur gesetzlichen Rentenversicherung zeigt.

Man stand aber vor dem Problem, dass die gesetzliche Rente dann nicht mehr ausreichen wird, um die Mindestversorgung eines Großteils der künftigen Rentnerinnen und Rentner zu sichern. So kam man auf die Idee, die gesetzliche Rente mit einer privaten Rente zu koppeln. Das aber bedeutet, dass nicht die Rentenbeiträge der Arbeitnehmerinnen und Arbeitnehmer begrenzt werden, sondern nur die anteilige Verpflichtung der Unternehmen. Denn die Arbeitnehmerinnen und Arbeitnehmer müssen ja zusätzliche Beiträge für diese private Rentenversicherung bezahlen.

Die Regierung hatte außerdem das Problem, dass es Arbeitnehmerinnen und Arbeitnehmer gibt, die so wenig verdienen, dass ihnen eine zusätzliche private Rentenversicherung einfach nicht zuzumuten gewesen wäre. Deshalb entschied sie sich, staatliche Zuschüsse zu gewähren. Das begünstigt alle, aber Geringverdienende prozentual stärker, kommt allerdings auch den privaten Versicherungen zugute, die ja die Beiträge einschließlich der Zuschüsse kassieren. Insofern handelt es sich bei dieser Rentenreform auch um eine gigantische Subvention privater Versicherungen. Die PDS hatte also viele und gute Gründe, die Reform abzulehnen und scharf zu kritisieren.

Trotzdem gerieten wir untereinander in einen Konflikt, als es um die Frage der Zustimmung Mecklenburg Vorpommerns im Bundesrat ging. In Mecklenburg-Vorpommern ist die PDS an der Landesregierung beteiligt. Die Rentenreform selbst war im Bundesrat nicht zustimmungspflichtig und bereits im Bundestag gegen unsere Stimmen verabschiedet worden. Den Ausstieg aus der paritätischen Finanzierung der gesetzlichen Rentenversicherung hatten wir also nicht verhindern können. Im Bundesrat ging es zu einem späteren Zeitpunkt nur noch um ein allerdings wichtiges Begleitgesetz. In ihm wurde der Anspruch von Arbeitnehmerinnen und Arbeitnehmern auf staatliche Zuschüsse für den Fall des Abschlusses der privaten Rentenversicherung geregelt. Wir konnten meines Erachtens nicht ernsthaft gegen dieses Begleitgesetz sein. Auch wenn wir die Rentenreform an sich ablehnten, gab es keinen Grund, sich gegen staatliche Zuschüsse zu wenden, auf die insbesondere Arbeitnehmerinnen und Arbeitnehmer mit geringen Löhnen angewiesen sind. Das Problem bestand nur darin, dass in den Medien der Eindruck erweckt wurde, der Bundesrat stimme über die Rentenreform selbst ab. Vor allem der damalige neue Fraktionsvorsitzende der PDS im Bundestag, Roland Claus, sah die Gefahr, dass die PDS als Umfallerpartei gelten könnte, wenn Mecklenburg-Vorpommern im Bundesrat dem Begleitgesetz zustimmte. In den linken Tageszeitungen »Neues Deutschland« und »Junge Welt« wurde auch genau so argumentiert.

Die Medienwahrheit wog schwerer als das, worum es im Gesetz wirklich ging. Da die PDS-Führung ihrerseits nicht rechtzeitig für Aufklärung gesorgt hatte, wäre tatsächlich ein falscher Eindruck entstanden. Ich war aber der Meinung, dass dies zu reparieren gewesen wäre und, vor allem, dass man letztlich den eigentlichen Sachverhalt zum Maßstab nehmen müsse, nicht ein fehlerhaft gezeichnetes Medienbild. Da die Gefahr bestand, dass es von den Stimmen Mecklenburg-Vorpommerns im Bundesrat abhinge, ob das Begleitgesetz durchkäme oder nicht, lud Bundeskanzler Gerhard Schröder die PDS-Führung ein. Nicht ganz zu Unrecht ging er davon aus, dass sie sich durch eine solche Einladung geschmeichelt fühlen und damit kompromissbereiter sein könnte.

Gerhard Schröder versteht es, Leute für sich einzunehmen. Er erklärte, dass er unsere Gegnerschaft zur Rentenreform zwar nicht nachvollziehen könne, aber respektiere. Nur gehe es doch im Bundesrat gar nicht mehr um die Rentenreform, die schon geltendes Recht sei, sondern nur um ein Begleitgesetz zugunsten der Betroffenen, und er verstehe nicht, warum wir uns dagegen sperrten. Er erklärte ferner, für die Zusammenarbeit von SPD und PDS sei es natürlich nicht unwichtig, ob man sich in solch schwierigen Momenten auf die PDS verlassen könne oder nicht. Er versuchte uns auch deutlich zu machen, dass es in einem solchen Konfliktfalle zwischen SPD und Bündnis 90/Die Grünen einerseits und CDU/CSU und FDP andererseits doch auch für die PDS nicht ganz unproblematisch wäre, sich auf die Seite von CDU, CSU und FDP zu schlagen. Ich kannte natürlich die tief ablehnende Haltung von Roland Claus gegen eine Zustimmung im Bundesrat und war erstaunt, wie flexibel sich die damalige PDS-Vorsitzende Gabriele Zimmer verhielt. PDS-Minister Helmut Holter, der die Rentenreform ebenso ablehnte wie wir alle, konnte sich eine Zustimmung zum Begleitgesetz vorstellen, allerdings nur, wenn sich auch die Parteivorsitzende und der Fraktionsvorsitzende im Bundestag dafür aussprächen, weil er anderenfalls in einen innerparteilichen Konflikt geraten wäre, den er nicht durchstehen konnte. Er war ohnehin schon in das Visier des »Spiegel« geraten und galt vielen in der PDS als angepasster Opportunist bzw. Sozialdemokrat, ein in meiner Partei bekanntlich nicht ungefährlicher Ruf. Da tatsächlich die Gefahr bestand, ein solches Ja als Zustimmung zur Rentenreform selbst missgedeutet zu bekommen, ging es nur mit einer gemeinsamen Entscheidung der Verantwortlichen oder gar nicht.

In der gesamten Runde war ich der Einzige, der eigentlich keine Funktion und kein Amt innehatte. Ich sollte wahrscheinlich irgendwie vermitteln. Tatsächlich versuchte ich dem Bundeskanzler eine große Hürde hinzustellen, denn nun war die PDS mal wichtig, das sollte sie auch nutzen, und deshalb durfte es eine Zustimmung zum Nulltarif auf keinen Fall geben. Ich fragte deshalb Gerhard Schröder, ob er sich vorstellen könne, eine gemeinsame Kommission der Bundesregierung und der PDS zu bilden, um alle noch offenen Fragen hinsichtlich der Ostrenten zu klären. Dabei ging es mir vor allem um drei Fragen.

Nach wie vor gibt es Lücken bei der Überführung der Rentenansprüche aus der DDR in die gesetzlichen Regelungen der Bundesrepublik Deutschland. Schon erworbene Rentenansprüche sind einfach weggefallen. Das gilt zum Beispiel für hunderttausende Frauen, die als Hausfrauen Marken mit einem geringen Beitrag klebten, der später zu einem Rentenanspruch führen sollte, einem Anspruch, den die BRD nie anerkannt hat. Das gilt für mitarbeitende Familienmitglieder, insbesondere für die Ehefrauen privater Handwerker und Gewerbetreibender der DDR, die ohne Beitragszahlungen in der DDR einen Rentenanspruch erworben hatten, der ebenfalls nicht überführt wurde. Es gilt aber auch für kleinere Berufsgruppen wie zum Beispiel die Balletttänzerinnen und -tänzer, die nach einer bestimmten Zahl von Berufsjahren in der DDR einen Rentenanspruch erworben hatten, der heute ebenfalls nicht anerkannt ist.

Des Weiteren ging es mir um die Reste des Rentenstrafrechts, die es immer noch für einen bestimmten Kreis so genannter Staatsnaher der DDR gibt. Und letztlich strebte ich die Beseitigung des Versorgungsunrechts an, das ich darin sehe, dass es unterschiedliche Renteneckwertpunkte in Ost und West gibt, dass bestimmte Berufsjahre in der DDR im bundesdeutschen Recht nicht anerkannt werden, dass bei bestimmten Betriebsrenten – zum Beispiel bei der Knappschaftsrente für Bergleute – ehemalige Bürgerinnen und Bürger der DDR erhebliche Abstriche hinnehmen müssen und dass generell gleiche Lebensleistungen nicht zu gleichen Renten führen.

Gerhard Schröder fand meine Idee ziemlich unverschämt und erkannte die Bedeutung einer solchen Kommission insbesondere für uns. Der PDS wäre eine bestimmte Weihe zuteil geworden, indem die Bundesregierung mit ihr eine gemeinsame Kommission gebildet hätte. Die Bundesregierung hätte damit auch indirekt die Zuständigkeit der PDS für die gegenwärtigen und künftigen Rentnerinnen und Rentner aus der ehemaligen DDR anerkannt. Das aber wäre ein Schritt gewesen, die Zuständigkeit der PDS für den Osten überhaupt anzuerkennen. Mit Sicherheit hätte ihm das sehr viel Ärger in der eigenen Partei, bei seinem Koalitionspartner und erst recht bei den anderen Oppositionsparteien eingebracht. Hinzu gekommen wäre, dass eine solche Kommission ja nicht ohne Ergebnisse hätte operieren können. Jedes positive Ergebnis für die gegenwärtigen und künftigen Rentnerinnen und Rentner aus der ehemaligen DDR wäre in der Öffentlichkeit als Verdienst der PDS wahrgenommen worden. Das alles wusste Gerhard Schröder, und deshalb erklärte er, dass mein Vorschlag zwar unverfroren, er aber dennoch bereit sei, auf ihn einzugehen. Würde mit Zustimmung der PDS Mecklenburg-Vorpommern Ja zum Begleitgesetz im Bundesrat sagen, würde er diese Kommission bilden.

Ich hatte natürlich noch eine zusätzliche Überlegung im Kopf. Die Medien würden ja bestimmt herausbekommen, dass unser Ja an die Bedingung geknüpft war, eine Zustimmung des Kanzlers zu dieser Kommission zu bekommen. Mit der Veröffentlichung wäre ein Vorteil für beide Seiten eingetreten. Gerhard Schröders Verhalten wäre erklärlich geworden, denn er hätte einer solchen Kommission nicht aus eigenem Antrieb, sondern nur unter dem Druck zugestimmt, anders keine Mehrheit im Bundesrat für sein Begleitgesetz zur Rentenreform sichern zu können. Der PDS-Führung andererseits wäre die Zustimmung nicht so übel genommen worden, weil für die gegenwärtigen und künftigen Rentnerinnen und Rentner aus der DDR etwas Positives hätte erreicht werden können.

Dieser Kompromiss wäre möglich gewesen und scheiterte weder an Gabriele Zimmer noch an Helmut Holter, sondern an Roland Claus. Er blieb der Überzeugung, dass der Schaden für die PDS im Falle einer Zustimmung zum Begleitgesetz im Bundesrat so hoch wäre, dass er auch durch eine solche Kommission selbst bei positivsten Ergebnissen nicht ausgeglichen werden könne. Irgendwann gaben alle Beteiligten auf, weil Roland Claus nicht umzustimmen war. Ohne seine Zustimmung wagte auch Gabriele Zimmer keine Zustimmung zu erteilen, und damit schied auch eine Zustimmung durch Helmut Holter aus.

Inzwischen war es spät geworden, und wir stellten fest, dass Gabriele Zimmer am nächsten Tag Geburtstag hatte. So warteten wir alle noch bis Mitternacht und stießen dann mit Sekt an, die Runde endete ganz lustig, aber eben ergebnislos. Rückblickend habe ich mich vornehmlich darüber geärgert, am Gespräch überhaupt teilgenommen zu haben, weil ich hätte wissen müssen, dass kein Ergebnis erzielt werden konnte. Wahrscheinlich hat mir Roland Claus übel genommen, dass ich die Rentenkommission überhaupt vorgeschlagen und ihn damit in eine prekäre Situation gebracht hatte.

Im Nachhinein stelle ich mir vor, dass wenige Monate vor der Bundestagswahl die Ergebnisse einer solchen Kommission vorgelegen hätten und Besserstellungen für die gegenwärtigen und künftigen Rentnerinnen und Rentner aus der DDR festgelegt worden wären. Ich stelle mir ebenso vor, es hätte ständig Kritik aus den anderen Parteien gegeben, dass die PDS überhaupt an dieser Kommission beteiligt und für zuständig erklärt worden sei. Das alles hätte möglicherweise der PDS in den neuen Bundesländern eine Stellung sichern können, die ein anderes Wahlergebnis im September 2002 nach sich gezogen hätte.

Meine damalige Verärgerung nutzte weder mir noch anderen. Immerhin war mir klar geworden: Ich hatte zwar noch einen gewissen Einfluss in der PDS, doch reichte dieser in einer solchen Frage nicht mehr aus. Deshalb beschloss ich für mich, an solchen Runden nicht mehr teilzunehmen. Die Verantwortung lag jetzt bei anderen, und egal ob sie Recht oder Unrecht hatten, sie mussten sie wahrnehmen. Ohne Roland Claus zu nahe treten zu wollen, denke ich, dass es ihm auch wichtig war, mir gegenüber dieses Signal zu setzen. Das immerhin ist ihm gelungen.

Besonders ärgerlich war, dass der Ministerpräsident Mecklenburg-Vorpommerns, Harald Ringstorff, gegen den Willen der PDS und damit unter Verletzung des Koalitionsvertrages im Bundesrat doch zustimmte, wobei es auf die Stimmen Mecklenburg-Vorpommerns wider Erwarten nicht einmal angekommen wäre.

Ansonsten lebte ich ein anderes Leben. Ich genoss die andersartigen Termine und Veranstaltungen und überlegte mir, ob ich zum nächsten Bundestag im Jahre 2002 erneut kandidieren sollte oder nicht. Vor allem Roland Claus und der damalige Bundesgeschäftsführer der PDS, Dietmar Bartsch, versuchten mich von einer erneuten Kandidatur zu überzeugen. Sie versprachen sich davon eine positive

Wirkung im Bundestagswahlkampf und meinten, so frei, wie ich in der Bundestagsfraktion schwebte, könne ich doch eigentlich nichts dagegen haben. Viele würden die PDS aber immer noch mit mir verbinden, und so sei ich in der Verantwortung, in den nächsten Bundestagswahlkampf einzugreifen, und dies ginge wiederum nur glaubwürdig, wenn ich auch kandidierte. Evelyn Wittich von der parteinahen PDS-Stiftung »Rosa-Luxemburg« bot mir an, Kuratoriumsvorsitzender zu werden. Gegen dieses Angebot der Stiftung sprach, dass ich mich endgültig auf das Altenteil abgeschoben gefühlt hätte. Gegen das Angebot, erneut für den Bundestag zu kandidieren, sprach vor allem, dass ich nicht wusste, welche Rolle, welche Funktion ich in der Fraktion künftig einnehmen sollte. »Frei schwebend« zu sein ist zwar ganz angenehm, rechtfertigt aber eine Kandidatur nicht ausreichend.

Andererseits hatte ich aber auch Angst, mich gänzlich aus der Politik zurückzuziehen und zum Beispiel wieder als Rechtsanwalt zu arbeiten. Diesen Beruf hatte ich zwar gern ausgeübt, aber von 1971 bis 1989 in der DDR. Weder wusste ich, wie ich die Umstellung in der Bundesrepublik Deutschland bewältigen würde, noch konnte ich einschätzen, ob ich nicht durch die Politik inzwischen so verdorben war, dass mir die Konzentration auf den Einzelfall gar nicht mehr gelänge. Des Öfteren las ich in Zeitungen, ich hielte es ohne Politik und öffentliche Auftritte nicht aus. Je öfter man so etwas liest, desto eher glaubt man es auch selbst. Ich hatte inzwischen weniger Öffentlichkeit, und das störte mich keineswegs, aber ich wusste nicht, ob es auch mit noch weniger Öffentlichkeit ginge. Vor allem fühlte ich aber auch noch eine politische Verantwortung, und zwar sowohl für die PDS als auch für jene Wählerinnen und Wähler, die mit mir Hoffnungen verbanden.

Es ist natürlich leichter, sich zu entscheiden, wenn man zwischen verschiedenen Perspektiven auswählen kann. Deshalb ließ ich mich in dieser Zeit auch auf Gespräche über eine eigene Fernsehsendung ein. Es ist erstaunlich, wie viele Produktionsfirmen sich damals bei mir meldeten und wie ungeheuer verlockend insbesondere die materiellen Angebote klangen. Die meisten Firmen irrten sich aber, so dass sie mit ihren Vorstellungen schon bei den Sendern scheiterten. Zumindest wurde immer die Bedingung daran geknüpft, dass ich erst einmal aus dem Bundestag ausgeschieden sein müsse. Da ich mich nicht gern unter Druck setzen lasse, kam das für mich als Bedingung ohnehin nicht in Frage.

Einerseits reizte es mich durchaus, eine eigene Sendung zu gestalten, andererseits hatte ich auch Hemmungen. Denn es ist ein großer Unterschied, ob man in einer Talkshow als Gast oder als Gastgeber auftritt. Ich glaube, dass ich als Gast in Talkshows durchaus eine gewisse Begabung besitze, habe aber Zweifel, ob dies für mich als Gastgeber ebenso gilt. Ich weiß, dass ich Fragen stellen und auch zuhören kann. Ich weiß auch, dass ich zur Fairness gegenüber politisch völlig anders Denkenden in der Lage bin. Aber neutral kann und will ich nicht sein, und ich kann und will mich auch nicht auf das Fragenstellen reduzieren lassen. Inzwischen war aber der Sender NTV bereit, eine Sendung mit mir zu starten. Und so wurde ich von allen Seiten zu einer Entscheidung gedrängt.

In dieses Hin und Her platzte die Diskussion um eine mögliche Spitzenkandidatur von mir für die PDS bei einer wahrscheinlicher werdenden Neuwahl des Berliner Abgeordnetenhauses. Ein Jahr zuvor, im Juli 2000, hatte ich während meines Urlaubs eine Meldung in der »Berliner Morgenpost« gelesen, wonach in der Berliner PDS erwogen würde, mich zum Kandidaten für das Amt des Regierenden Bürgermeisters zu küren, wenn es irgendwann zu einer Neuwahl käme. Die Zeitung meinte, ein solcher Vorstoß müsse selbstverständlich mit mir abgestimmt sein. Hinter der Meldung stand ein Küchengespräch zwischen dem damaligen Pressesprecher des Parteivorstandes der PDS, Hanno Harnisch, und der damaligen Fraktionsvorsitzenden der PDS im Berliner Abgeordnetenhaus, Carola Freundl. Die »Morgenpost« irrte in einem entscheidenden Punkt: Beide hatten über ihren Vorstoß kein einziges Wort mit mir gewechselt. Die Zeitung unterschätzte den diesbezüglichen Grad an Erneuerung in der PDS.

Natürlich glaubte keine Zeitung daran, dass ich Regierender Bürgermeister von Berlin werden könnte, aber sie spekulierten wohlwollend, welches Senatorenamt für mich geeignet wäre. Dabei spielten vornehmlich Ressorts wie Kultur, Wissenschaft und Sport eine Rolle. Es wurde auch darauf verwiesen, dass meine Regierungsmitgliedschaft ein positives Signal für die Einheit der Stadt und zur Bewältigung der intellektuellen Herausforderungen, vor denen der Senat stünde, sein könnte. Diese Reaktion war für mich erstaunlich, weil noch ein Jahr davor einhellige Empörung die einzig denkbare Reaktion gewesen wäre. Ein ehemaliges SED-Mitglied, ein aktives PDS-Mitglied in der Landesregierung der Hauptstadt, das wäre für viele unvorstellbar gewesen. Ich sandte vom Urlaubsort ein Dementi an die Medien.

Im Juli 2000 war ich noch Vorsitzender der PDS-Fraktion im Bundestag. Ich wusste, dass ich die Funktion im Oktober 2000 abgeben würde. Es schien mir einfach absurd, zu diesem Zeitpunkt bereits über eine neue Funktion nachzudenken. Außerdem reizte mich die Vorstellung, in die Berliner Landespolitik zu wechseln, zu diesem Zeitpunkt keineswegs. Andererseits dachte ich mir, Verantwortliche aus der Berliner Landes-PDS wollten mit diesem Gerücht ein wenig medial spielen, was ja nicht schaden müsse. Da ich davon überzeugt war, dass die große Koalition aus CDU und SPD in Berlin die Legislaturperiode durchhielte, konnte die Frage frühestens im Herbst 2004 aktuell werden. Bis dahin, so dachte ich, flösse noch viel Wasser den Rhein hinunter, also dementierte ich so, dass Gedankenspiele möglich blieben.

Im April 2001 begann die große Koalition aber wirklich zu wackeln. Wieder las ich Spekulationen hinsichtlich meiner Kandidatur für die Berliner PDS in den Zeitungen. Allerdings ging es damals noch nicht um Neuwahlen, sondern um eine eventuelle Senatsbildung unter Einschluss der PDS. Diesmal dementierte ich klar, dass ich für eine Wahl in den Senat im Rahmen einer neuen Koalition nicht zur Verfügung stünde. Ich war überhaupt der Auffassung, die PDS dürfe sich nicht an einem Senat beteiligen, wenn es keine Neuwahlen gäbe. Schließlich hatte die SPD vor der letzten Wahl ausdrücklich eine Koalition mit der PDS ausgeschlossen. Sie müsste sich durch Neuwahlen erst die Legitimation holen, gegebenenfalls auch mit der PDS eine Koalition zu bilden. Das Thema war nach diesem Dementi auch für kurze Zeit erledigt. Dann aber eskalierte die Koalitionskrise zwischen CDU und SPD weiter. Der Skandal hinsichtlich der überwiegend staatlichen Berliner Bank spitzte sich zu. Der eigentliche Macher in der CDU, der damalige Fraktionsvorsitzende Klaus Landowsky, war zugleich Vorstandsvorsitzender der Hypo Bank in diesem Konsortium. Aber er kämpfte um seinen Posten, und Eberhard Diepgen, damaliger Regierender Bürgermeister und Landesvorsitzender der CDU, wollte ihn zunächst auch nicht fallen lassen. Die Glaubwürdigkeit der SPD geriet immer mehr ins Wanken. So kam es dann im Juni 2001 zum Bruch der Koalition. Natürlich wollte die SPD vermeiden, einen neuen Senat mit Hilfe der PDS-Fraktion zu bilden. Auch für sie galt, dass sie vor der letzten Wahl ein Zusammengehen mit der PDS ausgeschlossen hatte. Deshalb bot die SPD der CDU an, das Abgeordnetenhaus aufzulösen und Neuwahlen anzuberaumen. Dafür ist eine Zweidrittelmehrheit im Parlament notwendig, die ohne Stimmen aus der CDU-Fraktion nicht zu erreichen war.

Die CDU und speziell Eberhard Diepgen begingen ihren entscheidenden Fehler, indem sie dieses Angebot ablehnten. Hätten sie sich darauf eingelassen, wäre bis zum Termin der Neuwahl Eberhard Diepgen Regierender Bürgermeister geblieben. Er hätte mit dem Amtsbonus in den Wahlkampf ziehen können, selbst dann, wenn die CDU einen anderen Kandidaten als Nachfolger des Regierenden Bürgermeisters aufgestellt hätte. Alle wichtigen Repräsentationstermine in den nächsten Monaten wären noch mit ihm verbunden gewesen. Er und die CDU haben den großen Druck aus der Bevölkerung für solche Neuwahlen unterschätzt. Sofort fand sich nämlich ein bis dahin einmaliges Bündnis aus PDS, Bündnis 90/Die Grünen und FDP – Letztere war zu diesem Zeitpunkt im Berliner Abgeordnetenhaus nicht vertreten – zusammen, um über eine Volksinitiative und einen Volksentscheid Neuwahlen zu erzwingen.

Der zweite Fehler von CDU und Eberhard Diepgen bestand darin, die Alternative, nämlich den Erfolg eines konstruktiven Misstrauensvotums im Berliner Abgeordnetenhaus, für ausgeschlossen zu halten. Für ein konstruktives Misstrauensvotum ist es erforderlich, dass der Regierende Bürgermeister mit der Mehrheit der Stimmen der Mitglieder des Abgeordnetenhauses abgewählt und ein neuer Kandidat mit eben solcher Mehrheit gewählt wird. Darüber hinaus müssen alle Senatorinnen und Senatoren mit Mehrheit neu gewählt werden. Im Berliner Abgeordnetenhaus saßen damals nur vier Fraktionen. SPD und Bündnis 90/Die Grünen hatten keine Mehrheit. Für ein konstruktives Misstrauensvotum wurden zusätzlich die Stimmen der Abgeordneten der PDS benötigt.

Die CDU und Eberhard Diepgen wurden Opfer ihrer eigenen Propaganda. Aufgrund ihres jahrelangen Feldzugs gegen die PDS waren sie davon überzeugt, dass eine solche Mehrheit nicht zustande käme. Selbst wenn sich die SPD-Vorderen darauf einließen, mit Hilfe der PDS-Abgeordneten ein konstruktives Misstrauensvotum zu versuchen, hätte es nach ihrer Auffassung eine genügende Zahl von SPD-Abgeordneten geben müssen, die dieses Zusammengehen innerlich so ablehnten, dass sie sich verweigerten, das heißt weder Eberhard Diepgen abwählten noch den Kandidaten der SPD wählten. Und selbst wenn dies geschähe, so die Überlegung von CDU und Eberhard Diepgen, wäre die SPD anschließend insbesondere bei der Westberliner Bevölkerung so beschädigt, dass dann nicht mehr die CDU, sondern die SPD Neuwahlen zu fürchten hätte. In beiden Fragen irrten die CDU und Eberhard Diepgen.

Anfang Juni 2001 kam es zum konstruktiven Misstrauensvotum im Berliner Abgeordnetenhaus. Eberhard Diepgen wurde abgewählt und Klaus Wowereit zum neuen Regierenden Bürgermeister gewählt. Auch alle übrigen Senatorinnen und Senatoren erhielten die erforderliche Mehrheit. Und auch bei den späteren Neuwahlen war es dann so, dass die CDU die klare Verliererin war, während die SPD zulegte, obwohl sich Klaus Wowereit mit den Stimmen der PDS-Abgeordneten zum Regierenden Bürgermeister hatte wählen lassen und obwohl er und die SPD im Wahlkampf ein künftiges Zusammengehen mit der PDS nicht ausgeschlossen hatten, wenn es sich denn anders nicht rechnen sollte. Die CDU und Eberhard Diepgen hatten das Ausmaß der Krise ebenso unterschätzt wie den Wunsch der gesamten Berliner Bevölkerung nach einem Neuanfang in anderer Konstellation. Natürlich wollten nach wie vor viele Berlinerinnen und Berliner keine Regierungsbeteiligung der PDS, aber diese Möglichkeit schreckte sie nicht mehr so wie in vergangenen Jahren und schon gar nicht, wenn die einzig denkbare Alternative in einer Fortsetzung der großen Koalition bestand. Diese große Koalition hatte sich wie Mehltau über die Stadt gelegt und eine Finanzkrise heraufbeschworen, die fast jeden politischen Spielraum zu zerstören droht. Im Rahmen der kommenden Auseinandersetzungen sollte es sich auch rächen, dass die CDU in der großen Koalition zu dominant gewesen war, was dazu führte, dass die Berlinerinnen und Berliner die CDU als Hauptverursacherin der Krise wahrnahmen und nicht einmal in annähernd gleichem Umfang ihren ehemaligen Koalitionspartner, die SPD.

SPD, Bündnis 90/Die Grünen, PDS und FDP wollten nach der Abwahl Eberhard Diepgens so schnell wie möglich Neuwahlen, während die CDU für einen späteren Zeitpunkt eintrat, was persönlich-materielle, aber auch politische Gründe hatte. Abgeordnete im Berliner Abgeordnetenhaus erwerben nach einer bestimmten Zugehörigkeitszeit einen Rentenanspruch, der sich pro weiterem Zugehörigkeitsjahr erhöht. Also gab es vornehmlich, aber nicht nur in der CDU Abgeordnete, die einen Neuwahltermin so gelegt sehen wollten, dass ein weiteres Zugehörigkeitsjahr im Abgeordnetenhaus realisiert werden konnte. Außerdem hofften die CDU-Vorderen, dass der Minderheitensenat aus SPD und Bündnis 90/Die Grünen im Laufe einer etwas längeren Zeit mehr Fehler begänge, die Bankenkrise in Vergessenheit geriete und sich dadurch die Wahlchancen der CDU wieder erhöhten. Die CDU setzte sich mit ihren Vorstellungen durch. Deshalb wurde der Wahltermin für den 21. Oktober 2001 festgelegt.

Ich hatte mich nun zügig hinsichtlich einer Kandidatur für die PDS in Berlin zu entscheiden. Im Nachhinein denke ich, der Umstand, dass ich durch eine positive Kandidaturentscheidung von den anderen Entscheidungen hinsichtlich Bundestag und Fernsehsendung befreit wurde, hat meine innere Einstellung mit beeinflusst. Dennoch fiel mir die Entscheidung keinesfalls leicht. Es war ja noch kein Jahr her, dass ich aus dem politischen Amt des Fraktionsvorsitzenden ausgeschieden war, und ein Parteiamt wollte ich auf gar keinen Fall wieder.

Klar war mir auch: Eine Kandidatur hätte zur Konsequenz, dass meine Wohlfühlveranstaltungen beendet wären. Freizeit und Zeit für die Familie wären noch stärker eingeschränkt. Außerdem würde es mit meinem allmählichen Abschied aus der Politik so auch nichts werden. Auf der anderen Seite hörte ich von PDS-Mitgliedern, viele Menschen drückten ihre Hoffnung aus, dass ich kandidierte. Auch meine Frau und andere Angehörige wurden bei verschiedenen Gelegenheiten darauf angesprochen. Das hat mir natürlich in gewisser Hinsicht geschmeichelt, führte aber auch dazu, dass der Druck auf mich wuchs. Ich erhielt eine Vielzahl von Briefen und E-Mails mit der Aufforderung zur Kandidatur. Die Spitzengenossinnen und -genossen des Landesverbandes der PDS drängten auf meine Entscheidung.

Ich überlegte mir, welche enge Verbindung ich zu Berlin habe. In dieser Stadt war ich geboren worden und aufgewachsen. Hier hatte ich mein Berufsleben geführt und mich politisch betätigt. Noch nie in meinem Leben habe ich in einer anderen Stadt gewohnt. Vor etwa acht Generationen war die Familie meines Vaters aus der Baseler Gegend in der Schweiz nach Deutschland übergesiedelt, und zwar nach Berlin. Sämtliche männlichen Vertreter arbeiteten zunächst als Bäder, später als Ärzte in Berlin. Mein Großvater praktizierte in Neukölln und wurde nach 1945 Chefarzt der Inneren Abteilung des Oskar-Ziethen-Krankenhauses in Berlin-Lichtenberg. Mein Vater war der Erste, der aus der Reihe tanzte, Volkswirtschaft studierte und später Politiker wurde. Nach 1945 war er für kurze Zeit sogar stellvertretender Bürgermeister in Zehlendorf. Zuständig war er für Ordnung und Sicherheit – wie ich meine, eine klassische Fehlbesetzung. Meine Mutter wurde in Sankt Petersburg geboren. Ihr Vater arbeitete dort 1912 als deutscher Ingenieur. Mit Ausbruch des Ersten Weltkrieges galten sie als feindliche Ausländer und wurden des Landes verwiesen. Seitdem lebte sie mit ihren Eltern in Berlin. Auch sie hatte wie mein Vater Volkswirtschaft an der Humboldt-Universität zu Berlin studiert. Es gibt also eine besonders enge biografische Bindung von mir an diese Stadt.

Hinzu kam die schwere Krise, in der Berlin steckte, und Herausforderungen dieser Art reizen mich. Eine solche Krise hat den Vorteil, dass niemand den Bau von Schlössern erwartet. Jede und jeder weiß, dass nur kleine Brötchen gebacken werden können, dass vor allem Krisenmanagement erforderlich ist. Nachdem ich im Dezember 1989 Vorsitzender meiner Partei geworden war, hatte ich das Gefühl, von Krisen etwas zu verstehen. Andererseits verstand ich viel zu wenig von der Berliner Landespolitik und hatte die Zeit ohne Amt genossen. Mehrere Abende diskutierte ich mit meiner Frau, mit Freundinnen und Freunden die Frage. Meistens war ich hinterher weder klüger noch entscheidungsfreudiger. Hinzu kam der Druck aus den Medien. Täglich erhielt ich Anfragen, ob ich nun kandidierte oder nicht. Und ich befürchtete, dass ein zu langes Zögern wie Wichtigtuerei aussehen könnte. Was wollte und sollte ich denn noch erfahren, um mich entscheiden zu können?

In solchen Situationen pflege ich mich zu Entscheidungen zu zwingen. In diesem Falle tat ich es dadurch, dass ich zu einer Pressekonferenz am 17. Juni 2001 einlud, um meine Entscheidung bekannt zu geben. Ich bereitete zwei schriftliche Erklärungen vor. Die eine begründete meine Bereitschaft zur Kandidatur, die andere meine Ablehnung. An beiden redigierte ich lange herum, und beide überzeugten mich beim Durchlesen. Auch wenn es nicht besonders glaubwürdig klingt, noch am 16. Juni 2001 war ich unentschlossen. Zum Schluss telefonierte ich noch einmal mit meiner Frau und mit meinem Sohn. Sie riet mir eher ab, er riet mir zu. Er erklärte mir, ich müsse mich nun entscheiden, ob ich überhaupt in der Politik bleiben wolle oder nicht, wenn nicht, müsste ich allerdings sofort mein Bundestagsmandat niederlegen, weil es keinen Grund gäbe, noch ein Jahr mehr oder weniger nutzlos im Parlament herumzusitzen. Wenn ich aber in der Politik bleiben wolle, könnte ich zu einer solchen Kandidatur und

Herausforderung nicht nein sagen. Irgendwie leuchtete mir diese klare Alternative ein, und so entschloss ich mich, am nächsten Tag auf einer Pressekonferenz meine Bereitschaft zur Kandidatur kundzutun. Ich verlas meine Erklärung. Die Entscheidung war gefallen, und ich war in die Berliner Landespolitik geraten. Für mich begann ein neuer Lebensabschnitt, zumindest ein neuer beruflicher Abschnitt.

## 2. Kapitel

# Der Berliner Wahlkampf

Nachdem ich meine Bereitschaft zur Kandidatur am 17. Juni 2001 verkündet hatte, wurden mir erst allmählich die Schwierigkeiten klar, vor denen ich jetzt stand. Bis dahin hatte ich mich wenig mit der Berliner Landespolitik beschäftigt. Allerdings war ich seit 1990 direkt im Berliner Wahlkreis Marzahn-Hellersdorf in den Bundestag gewählt worden. Dort war mein Wahlkreisbüro, und insofern hatte ich regelmäßig auch mit Berliner Politik zu tun, aber eben nur begrenzt. Die meisten Bürgerinnen und Bürger, die mich dort aufsuchten, hatten Rechtsfragen oder politische Anliegen, die sich auf Bundespolitik bezogen. Und wenn es speziell wurde, dann ging es um Marzahn-Hellersdorf, weniger um die Gesamtstadt. Mir fiel auf, dass ich die Berliner Lokalseiten in den Zeitungen regelmäßig ignoriert hatte. Wenn es hoch kommt, hatte ich vielleicht einmal im Jahr die Berliner Abendschau des Senders Freies Berlin (SFB) angesehen. Meine Kenntnisse reichten im Wesentlichen so weit, wie sich Berliner Landespolitik in bundesweiten Medien widerspiegelte.

Mir war klar, dass ich unverzüglich eine Berlinkompetenz zu entwickeln hatte. Es war nicht so, dass ich keine Vision für Berlin besaß. Schon in meiner Begründung für meine Kandidatur hatte ich sie umrissen. Ich verwies darauf, dass ehemalige Westberlinerinnen und Westberliner sowie Ostberlinerinnen und Ostberliner so zusammenfinden müssten, dass Berlin ihr Gemeinschaftsprojekt würde. Die Geschichte der Stadt und ihrer Parteien müsse kritisch aufgearbeitet werden, solle aber den Blick auf die Zukunft nicht versperren. Die Zeit des Kalten Krieges und der Frontstadtideologie müsse für immer vorbei sein. Ich setzte mich für die notwendige Sanierung der Stadt unter der Bedingung ein, dass sie sozial gerecht erfolge und Armut und Arbeitslosigkeit wirksam bekämpfe. Ich verwies auf den notwendigen Ausbau der Bildungschancen für die jungen Generationen und die Erhaltung vielfältiger Formen von Forschung, Wissenschaft, Kunst und Kultur als Voraussetzung dafür, dass Berlin eine europäische Metropole wird. Privatisierungen seien zwar notwendig, aber nicht um den Preis, dass der Senat seine sozialökologische Regulierungsfähigkeit verlöre. Ich hatte meine Entschlossenheit angekündigt, »den Filz aus Politik, Geld- und Immobilienwirtschaft in Berlin vollständig« zu verdrängen und dadurch Chancengleichheit auch für Unternehmen herzustellen. Ich verwies darauf, dass die Verwaltung der Stadt gestrafft, entbürokratisiert und transparenter organisiert werden müsse, dass Genehmigungsverfahren bürgerinnen- und bürgernäher und investitionsfreundlicher zu gestalten seien. Dazu gehörte auch, die Mitarbeiterinnen und Mitarbeiter der Verwaltungen besser zu motivieren. Ich wünschte mir, »dass Berlin seine einzigartige west- und osteuropäische Vergangenheit nutzt, um zu einem der wichtigsten Kongress- und Verhandlungsstandorte Europas zu werden«. Ich erinnerte an die auch international bedeutende Wissenschafts- und Kulturzeit in den zwanziger Jahren und forderte, daran anzuknüpfen.

Im Bundesrat sollte sich Berlin für eine gerechtere Steuer- und Sozialpolitik, eine wirksamere Arbeitsmarktpolitik und für Chancengleichheit und Gleichberechtigung der Ost- und Westdeutschen einsetzen. Nie wieder, so erklärte ich, sollten »die Möglichkeiten dieser Stadt durch Rechtsextremismus, Fremdenfeindlichkeit und Antisemitismus zerstört oder durch irgendeine Form von Diktatur beeinträchtigt werden«. »Nachdem vor zwölf Jahren die vor vierzig Jahren errichtete Mauer in Berlin endlich und friedlich fiel, müssen auch andere Mauern bzw. Reste von Mauern zwischen Deutschen und Nichtdeutschen, zwischen West- und Ostberlinern, zwischen Regierung und Bevölkerung, zwischen oben und unten so weit wie möglich überwunden werden, damit das Zusammenleben in dieser Stadt friedlicher, kulturvoller, sozialer, gerechter, erfreulicher und damit auch fröhlicher wird. Ich stehe für Brücken, nicht für Mauern.« Mir war allerdings auch klar, dass solche hehren Ziele, die, heute nachgelesen, eher phrasenhaft wirken, allein nicht genügen. Ich teile zwar ganz und gar nicht die Auffassung von Altbundeskanzler Helmut Schmidt, Politikerinnen und Politiker mit Visionen gehörten auf die Couch, im Gegenteil, solche ohne Visionen versacken regelmäßig in orientierungslosem Pragmatismus. Aber Visionen allein reichen selbstverständlich nicht aus. Also ließ ich mich in den nächsten Wochen schulen. Die Sprecherinnen und Sprecher der Berliner PDS-Abgeordnetenhausfraktion kamen nach und nach zu mir und führten mich in ihre jeweiligen Fachgebiete ein. Das reichte bis zu den Vorstellungen über eine neue Hundeverordnung Berlins. Mein »Schulbesuch« war sehr nützlich und hat mir in den späteren Wahlkampfauseinandersetzungen die notwendige Sicherheit verliehen.

Die Zeit des Wohlwollens in den Medien mir gegenüber war schlagartig mit dem 17. Juni vorbei. Meine Kandidatur schien für sie als Gedankenspiel reizvoll, als Realität jedoch nicht hinnehmbar. Damals war ich von den wahrscheinlichen Kandidatinnen und Kandidaten der bundesweit bekannteste. Die Medien selbst hatten mich über mehrere Monate eher freundlich behandelt und damit zu einem verbesserten Ruf meiner Person beigetragen. Das alles bedurfte nun der raschen und möglichst vollständigen Korrektur, so zumindest müssen das einige gesehen haben. Schon am Donnerstag, dem 21. Juni, strahlte die ARD bundesweit im Rahmen der Sendereihe »Kontraste« des SFB einen Beitrag über mich aus. Hier wurde die Behauptung wiederholt, ich sei als Rechtsanwalt in der DDR gleichzeitig für die Staatssicherheit tätig gewesen. Viele meiner diesbezüglichen »Freunde« aus dem Bundestag – vornehmlich SPD-Abgeordnete – meldeten sich erneut zu Wort. Auch Marianne Birthler, die inzwischen gewählte Bundesbeauftragte für die Unterlagen des Staatssicherheitsdienstes der ehemaligen DDR, äußerte sich. Als Behördenleiterin hätte sie dies eigentlich ablehnen müssen. Es gab damals kein offizielles Ersuchen an die Behörde, eine neue Recherche zu meiner Person anzustellen. Aber rechtsstaatliche Prinzipien gelten für meine Person diesbezüglich nicht, zumindest nicht für Marianne Birthler. Sie glaubte, sich besonders schlau zu verhalten, denn sie wusste, dass die Unterlagen in ihrer Behörde eine IM-Tätigkeit meiner Person ausschlossen. So erklärte sie, dass ich nicht *als* IM, sondern *wie* ein IM gewirkt hätte.

Nach diesem Startschuss folgten die Printmedien, insbesondere die Tageszeitungen »Die Welt«, die »B. Z.«, der »Tagesspiegel« und die »Morgenpost«. Auch meine politischen Gegnerinnen und Gegner meldeten sich zu Wort und wiederholten solche Behauptungen, womit sie zitiert wurden. Im Rundfunk äußerte sich in dieser Weise Bernhard Vogel, der damalige Ministerpräsident des Landes Thüringen. In den Zeitungen wurde eine entsprechende Äußerung von Frank Steffel, dem damaligen Nachfolger von Klaus Landowsky im Amt des Fraktionsvorsitzenden der Berliner CDU, wiedergegeben. Wenn ich dieser Kampagne den Boden entziehen wollte, musste ich Gegendarstellungen und Unterlassungserklärungen erwirken. Bernhard Vogel und Frank Steffel verpflichteten sich schriftlich zur Unterlassung, nachdem sie von meinen Rechtsanwälten dazu aufgefordert worden waren. Die Medien weigerten sich, Gegendarstellungen zu senden bzw. zu drucken und Unterlassungserklärungen abzugeben. Also war ich gezwungen, einstweilige Verfügungen gegen sie bei den zuständigen Gerichten zu erwirken. Die Medien legten dagegen Beschwerden ein, aber die einstweiligen Verfügungen wurden durch Urteile bestätigt. Die Berufungen dagegen wurden von den Oberlandesgerichten zurückgewiesen. Damit waren solche Behauptungen künftig unter Strafandrohung untersagt. Gleichzeitig waren die Medien verpflichtet, die Gegendarstellungen zu senden bzw. zu drucken. Die Printmedien kamen dieser Verpflichtung nach, der SFB nicht. »Die Welt« ging beim Abdruck der Gegendarstellung allerdings so vor, dass sie in einem so genannten redaktionellen Schwanz die Behauptung gleich noch einmal wiederholte. Die Gegendarstellung musste erneut abgedruckt werden, ebenso eine neue Gegendarstellung gegen diesen redaktionellen Schwanz. Auch das gelang erst nach einem Verfahren in zwei Instanzen. Gegen den SFB musste ich einen Vollstreckungsantrag stellen. Im Ergebnis sendete der SFB dann erst kurz vor der Wahl die Gegendarstellung, allerdings in rechtswidriger Form. Die Gegendarstellung wurde zwar verlesen, aber dann ein weiterer Beitrag ausgestrahlt, der sie vollständig entwertete, indem dieselben Personen sich nun zu meiner Gegendarstellung äußerten. Rechtlich gingen meine Anwälte davon aus, dass die einstweilige Verfügung immer noch nicht erfüllt sei, und beantragten erneut die Vollstreckung aus dem entsprechenden Urteil. Der SFB wehrte sich wieder über mehrere Instanzen, aber musste Monate später im Jahre 2002 die Gegendarstellung erneut senden. Natürlich hatte sie zu diesem Zeitpunkt keinen politischen Wert mehr, aber man will es ja dann auch wissen.

Der SFB wie andere Medien verlangten von mir, ein Hauptsachverfahren einzuleiten, damit in einer Beweisaufnahme alle Fragen geklärt werden konnten. Diesem Verlangen kam ich nach, und nach gründlicher Beweisaufnahme entschied das Landgericht in allen Fällen zu meinen Gunsten. Die Verbreitung der Behauptung Marianne Birthlers wurde als strafrechtlich relevante »üble Nachrede« qualifiziert. Gegen diese Urteile legten der SFB und andere Medien Berufung ein, so dass letztlich das Oberlandesgericht entscheiden wird. Aber schon jetzt sind erhebliche Gerichts- und Rechtsanwaltskosten entstanden, die der SFB bezahlen muss. Ich frage mich, ob dort niemand prüft, welche Prozesskosten im Interesse der Gebührenzahlerinnen und -zahler vermeidbar sind. Wenn der SFB schon meinte, im Wahlkampf mit einem Beitrag gegen mich vorgehen zu müssen, weshalb konnte er nicht wenigstens anschließend meine Rechte respektieren, statt sich auf langwierige Prozesse mit hohen Kosten einzulassen, die die Allgemeinheit zu bezahlen hat?

Nach Unterbindung dieser Art von Kampagne suchten sich jene Medien, die mir besonders unfreundlich gesonnen sind, neue Angriffspunkte. Zunächst entdeckten sie, dass ich ja gar keine

Kompetenz in der Landespolitik hätte. Dieser Vorwurf war durchaus begründet, hätte aber jede Bundespolitikerin und jeden Bundespolitiker getroffen. Da ich inzwischen meine »Schulungen« absolviert hatte, konnte ich in den verschiedenen Wahlveranstaltungen von Mal zu Mal mit mehr Kompetenz aufwarten, so dass dieser Vorwurf schließlich ins Leere lief. Dann gingen diese Medien dazu über, mir mangelnde charakterliche Eignung zu testieren. Dabei nutzte man mein Image. So las ich, dass ich zwar ganz gut Reden halten und mich in Medien auch einigermaßen souverän bewegen könne, dass dies aber mit konkreter Sacharbeit nicht zu verwechseln sei. Gerade meine Eitelkeit und meine Öffentlichkeitswirksamkeit sprächen dagegen, dass ich mich auf das Studium von Akten und auf konkrete Sachverhalte konzentrieren könne. Das aber sei erforderlich, wenn man in Berlin regieren oder mitregieren wolle. Diese Einschätzung ist in Bezug auf mich zwar falsch, aber nicht so leicht zu widerlegen. Denn tatsächlich kannten mich die meisten Menschen aus dem Bundestag, von Kundgebungen und aus Talkshows, aber niemand hatte mich beim Aktenstudium, bei Verhandlungen, bei der Klärung von konkreten Sachfragen erlebt. Diese Art von Tätigkeit war für mich in den vergangenen Jahren auch nicht typisch gewesen. Allerdings konnte ich darauf verweisen, dass ich von 1971 bis 1989 als Rechtsanwalt tätig gewesen sei, in dieser Zeit ohne jede Öffentlichkeit gelebt hätte und meinen Beruf niemals hätte erfolgreich ausüben können, wenn ich nicht zum Aktenstudium in der Lage und zur Klärung konkreter Sachfragen bereit gewesen wäre. Die Kritiken hatten auch eine positive Wirkung. Im Kern behandelten die Medien mich gleichberechtigt mit den Spitzenkandidaten von SPD und CDU, und das war in früheren Wahlkämpfen nicht zu erreichen gewesen.

Klaus Wowereit gelang es sehr schnell, einen hohen Bekanntheitsgrad in Berlin und ganz Deutschland zu erreichen. Auf dem Landesparteitag der SPD, auf dem er erneut zum Kandidaten für das Amt des Regierenden Bürgermeisters gekürt wurde, erklärte er den Delegierten am Schluss seiner Rede, er wolle nicht, dass sie erst aus den Medien erführen, dass er homosexuell sei. Dies stimme, und »das ist auch gut so«. Dieser Satz hat ihn berühmt gemacht. Noch nie in der Geschichte der Bundesrepublik Deutschland hatte es einen Ministerpräsidenten gegeben, der homosexuell war und dies öffentlich bekannte. Und noch bevor Klaus Wowereit sich in irgendeiner Weise vertiefend politisch äußern konnte oder musste, hatte er durch die Art seines Umgangs mit seiner sexuellen Orientierung das Wohlwollen vieler Bürgerinnen und Bürger gewonnen, auch meines. Ich war und bin froh darüber, dass wir eine gesellschaftliche Entwicklung erreicht haben, in der eine solche sexuelle Orientierung bei einer Wahl für die betreffende Kandidatin bzw. den betreffenden Kandidaten kein Nachteil mehr ist, zumindest in Berlin nicht. Bis in die siebziger Jahre hinein, wahrscheinlich noch in den achtziger Jahren, hätte eine solche Erklärung das Ende einer erfolgreichen Kandidatur bedeutet.

Die CDU entschied sich für Frank Steffel, der es schwer hatte, eigenes Profil zu gewinnen und sich in Berlin bekannt zu machen. Er glaubte auf jeden Fall – und das war ein Fehler –, seine Heterosexualität als Vorteil gegenüber Klaus Wowereit im Wahlkampf nutzen zu können. So entschloss er sich, sich mit Ehefrau auf Wahlplakaten abbilden zu lassen. Das musste als Anspielung genügen. Aber er unterschätzte die Toleranz der Berlinerinnen und Berliner und ihre Ablehnung dagegen, in der Auseinandersetzung mit Klaus Wowereit die eigene Heterosexualität zumindest indirekt nutzen zu wollen. Es gab dann ein Bild, das für ihn vernichtende Wirkungen erzielte. Die CDU führte ihre Eröffnungswahlkampfveranstaltung auf dem Berliner Alexanderplatz durch. Jugendliche warfen Eier. Ein zufällig geschossenes Bild zeigte Edmund Stoiber aufrecht stehend, während Frank Steffel sich hinter ihm scheinbar verkroch. Solche Bilder erzielen eine größere Wirkung als Äußerungen. Die Umfragewerte für Frank Steffel wurden während des gesamten Wahlkampfes nicht besser. Dabei hatte er selbstverständlich auch darunter zu leiden, dass die CDU für die Krise hauptverantwortlich war und gemacht wurde und dass als Protagonist dieser Krise sein Vorgänger als Fraktionsvorsitzender, Klaus Landowsky, galt.

Kampagnen gab es nicht nur gegen mich, sondern auch gegen Frank Steffel. Nachdem die Medien registriert hatten, dass er nicht der Mann war, der für die CDU in diesem Wahlkampf das Steuer herumreißen konnte, begannen sie, ihn »fertig zu machen«. So berichtete eine Zeitung, dass er als Schüler ausländerfeindliche und rassistische Äußerungen gemacht haben soll. Obwohl dies Jahrzehnte zurückgelegen haben müsste, wurde es zu einem aktuellen Thema hochstilisiert. Frank Steffel ließ sich auf eine Sendung mit seinem Parteifreund Michel Friedman ein, der ihn, wie es im Journalistenjargon heißt, »hinrichtete«. Michel Friedman ist der Typ des Journalisten, der dabei kein Maß wahrt. Als Frank Steffel durch die Art der Befragung bereits »am Boden« war, trat er im übertragenen Sinne immer noch nach. Bei mir hatte diese Sendung eine völlig umgekehrte Wirkung. Ich war nicht mit Frank Steffel fertig, sondern mit Michel Friedman. Für mich war das einfach zu viel, seine Herangehensweise irgendwie inhuman. Wenn jemand während einer Sendung schon in den Keller gerät, muss man ihn nicht auch noch verbuddeln. Auf jeden Fall schaffte es Michel Friedman, dass ich mit Frank Steffel Mitleid bekam. Darüber ärgerte ich mich am meisten, denn schließlich war Steffel mein politischer Gegner. Aber wie soll man einen politischen Gegner angreifen, wenn man Mitleid mit ihm empfindet? So fing ich an, eher freundlich zu ihm zu werden, und auch er reagierte entsprechend auf mich. Natürlich wusste ich, dass er bei Veranstaltungen mit seinen Getreuen furchtbar über die PDS und mich herzog, aber das änderte an meiner Gefühlslage nichts. Wir haben dann auch später gelegentlich miteinander gesprochen und irgendwie einen Draht zueinander gefunden. Ich habe ihn nicht hintergangen und er mich nicht, und das ist die beste Voraussetzung für einen sachlichen Umgang miteinander, egal, wie man sonst politisch zueinander steht. Durchstehen konnte er seine Negativbewertung nicht. Inzwischen musste er des Amt des Fraktionsvorsitzenden abgeben.

Während des Wahlkampfes verstand ich mich mit Klaus Wowereit nicht schlecht. Ich glaube, er mochte meine Art von Humor, und ich war beruhigt, als ich sein Selbstbewusstsein spürte.

Sollte es je zu einer Zusammenarbeit zwischen uns kommen, so war mir klar, würden wir nicht die Konkurrenz suchen. Im Gegenteil, wir könnten uns ganz gut ergänzen. Auch Peter Strieder, den Landesvorsitzenden der Berliner SPD, lernte ich erst in dieser Zeit näher kennen. Die Tatsache, dass ich die meisten Berliner Landespolitikerinnen und Landespolitiker vor Beginn des Wahlkampfes nicht kannte, war zugleich ein Vor- und ein Nachteil. Sie wussten alle, was sie voneinander zu halten haben. Ich aber kannte weder ihre Schwächen noch ihre Fähigkeiten. Das war der Nachteil. Der Vorteil bestand darin, dass ich ihnen aufgeschlossener begegnete und mich eben nicht mit einem Vorurteil auf die jeweilige Person einstellte. Dadurch war ich stärker auf Sachargumente angewiesen und versuchte erst gar nicht, die Schwächen des jeweils anderen für mich zu nutzen. Andererseits spürte ich, dass meine Konkurrentinnen und Konkurrenten mir gegenüber auf der einen Seite einen gewissen Respekt empfanden, auf der anderen Seite aber glaubten, je konkreter die Fragen würden, desto sachkompetenter könnten sie im Vergleich zu mir in Erscheinung treten. Dies versuchte ich auszugleichen, und ich glaube, es ist mir ganz gut gelungen.

Der Berliner Wahlkampf verlief völlig anders als meine früheren Wahlkämpfe. Bundestagswahlkämpfe waren damit verbunden, dass ich quer durch ganz Deutschland reiste, zwar ständig ähnliche Reden hielt, aber doch wenigstens vor wechselndem Publikum. Bei Landtagswahlkämpfen reiste ich für vielleicht eine Woche an und äußerte mich zur bundespolitischen Bedeutung einer anstehenden Landtagswahl. Auch in diesem Falle sprach ich auf Kundgebungen oder in Saalveranstaltungen der PDS in wechselnden Städten. Der Wahlkampf zum Berliner Abgeordnetenhaus bedeutete aber, dass ich über Monate immer in derselben Stadt agierte, es stets mit den gleichen Medienvertreterinnen und -vertretern zu tun hatte und irgendwie das Gefühl nicht los wurde, dass häufig auch die gleichen Leute im Saal säßen. Im Bundestagswahlkampf hatte ich es – abgesehen von einigen wenigen Fernsehsendungen – fast nie mit meinen politischen Konkurrentinnen und Konkurrenten zu tun. Völlig anders gestaltete sich der Berliner Wahlkampf. Abgesehen von einer Eröffnungs- und einer Schlusskundgebung, gab es nur einige PDS-Straßenveranstaltungen. Ständig war ich dagegen zu Podiumsdiskussionen mit Vertreterinnen und Vertretern der konkurrierenden Parteien eingeladen. Meistens kamen dieselben Konkurrentinnen und Konkurrenten. Thematische Verschiebungen gab es nur in geringem Umfang. Natürlich wurden vor den Mitarbeiterinnen und Mitarbeitern der Berliner Verkehrsgesellschaften (BVG) andere Reden gehalten als auf einem Frauenforum. Aber im Kern kamen wir irgendwann immer zu den gleichen Fragen, und alle machten auch immer ähnliche Ausführungen. Irgendwann hing mir dies zum Halse raus, und ich glaube, den anderen auch. Deutlich wurde dies vor der letzten Sendung beim SFB. Günter Rexrodt und ich waren einerseits wahlkampfmüde und andererseits in munterer Stimmung. Vor Beginn der Sendung stellte ich mich hinter sein Pult und er sich hinter mein Pult. Ich argumentierte, wie er in Dutzenden von mir miterlebten Diskussionen agiert hatte, und umgekehrt ahmte er mich nach. Es war schon erstaunlich, wie flüssig uns das gelang. Aber außer uns beiden konnte sich niemand wirklich darüber amüsieren. Selbst die Journalistin und der Journalist des SFB waren eher pikiert, obwohl sie sich nachträglich wünschten, sie hätten dies aufgenommen und könnten es später vermarkten.

Um keine innerparteiliche Konkurrenz heraufzubeschwören, verzichtete ich von vornherein auf eine Direktkandidatur in einem Wahlkreis, den die PDS bereits gewonnen hatte. Ich wollte niemanden verdrängen. So entschied ich mich, in Mahlsdorf-Kaulsdorf anzutreten. Ich wollte versuchen, diesen Wahlkreis erstmalig für die PDS bei einer Landtagswahl zu holen.

Mahlsdorf-Kaulsdorf ist eine besondere Gegend in Marzahn-Hellersdorf. Es ist ein reines Siedlungsgebiet mit Ein- und Mehrfamilienhäusern. Dort steht nicht eine einzige »Platte«. Das hat Bedeutung, weil die Bewohnerinnen und Bewohner von Plattensiedlungen als Anhängerinnen und Anhänger der PDS gelten, keineswegs aber die Bewohnerinnen und Bewohner von Einfamilienhäusern. Hinzu kommt, dass in einem solchen Wahlkreis nur schwer Wahlkampf zu führen ist. Zu Kundgebungen kommen die meisten nicht, und Wohngebietsveranstaltungen sind wegen der Vereinzelung schwer zu organisieren. Da ich ohnehin in ganz Berlin plakatiert war, mussten die Bewohnerinnen und Bewohner erst einmal erfahren, dass ich in Mahlsdorf-Kaulsdorf, und zwar nur dort, auch direkt gewählt werden konnte. Mario Czaja von der CDU gab sich sehr optimistisch, den Wahlkreis erneut zu gewinnen. Er leistet eine sehr intensive Arbeit im Wahlkreis.

Das Hauptproblem für die Menschen dort ist ein versprochenes, aber bis heute nicht gebautes neues Krankenhaus, das sie nicht nur zur gesundheitlichen Fürsorge benötigen, sondern das auch eine Chance wäre, die Arbeitsplatzsituation zu verbessern. In dieser Frage zogen Mario Czaja und ich auch nach der Wahl an einem Strang, selbst noch nach meinem Rücktritt. Allerdings wollten Klaus Wowereit, Peter Strieder und der Berliner Finanzsenator Thilo Sarrazin davon nichts wissen. Die Kosten sind ihnen zu hoch. Inzwischen soll aber doch ein Weg gefunden worden sein.

Ein zweites Problem für die Bewohnerinnen und Bewohner des Siedlungsgebietes besteht in den relativ hohen Beteiligungskosten für Straßenbau, Kanalisation und ähnliche Infrastrukturmaßnahmen. Hinzu kommen noch ungeklärte oder zu ihrem Nachteil entschiedene Eigentumsfragen hinsichtlich der Grundstücke und Einfamilienhäuser. Nicht wenige dieser Grundstücke wurden nach dem so genannten Modrow-Gesetz erworben. Der Bundesgesetzgeber tat sich besonders schwer, die damit verbundenen Eigentumsübertragungen zu respektieren. In ausgefeilten Gesetzgebungsakten wurde differenziert und geteilt. Der Bundesgerichtshof fand immer wieder Formmängel bei den Verträgen, um selbst diesem Willen des Bundesgesetzgebers nicht Rechnung tragen zu müssen, so dass der Bundestag mehrmals zur Korrektur seiner eigenen Gesetze gezwungen war. Am meisten ärgern sich die Betroffenen über eine Stichtagsregelung. Willkürlich wählte der Bundestag als Stichtag das Datum des Rücktritts von Erich Honecker als Generalsekretär des ZK der SED und Vorsitzender des Staatsrates der DDR. Wer bis zu diesem Zeitpunkt ein Grundstück erworben hatte, dem sollte es gehören. Leuten, die danach ein Grundstück gekauft hatten, sollte ihr Eigentumsrecht wieder entzogen werden. Der Berliner Senat hatte sich irgendwann zum Frieden mit den Bewohnerinnen und Bewohnern entschlossen und deshalb denjenigen, die nach Bundesgesetz nicht Eigentümerinnen und Eigentümer ihrer Grundstücke geworden sind, angeboten, neue wirksame Verträge zu schließen. Davon hatten die meisten Gebrauch gemacht. Sie waren sich in der Regel jedoch nicht über die Konsequenzen im Klaren. Der Senat von Berlin geht davon aus, dass sie Eigentümerinnen bzw. Eigentümer ihrer Grundstücke erst mit dem neuen Vertrag würden und deshalb für die Zeit davor Nutzungsentgelt nachzuzahlen hätten. Rein »zufällig« gingen den »neuen« Eigentümerinnen und Eigentümern die Bescheide über die Nutzungsentgelte Anfang September 2002, also kurz vor der Bundestagswahl, zu, was die Betroffenen natürlich wütend machte. Da in diesem Senat auch die PDS vertreten ist, konzentrierte sich die Wut auf sie, was eine – wenngleich nicht die wichtigste – Erklärung für die Wahlverluste der PDS in Berlin bei der Bundestagswahl ist.

Mario Czaja kannte sich im Wahlkampf mit all diesen Fragen aus, verwies immer wieder auf seine diesbezüglichen Aktivitäten und genoss und genießt deshalb durchaus Ansehen. Er ist jung und ehrgeizig und wird mit Sicherheit noch seine Karriere in der CDU machen. Im Wahlkampf besaß er für die Wählerinnen und Wähler in Mahlsdorf-Kaulsdorf einen weiteren Vorzug. Er ist nicht der Typ des »Kalten Kriegers«. Da er von vornherein seine Chancen in einem Berliner Bezirk suchte, in dem die PDS in der Bezirksverordnetenversammlung über die absolute Mehrheit verfügt, war er immer bestrebt, sich mit der PDS politisch und sachlich auseinander zu setzen, sie aber nicht blind zu diffamieren. Da er aus der DDR kommt, wenngleich er sie nur im Kindesalter erlebt hat, wäre ihm ein anderes Verhalten auch schwer gefallen. Dieser Umstand führt dazu, dass er in seiner CDU-Fraktion gelegentlich als Rebell gilt und seine Art im Umgang mit der PDS auf Missfallen stößt. Im Wahlkreis nutzt ihm dies jedoch. Mario Czaja und ich haben uns von Anfang an auf einer bestimmten Ebene verstanden. Da er sehr jung ist, behandle ich ihn etwas väterlich, was er durchaus respektiert, in gewisser Weise sogar genießt. Er ging immerhin so weit, mich zu einer CDU-Veranstaltung in einer Gaststätte einzuladen – und das während des Wahlkampfes. Bei dieser Gelegenheit vertraute er mir an, dass er nicht wirklich glaube, den Wahlkreis gegen mich erneut zu gewinnen. Er sei aber auf der Bezirksliste der CDU ausreichend abgesichert, was mir wiederum wichtig war, denn ich finde, dass die CDU dringend Leute in ihren Reihen benötigt, die nicht für das Klima des Kalten Krieges und die Frontstadtideologie stehen.

Naturgemäß war der Wahlkampf im Westteil der Stadt schwieriger als im Ostteil, aber auch dort wesentlich leichter als in früheren Jahren. Im Westteil verliefen meine Auftritte häufig sehr ähnlich. Irgendwo gab es einen Stand der PDS mit Mikro und Lautsprechern. Zu einer bestimmten Zeit war ich angekündigt, erschien und sollte zu den Menschen sprechen und gegebenenfalls Fragen beantworten. Wenn ich auftrat, standen dort zwei bis drei ehrenamtliche Kräfte der PDS und sonst niemand. Es ist nicht gerade aufbauend, ins Nichts hinein eine Rede zu halten. Aber regelmäßig geschah, nachdem ich begonnen hatte, das Gleiche: Eine Vielzahl von Leuten sammelte sich, hörte zu und stellte Fragen. Mir ist bis heute unklar, woher sie kamen, aber plötzlich waren sie eben da. Fast alle diese Begegnungen verliefen sachlich und interessiert, also weder euphorisch noch feindlich. Ich spürte Erwartungen an die PDS und an mich. Eine Ausnahme gab es in Steglitz. Dort traf mich das einzige Ei des Wahlkampfes. Als ich ankam, standen dort schon viele Menschen herum. Schon das war anders als sonst. Vor mir hatte bereits die damalige stellvertretende Partei- und Bundestagsfraktionsvorsitzende der PDS, Petra Pau, gesprochen. Sie war aggressiv beschimpft worden. Nicht anders erging es mir, und ich erkannte gleich etwa fünf Männer, die Bautzener Gefängniskleidung trugen und damit auf ihr wirkliches oder vermeintliches Schicksal in der DDR hinweisen wollten. Ein Zuhörer bewarf mich mit einem Ei, das mich an der Brille traf. Ich sprach weiter, als wäre nichts geschehen, obwohl ich innerlich kochte. Der Polizist »vergaß«, die Personalien des Mannes festzuhalten, was mir aber egal war, da ich ohnehin keine Anzeige erstattet hätte.

Peinlich war der ganze Vorfall den mich begleitenden Mitarbeitern des Bundeskriminalamtes (BKA). Meine Mitarbeiterin, Mirjam Lassak, regte sich so auf, dass sie einen Kreislaufkollaps erlitt.

Schon zwei Tage nach meiner Kandidatur hatte sich bei mir ein Vertreter des BKA gemeldet und mir mitgeteilt, dass sie meine Sicherheitslage neu eingeschätzt hätten. Sie würden mich von jetzt an zu allen öffentlichen Veranstaltungen begleiten. Dies änderte sich später, und sie begleiteten mich auch zu privaten Terminen. Für mich bedeutete das, morgens von der Wohnung abgeholt und abends bzw. nachts an der Haustür wieder abgeliefert zu werden. Ich fragte sie, worauf die neue Einschätzung meiner Sicherheitslage beruhe. Eine klare Auskunft erhielt ich nicht. Sie versicherten mir aber, es gebe keine konkrete Bedrohungssituation. Man sei aber davon überzeugt, dass der Wahlkampf in Berlin sehr zugespitzt verlaufe, dass nicht wenige meine Kandidatur für das Amt des Regierenden Bürgermeisters als Zumutung empfänden und dadurch schwer beherrschbare Aggressionen entstehen könnten. Außerdem sei ich im Visier bestimmter Rechtsextremisten, die gleichfalls versuchen würden, auf ihre Art den Wahlkampf mitzubestimmen. Ich beugte mich ihrer Einschätzung. Politikerinnen und Politiker, die Personenschutz haben, empfinden dies entweder als lästig oder als Aufwertung ihrer Bedeutung. Diejenigen, die vor allem Letzteres im Auge haben, kämpfen regelmäßig nach Funktionsverlust darum, den Personenschutz weiterhin gestellt zu bekommen. Es soll schon mal einen Fall gegeben haben, bei dem ein Politiker sich selbst Drohbriefe schrieb, nur um den Personenschutz weiter in Anspruch nehmen zu können. Tatsächlich wirkt man ja auch wichtiger, wenn man irgendwo mit Bodyguards anreist. Obwohl ich nicht uneitel bin, ist mir diese Sicht dann doch fremd. Vielleicht liegt das daran, dass ich mich auch ohne Bodyguards wichtig genug fühle.

Am 19. Juni, als sie mich erstmalig aufsuchten, war ich dennoch irgendwie amüsiert. Kurz zuvor hatte ich nämlich ein Gespräch mit Manfred Bissinger und Hans-Ulrich Jörges, dem damaligen Herausgeber bzw. Chefredakteur der Zeitschrift »Die Woche«, wobei Hans-Ulrich Jörges entsetzt war, dass ich ohne jeden Personenschutz ins Restaurant kam. Er meinte, ich unterschätzte die Gefährlichkeit der Situation, wenn ich mich denn ernsthaft entschlösse, in Berlin zu kandidieren. Als ich dann den Besuch vom BKA erhielt, hatte ich einen Moment lang das Gefühl, der Einfluss der Medien sei noch größer, als ich ohnehin schon annähme. Natürlich hatten sie nichts damit zu tun. Die Jungs vom BKA erhielten neben meinem Büro in den Räumen unserer Bundestagsfraktion ein eigenes Zimmer. Sie waren diskret. Das galt auf jeden Fall bei allen privaten Terminen. Mit einer gewissen Genugtuung habe ich aber beobachtet, wie sie sich in einem für sie zunächst völlig fremden Umfeld bewegten. Keiner von ihnen stand oder steht der PDS nahe. Dennoch mussten sie nun ständig meine Reden und auch die Reden anderer PDS-Politikerinnen und -Politiker anhören, an PDS-Veranstaltungen teilnehmen, was sicherlich dazu führte, dass sie gelegentlich glaubten, im »falschen Film« zu sein. Aber wir haben uns nicht nur aneinander gewöhnt, sondern auch gut verstanden. Ich habe mich für ihre Lebenswege interessiert und dabei neue Erfahrungen gesammelt. Unwohl haben sie sich nicht gefühlt, und ihren Dienst verrichteten sie sehr korrekt und durchaus sensibel. Ihre wichtigste Wirkung ist – so glaube ich – eine präventive. Leute mit Aggressionen bauen diese schnell ab, wenn sie davon ausgehen, im Falle von Gewaltanwendung keine Chance zu haben.

Bald begannen die Mitarbeiter des BKA mir auch ihre Meinung zu meinen Reden zu sagen, das heißt, ich erfuhr, welche Argumente sie überzeugend fanden und welche nicht. Andererseits waren sie erstaunt, welches Arbeitspensum ich pro Tag absolvierte, und sie entwickelten einen bestimmten Respekt für meine Arbeit. Da ich nicht der erste Politiker war, den sie begleiteten, konnten sie auch Vergleiche anstellen. Insgesamt werden sie ein anderes Bild von Politikerinnen und Politikern haben, als es weit verbreitet ist. Die meisten sind nämlich nicht faul, sondern überaus fleißig, unabhängig davon, dass die Effizienz dieses Fleißes sehr unterschiedlich sein kann. Mein Arbeitspensum schien ihnen aber irgendwie herauszuragen. Das nahm ich natürlich mit Befriedigung zur Kenntnis.

Am 13. August 2001 jährte sich der Bau der Berliner Mauer zum vierzigsten Mal. Es gibt Situationen, in denen kann sich die PDS nicht richtig verhalten. Aus Anlass des 13. August 2001 gab es eine Vielzahl von Veranstaltungen. In der Regel wurden auch Vertreterinnen und Vertreter der PDS eingeladen. Gingen sie nicht hin, hieß es, sie seien nicht bereit, sich mit der Geschichte der SED und der DDR auseinander zu setzen und den Opfern der Mauer den notwendigen Respekt entgegenzubringen. Gingen sie hin, hieß es, dies sei eine Art Verhöhnung der Opfer der Mauer und es spräche für die Dreistigkeit der PDS, auf solchen Veranstaltungen aufzutauchen.

Hin und her wurde in der Berliner PDS diskutiert, an welcher Veranstaltung ich teilnehmen sollte. Ich entschied mich für den offiziellen Staatsakt im Roten Rathaus. Bei der Kranzniederlegung an der Mauer war ich nicht zugegen, wobei die Aggression dort weniger die anwesenden Vertreterinnen und Vertreter der PDS als vielmehr die anwesenden SPD-Vertreterinnen und -Vertreter traf, weil diese mit Hilfe der PDS in die Regierungsverantwortung gewählt worden waren.

Im Roten Rathaus selbst verlief alles relativ ruhig. Klaus Wowereit erinnerte in angemessener Form an die Opfer der Berliner Mauer und an die Verpflichtung des Senats, Lehren ebenso aus diesem wie aus anderen Teilen deutscher Geschichte zu ziehen. Auch ein Vertreter eines Opferverbandes hielt eine Rede. Mit ihm und einem weiteren Verbandsvertreter hatte ich mich kurz zuvor getroffen, um notwendige Aktivitäten seitens der PDS zu besprechen. Sie wünschten sich vor allem eine Aufarbeitung der DDR-Geschichte durch eine gemeinsame Kommission der im Bundestag vertretenen Parteien. Ich erklärte ihnen, ich hielte es für ausgeschlossen, dass sich die anderen Parteien auf eine gemeinsame Geschichtskommission mit der PDS einließen. Diesbezüglich wollten sie aktiv werden, wenn die PDS sich an die anderen Parteivorstände wendete. Ihr Anliegen habe ich an Gabriele Zimmer weitergeleitet, die sich auch an die Parteivorstände der anderen Parteien wandte. Doch erhielt sie entweder eine Absage oder gar keine Antwort.

Am 12. August 2001, also einen Tag vor dem Jahrestag, hatte ich ein Rundfunkstreitgespräch mit Georg Gafron. Damals war er Intendant des Berliner Fernsehsenders TV Berlin, des Berliner Rundfunksenders 100,6 und Chefredakteur der »B. Z.« Er war der Einzige, der den Wahlkampf wie im Kalten Krieg führte. Ich weiß nicht, woher er das Geld nahm, aber sein Rundfunksender und seine Zeitung plakatierten während des Wahlkampfes in der gesamten Stadt. Auf den Plakaten konnte man lesen, dass die früheren »Mauermörder« die Stadt nicht wieder regieren dürften etc. An diesem 12. August nun führte er ein einstündiges Rundfunkgespräch mit mir. Dabei merkte ich, dass er mit missionarischem Eifer auf mich einredete. Er wollte mich – und das nahm mich in gewisser Weise sogar für ihn ein – nicht einfach entlarven oder widerlegen, sondern überzeugen. Irgendwie spürte ich immer seinen Wunsch, dass ich am Ende der Sendung bekannte, so etwas Ähnliches wie ein Verbrecher zu sein, mein ganzes Leben zu bereuen, meine Kandidatur zurückzuziehen und mich zur Bewährung vielleicht nach Sibirien zu begeben. Aber ich hielt dagegen. Er erklärte unter anderem, dass er sich davor fürchte, wenn jemand wie ich das Sagen in Berlin bekäme. Ich erwiderte, dass ich ihm dies nicht glaubte, sondern dass er nur pflichtgemäß so tun müsse, als fürchtete er sich vor mir. Das nannte er dann einen »typischen Gysi«, so dass ich mich animiert sah, ihn aufzufordern, er möge mich doch des Öfteren einladen, damit wir das interessante Gespräch fortsetzen könnten. Normalerweise wird in dieser Sendung das Gespräch nach einigen Minuten durch einen Musiktitel unterbrochen. Georg Gafron vergaß aber die Musik vollständig und nutzte die gesamte Stunde, um sich mit mir zu streiten.

Seitdem habe ich ihn nur noch einmal wiedergesehen, nämlich anlässlich eines Essens, das Friede Springer, die Witwe von Axel Cäsar Springer, gab. Dieser Einladung folgte ich, weil ich damals in Wirtschaftsverhandlungen mit dem Springer Verlag stand, in denen es darum ging, ihn für ein zusätzliches wirtschaftliches Engagement in Berlin zu gewinnen. Ich kam etwas später und musste etwas früher gehen. An einem der Tische saß Georg Gafron, und ich ging auf ihn zu und begrüßte ihn mit

Handschlag, als Einzigen an diesem Tisch. Das konnte ich mir einfach nicht verkneifen, weil ich wusste, wie unangenehm es ihm sein würde. Anschließend soll er tatsächlich verbreitet haben, ich hätte mich ohne Einladung in das Dinner gedrängt und ihn nur deshalb gesondert begrüßt, weil ich sonst mit niemandem bekannt gewesen sei. Sicherlich war es für ihn ein schwerer Schlag, dass einer seiner Journalisten in meiner Senatsverwaltung Pressesprecher wurde. Georg Gafron passt nicht mehr zum heutigen Berlin. Bei allem Verständnis für ihn muss die Frage erlaubt sein, ob ein solcher Ideologe die richtige Besetzung für die Leitung von drei vermeintlich überparteilichen Medien sein kann. Durch den Zusammenbruch des Kirch-Imperiums blieb ihm nur die »B. Z.«, bei der er inzwischen auch den Stuhl des Chefredakteurs räumen musste.

Im Zusammenhang mit dem vierzigsten Jahrestag des 13. August 1961 forderten die politischen Konkurrentinnen und Konkurrenten sowie ein Großteil der Medien eine Entschuldigung der PDS für die Mauer und ihre Folgen. Das löste auch innerhalb der PDS eine kontroverse Debatte aus. Viele ältere Mitglieder erinnern sich an die Zeit vor und nach der Mauer. Sie bestehen darauf, dass die Mauer politisch und ökonomisch notwendig gewesen und letztlich auch vom Westen akzeptiert worden sei. Abgesehen davon, dass eine Entschuldigung des PDS-Parteivorstandes ein Bekenntnis zur Identität mit der SED des Jahres 1961 bedeutete, wäre sie auch nichts wert gewesen. Immer wiederkehrende Entschuldigungen helfen niemandem. Auf dem außerordentlichen Parteitag der SED im Dezember 1989 hatte ich mich für die gesamte verfehlte Politik der SED-Führung beim Volk der Deutschen Demokratischen Republik unter dem großen Beifall der Delegierten entschuldigt. Mit solchen Gesten muss man aber sehr behutsam umgehen. Hätte sich der PDS-Vorstand zu einer formalen Entschuldigung drängen lassen, wäre nicht nur das von mir genannte Identitätsproblem entstanden. Dieselben Medien, dieselben Konkurrentinnen und Konkurrenten, die die Entschuldigung gefordert hatten, hätten sie mit Sicherheit als billiges Lippenbekenntnis zurückgewiesen. Sie hätten erklärt – und eine solche Vermutung hätte ja auch nahe gelegen –, dass die Entschuldigung nicht aus innerer Überzeugung, sondern nur deshalb abgegeben worden sei, um eine Regierungsbeteiligung der Partei in Berlin zu ermöglichen. Viele in der PDS – mich eingeschlossen – drängten aber auf eine sehr kritische Erklärung des Parteivorstandes zum Mauerbau und zu seinen Folgen. Diese ist auch verabschiedet worden, und es gab damals viel weniger kritische Reaktionen in der PDS als zuvor gegenüber einer gemeinsamen Erklärung von Gabriele Zimmer und Petra Pau zum Zwang bei der Vereinigung von KPD und SPD zur SED 1946 in der sowjetisch besetzten Zone.

Meines Erachtens gibt es mehrere Gründe, weshalb viele Mitglieder der PDS so allergisch auf die Erklärung von Gabriele Zimmer und Petra Pau reagierten, andererseits die Stellungnahme des Parteivorstandes zum Mauerbau eher gelassen hinnahmen. Gerade für ältere Mitglieder war die Vereinigung von KPD und SPD zur SED die entscheidende Lehre aus der Spaltung der Arbeiterbewegung in der Weimarer Republik, die die Machtergreifung der Nazis wesentlich erleichtert hatte. Für die nachfolgenden Generationen war die Frage jedoch relativ uninteressant. Wenn also ein älteres Mitglied darauf besteht, die Vereinigung von KPD und SPD zur SED als einen politisch gerechtfertigten Vorgang anzusehen, hat ein solches Mitglied keine Auseinandersetzungen mit den eigenen Kindern oder Enkelkindern zu befürchten. Anders sähe die Sache beim Mauerbau aus. Die Mauer haben auch die Kinder und Enkelkinder mitbekommen, und sie haben ihren Fall als eigene Befreiung erlebt. Sie können sich jetzt eine Weltanschauung dadurch erwerben, dass sie sich die Welt anschauen. Auch die älteren Mitglieder selbst genießen diese Freiheit.

Die Lehren aus der Zeit der Naziherrschaft können den Mangel an Freiwilligkeit bei der Vereinigung beider Parteien, der gerade in Berlin nachweisbar ist, allerdings nicht rechtfertigen. Sie entschuldigen auch nicht, dass das sozialdemokratische Element in der SED eliminiert und unterdrückt wurde. Jedes ehemalige SED-Mitglied weiß, dass »Sozialdemokratismus« einer der schwerwiegendsten Vorwürfe war, der in der SED erhoben werden konnte.

Wenn es denn eine freiwillige und gewollte Zusammenführung von KPD und SPD war, dann hätten doch anschließend sowohl kommunistische als auch sozialdemokratische Positionen gleichermaßen legitim sein müssen. Zwar wurden zunächst die Gremien innerhalb der SED paritätisch besetzt, doch änderte sich dies gänzlich mit der Herausbildung der »Partei neuen Typs«. Und wahr ist auch, dass Mitglieder von SPD und KPD, die sich der Vereinigung widersetzten, mit erheblichen Sanktionen nach 1946 zu rechnen hatten. Überwiegend trafen solche Sanktionen Sozialdemokratinnen und Sozialdemokraten. Sie wurden verfolgt und inhaftiert, und einige kamen auch ums Leben.

Die rechtfertigende Argumentation ist auch inkonsequent. Wenn die Vereinigung von KPD und SPD eine so wichtige Lehre aus der nationalsozialistischen Herrschaft war, warum soll dann die Lehre heute nicht mehr gelten? Dieselben, die sich gegen den Begriff der »Zwangsvereinigung« vehement wehren, sind auch diejenigen, die immer wieder betonen, wie groß die rechtsextremistische Gefahr in Deutschland inzwischen wieder sei. Wenn ich beides zusammenführe, müssten sie geradezu vehement für eine Vereinigung von SPD und PDS eintreten, um dieser Gefahr wirksamer begegnen zu können. Aber ihre Hauptthese in der gegenwärtigen Auseinandersetzung lautet, Deutschland benötige keine zweite sozialdemokratische Partei und die PDS müsse sich klar gegen die SPD profilieren. Spätestens an diesem Punkt verlässt die Verteidigerinnen und Verteidiger der Vereinigung von KPD und SPD jede Logik. Im Kern müssten sie einräumen, dass eine Vereinigung heute unter umgekehrten Vorzeichen verliefe. Während damals alles Sozialdemokratische in der SED unterdrückt werden konnte, gäbe es heute bei einer solchen Vereinigung eher schlechte Chancen für sozialistische Positionen. Das bedeutet, dass eine solche Vereinigung aus ihrer Sicht nur richtig ist, wenn anschließend von der Sozialdemokratie nichts übrig bleibt, sie aber dann nicht zur Debatte steht, wenn das Sozialdemokratische obsiegen könnte. Daran wird deutlich, dass die Diskussion insbesondere von Mitgliedern der kommunistischen Plattform und des marxistischen Forums in der PDS nicht ehrlich, nicht logisch und nicht konsequent geführt wird. Sie wollen einfach an »heiligen Kühen« in der Geschichtsbetrachtung festhalten, um vor allem sich selbst nicht in Frage stellen zu müssen.

Bei der Diskussion um den Mauerbau geht es um verschiedene Ebenen. Man kann die Errichtung der Mauer am 13. August 1961 politisch-historisch erklären. Man kann begründen, wie es zum Mauerbau kam, und beschreiben, wie sich nicht nur die östliche, sondern auch die westliche Welt zu ihm verhielt. Eine solche Erklärung wirkt immer wie eine Rechtfertigung, so muss sie aber nicht verstanden werden. Tatsache ist, dass es die Sowjetunion war, die bei den Verhandlungen zum Potsdamer Abkommen für ein einheitliches Deutschland eintrat, während die USA, Großbritannien und Frankreich eine Spaltung Deutschlands befürworteten. Letztlich setzte sich Stalin zumindest im Potsdamer Abkommen mit den Vorstellungen eines einheitlichen Deutschlands durch.

Kurze Zeit später begann der Kalte Krieg. In den USA setzte eine Verfolgung von Kommunistinnen und Kommunisten ein. Viele linke Intellektuelle wurden in der McCarthy-Zeit aufgrund von Beschuldigungen in den USA benachteiligt. Deutschland wurde geteilt, und die Westmächte sicherten sich ihren Einfluss in ihren Zonen und ihren Sektoren Berlins und die Sowjetunion ihren Einfluss in ihrer Zone und in ihrem Sektor Berlins. Die Bundesrepublik war der DDR demokratisch und ökonomisch überlegen. Aufgrund des Stalinismus und des Poststalinismus verlor die DDR immer mehr ihre anfänglich vorhandene Attraktivität gerade für linke Intellektuelle. Immer mehr Menschen verließen bis zum 13. August 1961 die DDR in Richtung Bundesrepublik Deutschland bzw. Ostberlin in Richtung Westberlin. Ohne den Mauerbau wäre die DDR untergegangen. Das konnte die SED-Führung nicht wollen. Das konnte aber auch die Führung der Sowjetunion nicht wollen, weil es bedeutet hätte, ihre Einflusssphäre in Europa zu reduzieren. Für die Herangehensweise der Sowjetunion kann man ein gewisses Maß an Verständnis aufbringen. Schließlich hatte Hitlerdeutschland einen Vernichtungskrieg gegen die Bevölkerung der Sowjetunion geführt. Es war für dieses Land damals von herausragender Bedeutung, den Einfluss auf Deutschland nicht zu verlieren und also ihren politischen und militärischen Einfluss in der DDR zu sichern. Inzwischen weiß man allerdings, dass die USA ähnlich dachten. So haben sie über ihre Geheimdienste immer dann starken Einfluss zum Beispiel auf Italien genommen, wenn die Gefahr bestand, dass dort Kommunistinnen und Kommunisten an die Macht kommen könnten. Sie haben sich in ihrem »Hinterhof« Lateinamerika auch nicht gescheut, mörderische Kräfte zu unterstützen, die gegen einen demokratisch gewählten marxistischen Präsidenten, Salvador Allende, in Chile putschten. Man kann darauf verweisen, dass hohe US-Diplomaten nach dem Mauerbau erklärten, sie hätten nicht verstanden, weshalb die Sowjetunion nicht schon früher zu diesem Mittel gegriffen habe. Heute scheint belegt zu sein, dass 1961 der damalige US-amerikanische Präsident John F. Kennedy durch den damaligen Ersten Sekretär des ZK der Kommunistischen Partei der Sowjetunion und Vorsitzenden des Ministerrats der UdSSR, Nikita Chruschtschow, über den geplanten Mauerbau informiert wurde. All solche Erklärungen sind möglich und klingen, wie gesagt, immer rechtfertigend. Es ist aber durchaus legitim, historisch erklären zu wollen, wie es zu einer bestimmten Maßnahme gekommen ist.

Eine völlig andere Ebene ist dagegen die Bewertung einer solchen Maßnahme für demokratische Sozialistinnen und Sozialisten. Diese Bewertung kann nur verurteilend ausfallen. Demokratische Sozialistinnen und Sozialisten wollen Menschen überzeugen. Sie müssen auch akzeptieren, wenn es ihnen nicht gelingt. Jeder Vorstellung von demokratischem Sozialismus läuft es zuwider, Menschen zum Verbleib in einem bestimmten Land zu zwingen. Das gilt erst recht, wenn denjenigen, die sich nicht zwingen lassen wollen, Freiheitsentzug, gesundheitliche Schäden oder gar der Tod droht.

In dem Moment, in welchem man die Ebene der politisch-historischen Erklärung mit der Ebene der politisch-moralischen Bewertung vermischt, kann es weder eine vernünftige Diskussion noch eine vernünftige Erklärung oder Bewertung geben. Beides muss säuberlich getrennt werden.

Die älteren Parteimitglieder waren diesbezüglich für mich nie das Problem. Wir waren zwar häufig unterschiedlicher Meinung, aber man kann ihnen den eigenen Standpunkt nachvollziehbar erklären. In dieser Zeit nahm ich an einer Basisveranstaltung teil, auf der vorwiegend ältere Mitglieder anwesend waren. Ein älterer Genosse kritisierte mich wegen meiner Kritik am Mauerbau. Er konfrontierte mich mit folgendem Sachverhalt. Am 13. August 1961 habe er in einer kleinen Stadt gewohnt. Die ärztliche Versorgung sei ursprünglich durch zehn praktizierende Ärztinnen und Ärzte ausreichend gewährleistet gewesen. Bis zum 13. August hätten sechs von ihnen, die schließlich auf Kosten der Bevölkerung ausgebildet worden seien, die DDR verlassen. Hätte der Mauerbau nicht stattgefunden, wären wahrscheinlich weitere Ärztinnen und Ärzte gegangen, und es wäre nicht mehr möglich gewesen, die ärztliche Versorgung der Bevölkerung zu sichern. Ich sollte ihm nun erklären, was denn die DDR anderes hätte tun sollen, als die Mauer zu errichten. Den von ihm dargestellten Sachverhalt konnte und wollte ich nicht bestreiten. Es wird so gewesen sein. Ich bat ihn, mir eine Gegenfrage zu beantworten. Woher, fragte ich ihn, nähmen er und andere das Recht, diesen Ärztinnen und Ärzten vorzuschreiben, wo sie ihr einziges Leben zu verbringen hätten. Ich erklärte ihm, dass der Mensch nun einmal nicht fünf Leben besitze, sondern – zumindest nach unserer gemeinsamen Überzeugung – nur eines. Wenn der Mensch fünf Leben besäße, könnte man vielleicht sagen, das eine müsse er halt in der DDR ableisten, er habe ja noch vier weitere. Aber er habe nur eines. Und wenn er dieses eine Leben eben nicht in Dessau oder Potsdam, sondern in Erlangen oder Köln verbringen wolle, woher nehme jemand das Recht, ihm dies zu untersagen? Der ältere Genosse erklärte daraufhin, er habe dies so noch nie betrachtet und müsse darüber noch einmal nachdenken. Insgesamt ist es mir auf dieser Versammlung gelungen, für die äußerst kritische Stellungnahme des Parteivorstandes zum Mauerbau Verständnis und Zustimmung zu erzielen. Schwieriger ist der Umgang mit bestimmten Funktionären in der Partei, die aus ganz bestimmten ideologischen Gründen eine Position beziehen. Ihnen geht es weniger um Wahrheit.

Regelmäßig führte ich mit wichtigen Akteuren in der Stadt Gespräche, nicht nur um meine Kompetenz zu erhöhen, sondern auch um erste Kontakte herzustellen, die nach der Wahl wichtig sein könnten. Durch solche Gespräche wird man auch nicht dümmer, sondern lernt die Interessenlage anderer besser einzuschätzen. Am 11. September führte ich wieder ein solches Gespräch, diesmal mit Susanne Stumpenhusen, der Berliner Vorsitzenden von Ver.di. Wir diskutierten über die Situation im öffentlichen Dienst und die Ängste ihrer Gewerkschaft in Anbetracht des zu erwartenden Sparkurses des künftigen Senats. Unmittelbar nachdem unser Gespräch beendet war, stürzte meine Mitarbeiterin, Mirjam Lassak, in mein Zimmer und sagte, ich solle mal das Fernsehgerät einschalten. Dort sah ich, wie zwei Flugzeuge in das World Trade Center in New York flogen, welche Explosionen folgten, wie Panik unter den Menschen ausbrach und die Häuser zusammenfielen.

Alles, was ich gerade mit Susanne Stumpenhusen und vorher mit anderen besprochen hatte, die gesamte im Wahlkampf behandelte Problemkette erschien plötzlich so belanglos. Was waren die Sorgen Berlins im Vergleich zu diesem Anschlag und seinen Folgen? Irgendwie schien es mir, als hätte ich Wochen sinnlos verbracht, weil es plötzlich um ein ganz anderes Ereignis mit einer so viel größeren Bedeutung ging. Ich war schockiert und brauchte Zeit, um Klarheit in meinen Kopf zu bekommen. Noch am selben Tag schlug ich vor, den Wahlkampf in Berlin zu unterbrechen. Andere Politikerinnen und Politiker kamen auf die gleiche Idee. Das war kein Populismus, sondern zwingend erforderlich. In einer solchen Situation, in der die Gefühle der Menschen aufgewühlt sind, in der verbreitet Ängste entstehen, gibt es kein Klima, die Probleme der Wasserversorgung, des Kulturstandortes, der Bildung, Wissenschaft und Forschung in Berlin zu diskutieren. Wie von selbst ergab es sich, dass Podiumsdiskussionen abgesagt wurden, stattfindende Veranstaltungen einen völlig anderen Charakter bekamen.

Es entstand in der deutschen Bevölkerung ein sehr verbreitetes Solidaritätsgefühl mit den Menschen in den USA. Als ich mich in das Kondolenzbuch der Botschaft der Vereinigten Staaten eintrug, kam ich mit jungen Menschen ins Gespräch. Ihre Anteilnahme und Solidarität waren aufrichtig, ebenso ihre Angst, dass als Antwort Krieg gewählt werden könnte. Es kam zu einer großen Kundgebung der Solidarität mit den Vereinigten Staaten vor dem Brandenburger Tor. Auf der Tribüne standen nicht nur der Bundespräsident, der Bundestagspräsident, der Bundeskanzler und weitere Mitglieder der Bundesregierung, sondern auch die Vorsitzenden und Fraktionsvorsitzenden der im Bundestag vertretenen Parteien, das heißt auch Gabriele Zimmer und Roland Claus von der PDS. Eine solche Einmütigkeit habe ich selten erlebt.

Aber bald schon stand die Frage im Raum, wie die Regierung der USA auf diesen Anschlag reagieren werde. Präsident George W. Bush dachte und sprach in militärischen Kategorien. Er prägte den Begriff »Krieg gegen den Terrorismus«. Dazu passte, dass sich der amerikanische Präsident zusammen mit dem Außenminister, dem Verteidigungsminister und seiner Sicherheitsberaterin in Uniformjacken präsentierte. Das erste Ziel war klar: Afghanistan. Bundeskanzler Gerhard Schröder verkündete im Bundestag die »uneingeschränkte Solidarität Deutschlands mit den Vereinigten Staaten von Amerika«. Spätestens an dieser Stelle begann der Widerspruch zwischen der PDS und den übrigen Parteien im Bundestag. »Uneingeschränkte Solidarität« – das verstanden wir als bedingungslose Unterstützung. Solidarität soll aber nicht zur Aufhebung der Eigenständigkeit eines Landes in seinen Entscheidungen führen.

Gerhard Schröder erwartete von allen Abgeordneten, auch von denen der PDS, dass sie sich der uneingeschränkten Solidarität anschlössen. Wer sich ihr verweigerte, gehörte für ihn nicht mehr zum akzeptierten Kreis der politischen Klasse. Indirekt war es das erste Angebot an die PDS, in diesen Kreis aufgenommen zu werden, wenn sie sich der herrschenden Politik unterordnete.

Das konnte und wollte die PDS nicht tun. Sie sprach sich entschieden gegen einen Krieg gegen Afghanistan und gegen den Versuch aus, Terrorismus mittels Krieg zu bekämpfen. Im Anschluss daran wurde auch auf Drängen der CDU/CSU der Fraktionsvorsitzende der PDS vom Bundeskanzler ausgeladen, an seinen Besprechungen mit den Fraktionsvorsitzenden teilzunehmen. Dabei konnte Roland Claus nicht vorgeworfen werden, dass er Spielregeln verletzt hatte. Vertrauliche Informationen wurden von ihm vertraulich behandelt. Dagegen hatte der Landesgruppenchef der CSU im Bundestag, Michael Glos, tatsächlich vertrauliche Informationen weitergegeben. Das brachte ihm zwar Ärger ein, aber keine Ausladung. Mithin war für alle deutlich, dass die Ausladung des PDS-Fraktionsvorsitzenden nicht eine Frage seiner Vertrauenswürdigkeit war, sondern damit zusammenhing, dass er es wagte, eine andere Auffassung zu vertreten. Diese Entscheidung hat Gerhard Schröder später stillschweigend korrigiert, denn sie führte zu einer von ihm nicht gewollten Solidarisierung mit der PDS in den neuen Bundesländern. Viele Menschen im Osten mögen diese Art der Ausgrenzung der PDS nicht, auch dann nicht, wenn sie sie nicht wählen. Sie meinen, der Bundeskanzler müsse eine andere Meinung ertragen können.

Auch innerhalb der PDS gab es Auseinandersetzungen, wie denn nun eine angemessene und vertretbare Antwort der Regierung der Vereinigten Staaten von Amerika aussehen könnte. Dass Krieg die falsche Antwort war, darin waren wir uns einig. Dass langfristig die Ursachen des Terrorismus zu bekämpfen seien, indem eine gerechtere Weltwirtschaftsordnung geschaffen, der Wohlstand weltweit gerechter verteilt werden müsste, darin waren wir uns ebenso einig. Aber was sollte kurzfristig geschehen? Ich vertrat die Auffassung, nur solche Maßnahmen ließen sich rechtfertigen, die ausschließlich darauf gerichtet seien, die Täter zu ergreifen. Zunächst müsse also in einem Ermittlungsverfahren festgestellt werden, wer für das entsetzliche Attentat verantwortlich bzw. mitverantwortlich ist. Soweit es dringenden Tatverdacht gebe, könnten die USA von dem betreffenden Land die Auslieferung fordern. Sollte sich eine Regierung weigern, den oder die

Tatverdächtigen auszuliefern, hielt ich eine Kommandoaktion zur Ergreifung der Täter für legitim, so wie ja auch die Linke akzeptiert hatte, dass Geheimdienstleute Israels den während der Nazizeit für millionenfachen Judenmord verantwortlichen Eichmann in einer Kommandoaktion aus einem lateinamerikanischen Land nach Israel verbracht hatten. Es ging mir um die Legitimität eines solchen Polizeieinsatzes, der allerdings praktisch nur durch ein militärisches Kommando hätte realisiert werden können. Ein solcher Weg brauchte Zeit, wäre mühselig, sicherte aber die Konzentration auf Tatverdächtige. Im Kern ging es für mich um die Frage, zwischen einer Strafverfolgung und einem Krieg zu unterscheiden.

Das Ziel von Strafverfolgung besteht immer in der Verurteilung Schuldiger und dem Schutz Unschuldiger. Krieg kann solche Maßstäbe nicht ansetzen. In ihm geht es auch gar nicht um Schuld und Unschuld. Heute gilt es zwar als Bestandteil des Kriegsrechts, die Zivilbevölkerung weitgehend zu schonen, aber Opfer unter ihr werden immer billigend in Kauf genommen. Eine Rakete – einmal abgeschossen – kann auch nicht zwischen Schuldigen und Unschuldigen unterscheiden. Um es an einem simplen Beispiel zu erklären: Wenn sich in einem mit Kundinnen und Kunden und Verkäuferinnen und Verkäufern gefüllten Warenhaus ein Terrorist versteckt, dann ist es Aufgabe der Strafverfolgungsbehörden, diesen Terroristen zu ergreifen, unter Umständen sogar zu töten, ohne die Gesundheit und das Leben der übrigen Anwesenden im Warenhaus zu gefährden. Die Kriegslogik besteht darin, eine Bombe auf das Warenhaus zu werfen und diese Aktion mit dem Terroristen zu rechtfertigen und den Tod Unschuldiger und Unbeteiligter als »Nebeneffekt« hinzunehmen. Ich habe einmal im Fernsehen gesehen, wie der israelische Ministerpräsident, Ariel Scharon, nach einem Raketenbeschuss eines Wohnhauses bedauerte, dass dabei viele Unbeteiligte ums Leben gekommen seien. Gleichzeitig »beglückwünschte« er die Armee zu dem Erfolg, weil dadurch ein wichtiger Terroristenführer unschädlich gemacht worden sei. Das ist die Logik des Krieges. Unschuldig Getötete haben aber Angehörige, Freundinnen und

Freunde, in denen Hass entsteht, der auch zur Bereitschaft führen kann, selbst Terrorist zu werden. Krieg und Terrorismus gehören zu einer gemeinsamen Spirale von Gewalt. Irgendwann weiß niemand mehr, was am Anfang war. Das eine scheint immer die Antwort auf das andere zu sein, und diejenigen, die jeweils dafür eintreten, sehen in dem anderen auch die Rechtfertigung für das eigene Tun.

Der 11. September hatte weitere Auswirkungen auf den Berliner Wahlkampf. Zunächst fand er in einem direkten Sinne vorübergehend nicht mehr statt. Die Umfragewerte für die PDS sackten erheblich ab. Uns wurde ein Wahlergebnis zwischen 11 und 14 Prozent prognostiziert, deutlich weniger als 1999. Ich glaube zwar nicht, dass die damals prognostizierten Werte für jene Zeit real waren, bin aber davon überzeugt, dass die Bereitschaft, PDS zu wählen, tatsächlich abnahm. Während vorher in Berlin eine Stimmung in Richtung Veränderung herrschte, die Berlinerinnen und Berliner auch zu einem großen Teil bereit waren, sich auf ein Experiment einzulassen, weil ihnen jede Art von Veränderung lieber war als der Stillstand unter der großen Koalition, so herrschte jetzt eher der Wunsch nach Beständigkeit und Stabilität. Das war nachvollziehbar und einleuchtend. Der 11. September hatte die Menschen verunsichert. Wenn Deutschland an einem Krieg gegen Afghanistan teilnehmen sollte, könnte sich der Terrorismus auch gegen Deutschland selbst richten. In einer solchen Situation hält man eher an dem fest, was man hat, als dass man etwas anstrebt, dessen Wirkung man nicht genau einschätzen kann. Hinzu kommt, dass das Image der PDS nicht gerade mit dem Thema innere Sicherheit verbunden ist. Aus der berechtigten Ablehnung der deutschen Linken gegenüber polizeistaatlichen Methoden, gegenüber der Einschränkung von Bürgerinnen- und Bürgerrechten resultiert bei ihnen leider häufig eine Vernachlässigung des berechtigten Sicherheitsbedürfnisses von Bürgerinnen und Bürgern. Auf jeden Fall war mir klar, dass das Wahlergebnis niedriger als erwartet für uns ausfallen könnte. Das änderte sich wieder, weil die Haltung der PDS gegen die Antwort »Krieg« zunehmend Zustimmung fand.

Endlich kam der Wahlsonntag. Das Wahlergebnis war nur teilweise überraschend. Die CDU hatte wie vorhergesagt dramatisch verloren. Von fast 40 Prozent bei den vorhergehenden Wahlen sackte sie auf 23,7 Prozent ab. Die SPD gewann hinzu, landete aber unter 30 Prozent und damit unter ihren Erwartungen. Bündnis 90/Die Grünen verloren nur leicht, und die FDP überwand nach einer längeren Pause wieder die Fünfprozenthürde. Die PDS konnte sich von 17,7 auf 22,6 Prozent deutlich verbessern. Dieses Ergebnis hatte ihr niemand zugetraut. Erstmals erreichte die PDS alle Direktmandate im Ostteil der Stadt und kam hier auf über 47 Prozent der Zweitstimmen. Fast die Hälfte der Ostberlinerinnen und Osterberliner, die zur Wahl gegangen waren, hatte PDS gewählt. Aber auch das Ergebnis der PDS im Westteil der Stadt war für uns eine positive Überraschung: 6,9 Prozent der Zweitstimmen, auch daran hatte vorher niemand geglaubt. Ein weiteres Detail war für uns besonders angenehm. In ganz Berlin, das heißt sowohl im Ost- als auch im Westteil der Stadt, hatte die PDS den höchsten Stimmenanteil bei Erstwählerinnen und Erstwählern erreicht.

Die Spitzenkandidatinnen und -kandidaten der Parteien – mich eingeschlossen – gaben nun wie am Fließband Interviews und nahmen zu den Wahlergebnissen Stellung. Und schon wieder tat mir Frank Steffel von der CDU irgendwie Leid. Er hat wirklich jeden Termin wahrgenommen und vor jeder Kamera erzählt, wie er sich die Verluste der CDU erkläre. Ich glaube, dass ich mich in seiner Situation einmal vor laufender Kamera geäußert, danach noch einmal zur Parteibasis gegangen, anschließend aber auch verschwunden wäre. Sein Verständnis von Anstand und vielleicht auch ein gewisser masochistischer Zug ließen dies nicht zu. Er ließ alles über sich ergehen, eine hämische Stellungnahme und Frage nach der anderen. Irgendwann habe ich dann mal zu einem Journalisten gesagt, ich fände, es sei jetzt genug.

Bei keiner Partei wollte so richtig Freude über das Wahlergebnis aufkommen – außer bei der PDS. In ihrem Zelt herrschten Ausgelassenheit, Fröhlichkeit, fast Euphorie. Das Ergebnis war deutlich besser als erwartet. Es gab auch eine gewisse Freude über die Verluste der CDU und darüber, dass es weder eine CDU/ FDP-Koalition noch eine Koalition von SPD und Bündnis 90/Die Grünen geben konnte. Selbst eine nur theoretisch denkbare Koalition aus CDU, FDP und Bündnis 90/Die Grünen hatte keine Mehrheit. Es blieb die Möglichkeit einer Koalition von SPD und CDU, aber sie war praktisch ausgeschlossen. Denn niemand hätte den Berlinerinnen und Berlinern erklären können, welchen Zweck das konstruktive Misstrauensvotum und die Neuwahlen gehabt haben sollten, wenn anschließend die große Koalition wiederbelebt würde, nur unter umgekehrten Vorzeichen, das heißt mit der SPD als Senior- und der CDU als Juniorpartnerin. Also war klar, entweder käme es zu einer Ampelkoalition aus SPD, Bündnis 90/Die Grünen und FDP oder aber zu einer Koalition aus SPD und PDS. Ich selbst war natürlich auch froh über den Ausgang der Wahl. Für einen Spitzenkandidaten ist ein Wahlergebnis immer auch eine Entscheidung über ihn selbst. Trotzdem, wirklicher Frohsinn wollte bei mir nicht aufkommen. Die gesamte politische Lage nach dem Anschlag vom 11. September, aber auch die Befürchtungen im Falle einer Koalition von SPD und PDS ließen das nicht zu. Die Stadt befand sich in einer tiefen Krise, und die Herausforderungen waren gewaltig.

**3. Kapitel**

# Die Koalitionsverhandlungen

In den Tagen nach der Wahl spielte die Haltung der PDS gegen den geplanten Krieg in Afghanistan weiter eine zentrale politische Rolle. Die Auseinandersetzungen zwischen den Vertreterinnen und Vertretern anderer Parteien und der PDS hielten auch an, nachdem der Krieg begonnen hatte, nachdem die Talibanführung verjagt war und sich die Interventionsstreitkräfte in Afghanistan eingerichtet hatten. Ich erinnere mich an eine Diskussion bei Sabine Christiansen, in der die damalige Fraktionsvorsitzende von

Bündnis 90/Die Grünen im Bundestag, Kerstin Müller, auf die wiederhergestellten Frauenrechte in Afghanistan verwies. Sie fragte mich, ob denn die Tatsache, dass Mädchen jetzt wieder zur Schule gehen könnten, was unter den Taliban verboten war, nicht ein von mir anzuerkennender Fortschritt sei und ob ich ernsthaft wollte, dass diese Zustände wieder rückgängig gemacht würden. Ich halte diese Diskussionsebene für falsch. Leider hat man im Fernsehen kaum die Möglichkeit, dies ausführlich zu erläutern.

Kriege sind geschichtlich unterschiedlich zu bewerten und höchst unterschiedlich verlaufen. Auch heute muss man noch zwischen einem Angriffs- und einem Verteidigungskrieg unterscheiden. Der Krieg der Anti-Hitler-Koalition gegen Deutschland war ein Verteidigungskrieg und deshalb politisch und moralisch gerechtfertigt. Auch für Angriffskriege gilt allerdings, dass sie sehr unterschiedlich geführt werden können. Sie können, müssen aber nicht reine Vernichtungs- und Zerstörungskriege sein. Es ist völlig legitim, jede Form von Angriffskrieg abzulehnen, unabhängig davon, wie er im Einzelnen geführt wird. Denn jeder Angriffskrieg hat Tote, Verletzte und Verwüstungen zur Folge, strebt Eroberung und Fremdherrschaft an. Aber es ist ein Unterschied, ob ein Angriffskrieg nur zum Zwecke der Vernichtung und Zerstörung geführt wird oder vornehmlich mit anderen Zielen verbunden ist. Die napoleonischen Feldzüge waren Angriffskriege. Aber niemand kann bestreiten, dass durch die französische Besatzung auch gesellschaftlicher Fortschritt in besetzten Gebieten einzog, zum Beispiel durch die Verbreitung des Code Napoléon. Dennoch waren die Kriege gegen die französischen Besatzer Befreiungskriege und werden auch heute noch so bezeichnet. Der Feldzug Hitlerdeutschlands gegen die Sowjetunion war dagegen ein reiner Vernichtungskrieg. Nichts ist aus der Besatzungszeit geblieben, was man wenigstens als den einen oder anderen Fortschritt nachträglich anerkennen könnte. Aus tiefster Überzeugung habe ich bis heute den Krieg der Nato gegen Jugoslawien abgelehnt. Er hat sinnlose Zerstörungen und viele menschliche Opfer gekostet. Rechtfertigungen waren zum Teil erfunden. Aber von Anfang an war ich mir darüber im Klaren, dass im Falle einer

Besetzung des Kosovo dort auch eine Befriedung erreicht werden kann. Ebenso unbestritten ist, dass die jetzigen Herrschaftsstrukturen in Afghanistan deutlich erträglicher sind als jene unter den Taliban, und natürlich ist es ein begrüßenswerter Fortschritt, dass Mädchen wieder zur Schule gehen können. Nur rechtfertigt das eben keinen Angriffskrieg. Anderenfalls würde ich den Krieg überhaupt und generell legitimieren, Hauptsache, hinterher tritt für einen Teil der Zivilbevölkerung ein gewisser gesellschaftlicher Fortschritt ein. Mit solchen Begründungen könnte man etliche asiatische und speziell arabische Staaten angreifen, in denen den Frauen zahlreiche Rechte vorenthalten werden, die für uns selbstverständlich geworden sind. Aber fast niemand hielte dies für legitim. Mit der Begründung, dass Mädchen wieder zur Schule gehen können, könnte man im Nachhinein auch den sowjetischen Einmarsch in Afghanistan rechtfertigen. Denn niemand wird bestreiten, dass in dieser Zeit gerade das Bildungssystem in Afghanistan Fortschritte machte. Auch damals konnten Mädchen zur Schule gehen, generell wurden die Frauenrechte gestärkt. Aber diese Nebeneffekte dürfen nicht dazu führen, den Krieg als Mittel zu legitimieren.

Die Befreiung der Völker muss in erster Linie Sache der Völker bleiben. Dabei kann, darf und soll man sie unterstützen, aber es ist niemals gerechtfertigt, deshalb gegen sie Krieg zu führen. Und der Terrorismus lässt sich, wie die Entwicklung zeigt, mit Krieg schon überhaupt nicht wirksam bekämpfen. Wir müssen raus aus dieser Logik.

Die Kontroverse in außen- und sicherheitspolitischen Fragen hatte auch Folgen für die weitere Entwicklung in Berlin. Dadurch, dass die PDS als einzige Partei im Bundestag den diesbezüglichen Kurs der Bundesregierung ablehnte, schien sie nicht als Koalitionspartnerin für die SPD in Berlin zu passen. Der Kanzler hatte sich dezidiert gegen eine Koalition von SPD und PDS in Berlin ausgesprochen. Weder Peter Strieder noch Klaus Wowereit hatten aber im Wahlkampf eine Koalition mit der PDS ausgeschlossen. Was nahe lag, geschah. Die SPD als nunmehr stärkste Kraft im

Berliner Abgeordnetenhaus lud zu Sondierungsgesprächen ein, und zwar zum einen mit FDP und Bündnis 90/Die Grünen und zum anderen mit der PDS. Mit ihr fanden zwei Sondierungsgespräche statt. Für die SPD nahmen daran Peter Strieder als Landesvorsitzender, Klaus Wowereit als Regierender Bürgermeister und Michael Müller als Fraktionsvorsitzender teil. Der Landesvorstand der PDS nominierte ihren Landesvorsitzenden Stefan Liebich, den damaligen Fraktionsvorsitzenden Harald Wolf und mich. Gesprächsführer waren die jeweiligen Landesvorsitzenden, so dass Klaus Wowereit und ich uns einigermaßen zurücknehmen konnten. Die PDS-Vertreter wussten, dass die Landes-SPD unter starkem Druck aus dem Kanzleramt stand, mit uns keine Koalitionsverhandlungen zu führen.

Nachdem wir einige landespolitische Fragen erörtert hatten, wobei es besonders darum ging, ob wir denn akzeptierten, dass ein harter Einsparkurs in Berlin gefahren werden müsse, kamen wir zur Bundespolitik. Peter Strieder fragte, ob wir uns vorstellen könnten, in Anbetracht der gegenwärtigen Situation in einem Koalitionsvertrag auf ein Mitentscheidungsrecht in Bundesratsangelegenheiten zu verzichten. Die SPD wollte allein über das Abstimmungsverhalten des Landes Berlin im Bundesrat entscheiden. Darauf hatte sich noch kein Koalitionspartner in der Geschichte der Bundesrepublik Deutschland eingelassen, das war auch für uns unzumutbar. Wir wollten und durften uns nicht als Koalitionspartner zweiter Klasse behandeln lassen. Im zweiten Sondierungsgespräch spielte diese Frage wieder eine Rolle. Diesmal schlug Peter Strieder vor, dass die SPD im Bundesrat allein in Fragen von besonderer Bedeutung, insbesondere in sicherheitspolitischen Fragen, entscheide, während das übliche Verfahren für das übrige Abstimmungsverhalten gelten sollte. Auch darauf ließen wir uns nicht ein. Wir erklärten uns aber bereit, die besondere bundespolitische Verantwortung Berlins in einem Koalitionsvertrag festzuhalten. Im Übrigen konnte ich darauf verweisen, dass internationale Einsätze der Bundeswehr nicht im Bundesrat mitentschieden würden und dass sich, wenn dies doch der Fall sein sollte, die SPD auf die CDU-geführten Länder ausreichend verlassen könnte. Nach dem zweiten Sondierungsgespräch war uns klar, dass es höchstwahrscheinlich nicht zu Koalitionsverhandlungen käme, und zwar aus bundespolitischen Gründen.

An dem Tag, als der Landesvorstand der SPD die Sondierungsgespräche auswerten und entscheiden wollte, mit welchen Landesparteien Koalitionsverhandlungen aufgenommen werden sollten, war ich in die Reinhold-Beckmann-Show eingeladen und hielt mich deshalb in Hamburg auf. Die Talkshow sollte aufgezeichnet und um 23.00 Uhr gesendet werden. Reinhold Beckmann und ich hatten ein Problem. Wenn die Sendung lief, musste der SPD-Landesvorstand seine Entscheidung bereits verkündet haben, und es wäre geradezu grotesk gewesen, in der Sendung zu dieser Entscheidung nichts zu sagen. Andererseits kannten wir ja zum Zeitpunkt der Aufzeichnung das Ergebnis noch nicht. Reinhold Beckmann fragte mich, wie denn das Ergebnis höchstwahrscheinlich aussehe. Ich sagte ihm, ich rechnete damit, dass der Landesvorstand der SPD die Sondierungsgespräche mit uns für beendet erklären und der FDP und Bündnis 90/Die Grünen Koalitionsverhandlungen anbieten werde. Wir überlegten einen Moment, ob wir während der Aufzeichnung von einem solchen Ergebnis ausgehen sollten. Beide verwarfen wir aber den Gedanken, weil es hochnotpeinlich geworden wäre, wenn der Landesvorstand anders entschieden hätte. Also blieb uns nichts anderes übrig als abzuwarten und statt der Aufzeichnung eine Live-Sendung zu machen. Rechtzeitig vor Beginn der Sendung teilte dann Peter Strieder das von mir erwartete Ergebnis öffentlich mit. In der Sendung fragte mich Reinhold Beckmann, was ich davon hielte. Ich erklärte, dies sei eine Negierung des Willens von über 47 Prozent der Wählerinnen und Wähler Ostberlins und politisch nicht hinnehmbar.

Der Pressesprecher der PDS im Bundestag, Reiner Oschmann, beglückwünschte mich zu meinen – wie er sagte – hellseherischen Fähigkeiten. Er war davon überzeugt, dass es sich bei der Beckmann-Show um eine Aufzeichnung handelte, und war deshalb ehrfürchtig erstaunt, wie genau ich das Ergebnis vorhergesagt hätte. Einen Moment lang schwankte ich, ob ich den Irrtum bestehen lassen und den auf mich fallenden falschen Glanz genießen sollte. Ich entschloss mich aber dann doch, ihm die Wahrheit zu erzählen.

Nach der Sendung erhielt ich einen Anruf von einer Medienberaterin der PDS. Sie fand, ich hätte in der Sache gut argumentiert, aber mein Gesicht habe nicht Empörung, sondern Erleichterung ausgestrahlt, was nicht in Ordnung sei. Ich weiß nicht, ob andere den Eindruck auch hatten, auf jeden Fall entsprach es meiner inneren Stimmung. Auf der einen Seite fand ich es politisch wirklich falsch, was der Landesvorstand der SPD in Berlin entschieden hatte, auf der anderen Seite war ich auch ziemlich erleichtert, weil ein nur schwer zu leerender Kelch an mir vorbeigegangen zu sein schien.

In den nächsten Tagen und Wochen fühlte ich mich innerlich einigermaßen befreit. Im Grunde hätte ich das Mandat im Berliner Abgeordnetenhaus gar nicht erst anzunehmen brauchen, zumal ich für den Fall des Verbleibens in der Opposition dies auch angekündigt hatte. Ich dachte mir dann aber, es sei besser, die Regierungsbildung abzuwarten, und im Übrigen wollte ich das Berliner Abgeordnetenhaus auch einmal erleben, also zum Beispiel an der konstituierenden Sitzung und am Akt der Wahl eines Senats teilnehmen. Ich hatte mir auch vorgenommen, wenigstens eine Rede in diesem Abgeordnetenhaus zu halten. Das war nichts weiter als sentimentale Symbolik. Aufgrund der Berliner Geschichte meiner Familie dachte ich, dass es doch nichts schaden könne, wenn es im Protokoll des Berliner Abgeordnetenhauses eine festgehaltene Rede von mir gäbe. Unmittelbar nach der Senatswahl wollte ich dann das Mandat niederlegen und mich wieder auf den Bundestag konzentrieren. Diese Linie hielt ich durch, obwohl mir über Dritte mitgeteilt wurde, mein potenzieller Nachfolger im Abgeordnetenhaus warte schon ein wenig darauf, dass ich das Mandat nicht annähme oder rasch niederlegte. Ein Problem bereitete mir die Vorstellung, in dieser kurzen Phase doppelte Diäten zu kassieren. Aber der Berliner Gesetzgeber hat vorgesorgt. Während der Mitgliedschaft im Bundestag ruhte mein Anspruch auf Abgeordnetenentschädigung im Berliner Abgeordnetenhaus. Ausgezahlt wurde nur die Aufwandsentschädigung. Diese ist aber unvergleichlich viel geringer als im Bundestag und für tatsächlichen Aufwand und Spenden eingesetzt worden.

Ich stand aber erneut vor der Frage, ob ich 2002 für den Bundestag kandidieren, ob ich mich möglicherweise auf eine eigene Fernsehsendung einlassen und was aus meinem Anwaltsberuf werden sollte. Schon Jahre zuvor hatte ich mit Rechtsanwalt Walter Venedey Gespräche über eine eventuelle Zusammenarbeit geführt. Wenn ich je in den Beruf zurückkehrte, wollte ich ihn nicht allein ausüben. Dazu fühlte ich mich zu unsicher. Ich hatte mich nach dem Ausscheiden als Fraktionsvorsitzender im Bundestag in drei Fällen als Anwalt engagiert. Einmal vertrat ich Daniel Barenboim hinsichtlich des Abschlusses eines neuen Vertrages als Generalmusikdirektor der Deutschen Staatsoper. Ich glaube, mich in der Sache auch sehr engagiert und die Verhandlungen zu einem guten Abschluss geführt zu haben. Dieser lag mitten im Wahlkampf, nämlich im August 2001. Die damalige Kultursenatorin Berlins, Adrienne Göhler, verkündete das Ergebnis im Apollo-Saal der Staatsoper, und Daniel Barenboim bedankte sich bei vielen, auch bei mir.

In einem zweiten Fall vertrat ich zusammen mit Rechtsanwalt Peter-Michael Diestel eine Volksinitiative. Diese war gebildet worden, um eine aus Sicht der Initiatorinnen und Initiatoren unsoziale Änderung des Kindertagesstättenrechts in Brandenburg zu revidieren. Sie sammelten eine deutlich höhere Zahl an Unterschriften, als für eine erfolgreiche Volksinitiative erforderlich gewesen wäre. Der zuständige Hauptausschuss des Landtages in Brandenburg hatte die Volksinitiative jedoch als unzulässig zurückgewiesen und damit verhindert, dass sie im Parlament erörtert wurde. Ihre Behandlung und Ablehnung ist aber erforderlich, um ein Volksbegehren zu starten, und erst im Falle seines Erfolgs wäre ein Volksentscheid zulässig gewesen. Bei dem Verfassungsgerichtsstreit ging es nicht um die Frage, ob die Volksinitiative begründet oder unbegründet sei, sondern ausschließlich darum, ob der Hauptausschuss verfassungsgemäß die Volksinitiative als unzulässig zurückgewiesen habe. Die Begründung des Hauptausschusses lautete, dass im Falle eines späteren erfolgreichen Volksentscheids Auswirkungen auf den Haushalt des Landes zukämen. Die Volksgesetzgebung dürfe aber keine Folgen für den Landeshaushalt haben. Dieser Meinung schloss sich auch das Verfassungsgericht an.

Zweifel an der Entscheidung des Landesverfassungsgerichts sind allerdings angebracht. In der Realität sind kaum Volksentscheide denkbar, die ohne Folgen für den Etat eines Landes blieben. Damit wird die Volksgesetzgebung in den Bundesländern, in denen sie zulässig ist, in einem Maße eingeschränkt, dass sie die Macht der in den Parlamenten vertretenen Parteien kaum tangiert. Es ist immer wieder erstaunlich, dass zum Beispiel der Bevölkerung in Brandenburg zwar zugebilligt wurde, über die Landesverfassung zu entscheiden und regelmäßig die Zusammensetzung des Parlaments zu bestimmen, aber kaum Kompetenz in Sachfragen zugetraut wird. Ich halte es noch für verständlich, dass direkte Eingriffe in das Haushaltsgesetz eines Landes einem Volksentscheid nicht zugänglich sind. Aber wenn dies so weit geht, dass jedes Gesetz, das irgendwelche Folgen für den Etat hat, einem Volksentscheid entzogen wird, dann sollte man mit seiner Einführung der Bevölkerung nicht ein Recht vorgaukeln, das sie faktisch nicht besitzt. Die Enttäuschung, die zum Beispiel in diesem Falle bei den Hunderttausenden erzeugt wurde, die Unterschriften gesammelt und geleistet hatten, ist eine Enttäuschung gegenüber der Demokratie. Vielleicht sollte man nach einem Kompromiss streben, etwa dergestalt, dass mittels der unmittelbaren Volksgesetzgebung nur in einen zukünftigen Haushalt eingegriffen werden darf und dann begrenzt auf einen Umfang von maximal zwei oder drei Prozent. Das wäre immerhin ein Beginn und gäbe der Volksgesetzgebung mehr Sinn.

Mein drittes Mandat während des Wahlkampfes erhielt ich von den Eltern von Ulrike Brandt. Sie wollten als Nebenkläger in einem Strafverfahren auftreten und hatten mich zu ihrem Anwalt bestimmt. Dieses Mandat hatte ich gemeinsam mit Walter Venedey zu einer Zeit übernommen, in der an den Berliner Wahlkampf noch nicht zu denken war. Ulrike Brandt war als Zwölfjährige von einem jungen Mann entführt und ihrer Freiheit beraubt, sexuell missbraucht, unter entsetzlichen Schmerzen vergewaltigt und anschließend ermordet worden. Das Verbrechen hatte in der ganzen Bundesrepublik Entsetzen und sehr viel Mitgefühl und Solidarität mit den Eltern ausgelöst. Die Eltern waren aber damit unzufrieden, wie die Justiz mit dem vorbestraften Täter in der Vergangenheit umgegangen war. Sie störte auch die Länge des Verfahrens. Häufig habe ich mit ihnen gesprochen und ihre Stärke im Umgang mit dem an ihrer Tochter begangenen Verbrechen bewundert. Man sollte nicht einmal im Ansatz versuchen, sich zu überlegen, wie man sich selbst in ähnlicher Situation verhielte. Man kann es beim besten Willen nicht einschätzen. Es gibt Eltern, die sich völlig zurückziehen, andere, die in die Öffentlichkeit gehen. Meine Mandanten lehnten Medienauftritte – von ganz wenigen Ausnahmen abgesehen – ab. Sie beauftragten mich, um für ihre Anliegen Öffentlichkeit zu erreichen, aber sie wollten nicht selbst an die Öffentlichkeit treten. Sie haben mir erzählt, wie ihr Haus nach dem Verschwinden ihrer Tochter und vor allem nach dem Leichenfund von Journalistinnen und Journalisten geradezu belagert wurde. Dafür habe ich kein Verständnis. Ich weiß, dass diese Journalistinnen und Journalisten ihren Beruf ausüben, dass ihr Ansehen in ihren Redaktionen davon abhängt, welche Bilder sie vorlegen, welche Interviews sie aufnehmen können. Aber wenn Eltern in einer solchen Situation in Ruhe gelassen werden wollen, dann hat man das einfach zu respektieren. Ich finde, es gibt keinen beruflichen Ehrgeiz, der die Belästigung von Menschen in solchen Situationen rechtfertigen könnte.

Im Zusammenhang mit der Vertretung der Eltern Brandt habe ich auch völlig neue Erfahrungen über das Verhältnis von Medien und Justiz in solchen Fällen gesammelt. Es ist in Deutschland nicht unüblich, dass sich Schwerverbrecher das Geld für ihre Verteidiger beschaffen, indem sie ihre Gruselgeschichten oder ihre sexuellen Fantasien an eine Boulevardzeitung verkaufen. Da so etwas in der DDR nicht einmal im Ansatz denkbar gewesen wäre, war mir diese Welt nicht nur fremd, ich fand und finde sie auch abschreckend. Das bedeutet nicht, dass ich das Recht auf Verteidigung solcher Personen nicht respektierte, dazu war ich viel zu lange selbst als Verteidiger tätig, auch von Mördern. Ein Bildjournalist bot mir für eine bestimmte Unterlage Geld an und versuchte dies mir gegenüber moralisch damit zu rechtfertigen, dass es ihm sehr viel angenehmer sei, dieses Geld meinen Mandanten und damit den Eltern des Opfers zukommen zu lassen als etwa dem Angeklagten und seinen Verteidigern. Wenn ich ihm die Unterlage aber nicht besorgte, müsste er sich notgedrungen an die Anwälte des Angeklagten halten. Nachdem ich zunächst geprüft hatte, ob ich überhaupt befugt gewesen wäre, diese Unterlagen weiterzugeben, fragte ich meine Mandanten, die dieses Ansinnen strikt ablehnten.

Nachdem ich am 17. Juni 2001 meine Bereitschaft zur Kandidatur als Spitzenkandidat der PDS in Berlin erklärt hatte, wandte ich mich an meine Mandanten und fragte sie, ob sie auf eine weitere Vertretung durch mich verzichten könnten. Einerseits wäre ich in den nächsten Monaten sehr beschäftigt, und andererseits wollte ich den Eindruck verhindern, dass ihre Vertretung für mich im Wahlkampf eine Rolle spielen könnte. Ich wollte beides nicht miteinander verbunden sehen. Denn natürlich wusste ich, dass ihre Vertretung in der Bevölkerung populär war. Die Eltern erklärten jedoch kategorisch, sie hätten mit meiner Entscheidung zu kandidieren nichts zu tun. Sie erwarteten deshalb, dass ich den Auftrag ordnungsgemäß wahrnähme. Dagegen konnte und wollte ich nichts sagen, einen Grund, die Vertretung niederzulegen, hatte ich nicht. Also machte ich meine Arbeit und versuchte, ihnen zusammen mit Walter Venedey so gut wie möglich zu helfen. Allerdings hoffte ich, dass die Hauptverhandlung nicht in die Wahlkampfzeit fiele. Dann aber beraumte das Landgericht Frankfurt (Oder) die Termine doch so an, dass der Prozess noch während des Wahlkampfes begann. Ihn auf einen späteren Zeitpunkt zu verlegen kam nicht in Frage, weil meine Mandanten die Verhandlung so kurzfristig wie möglich anstrebten. Sie wollten an der Hauptverhandlung zwar teilnehmen, dieses schreckliche Erlebnis aber auch so schnell wie möglich hinter sich bringen. Ich habe sie einmal gefragt, warum sie sich das antun wollen, und sie gaben mir folgende Antwort: Was wären wir für Eltern, wenn wir uns nicht einmal anhören könnten, was unsere Tochter durchleben musste?

Und so geschah es, dass ich nach vielen Jahren der Politik zum Ende des Berliner Wahlkampfes erstmalig wieder in Robe vor einem Schwurgericht stand und dem Mörder des Kindes meiner Mandanten gegenübersaß. Erstaunlicherweise gelang es mir, mich vollständig auf die Verhandlung zu konzentrieren. Die gesamten politischen Turbulenzen um mich herum haben mich in diesen Stunden nicht interessiert. Ich merkte, wie schnell ich mich wieder durch einen solchen Fall fesseln ließ. Am schwierigsten war die Befragung des Angeklagten, weil er sich kaum äußern wollte. Nur widerstrebend beantwortete er dem Gericht Fragen, und auf die Fragen der Staatsanwältin reagierte er besonders allergisch. Irgendwie habe ich es aber geschafft, ihn ein wenig zum Reden zu bringen. Schwierig war auch die Befragung der Zeugen, weil sie überwiegend aus einem Milieu kamen, in dem schon bestimmte Formulierungen dazu führen können, dass sie verstummen. Diesbezüglich hatte ich aus der Zeit vor 1989 meine Erfahrungen. Ich kann mich ganz gut auf solche Zeugen einstellen. Die Journalistinnen und Journalisten waren daher überrascht, wie es mir in dem einen oder anderen Fall gelang, Zeuginnen und Zeugen zu öffnen. Für mich war nicht nur die Erkenntnis wichtig, dass ich mein Handwerk noch nicht verlernt hatte, sondern vor allem, wie rasch ich wieder einen Zugang zu meinem früheren Beruf finden konnte.

Es ist schwer, in einer solchen Verhandlung sachlich zu bleiben. Die Eltern von Ulrike waren beherrscht, konnten aber ihre Gefühle nicht unterdrücken. Wer sollte und wollte dies von ihnen auch verlangen? Es ist entsetzlich, was Menschen anderen Menschen antun können. Es war dem Angeklagten zum einen um die Befriedigung sexueller Bedürfnisse gegangen, zum anderen aber auch darum, Macht über einen Menschen zu haben. Diese Situation kosten solche Täter aus. Dabei gehen sie brutal vor. Sie wissen, dass diese Macht befristet ist. Aber gerade deshalb versuchen sie, in der relativ kurzen Zeit so viel Macht wie möglich auszuüben. Es ist für sie ein tiefes Gefühl der Befriedigung, dass ein Mensch machen muss, was sie von ihm verlangen, dass sie ihm Schmerzen zufügen können, ohne von einem Dritten daran gehindert zu werden. Während der Tat gab es keinen Moment des Mitleids, aber tausende Momente, um aufzuhören. Solche Momente werden jedoch regelmäßig nicht genutzt, und auch dieser Täter ließ sie ungerührt verstreichen.

Ein Gericht muss auch auf die Rechte des Angeklagten achten, eine Selbstverständlichkeit in einer rechtsstaatlichen Justiz. Aber man darf auch Verständnis dafür haben, dass die Eltern eines ermordeten Kindes dafür weniger Verständnis aufbringen als ein nicht unmittelbar betroffener Jurist. Und natürlich weiß ich, dass die Eltern solcher Opfer die Todesstrafe als durchaus angemessen ansehen. Der Täter hat ihrem Kind nicht das Leben gegönnt, warum sollten sie es ihm gönnen? Natürlich änderte das weder bei Walter Venedey noch bei mir etwas an unserer grundsätzlichen Ablehnung der Todesstrafe. Verständnis für einen Wunsch ist etwas anderes als Befürwortung. Ich war auch einmal ein Gegner der lebenslänglichen Freiheitsstrafe. Ich fand und finde zum Teil noch heute, dass Menschen eine Frist brauchen, die ihnen irgendeine Art von Hoffnung lässt, selbst wenn diese weit in der Zukunft liegt. Aber der Mörder von Ulrike Brandt hat mich eines Besseren belehrt. Deshalb hatte ich nicht die geringsten Schwierigkeiten, lebenslängliche Freiheitsstrafe und zusätzliche Sicherungsverwahrung zu beantragen, wobei wir mit dem zweiten Antrag keinen Erfolg hatten. Das hing auch mit einem Gesetzesfehler zusammen, der inzwischen korrigiert ist.

Die Verhandlung gegen den Mörder von Ulrike Brandt zog sich noch weit bis in die Zeit der Sondierungs- und sogar der späteren Koalitionsgespräche hin. Ich habe die einen wie die anderen Termine wie eine gespaltene Persönlichkeit wahrgenommen. Irgendwann kamen die Plädoyers und danach auch die Urteilsverkündung. Der Täter wurde zu lebenslänglicher Freiheitsstrafe verurteilt. Gleichzeitig wurde seine besonders schwere Schuld festgestellt, was eine Entlassung erheblich erschwert. Seine Verteidiger sind in Revision gegangen, über die der Bundesgerichtshof inzwischen ablehnend entschieden hat. Das Mandat war damit aber noch nicht erledigt. Die Eltern waren besonders daran interessiert festzustellen, weshalb der Täter die Tat überhaupt begehen konnte. Er war mehrfach vorbestraft und zur Zeit der Tat vorzeitig auf Bewährung entlassen worden. Das entsetzliche Verbrechen an ihrer Tochter war nicht seine erste Tat während der Bewährungszeit. Er war davor auf frischer Tat gestellt worden, als er ohne Fahrerlaubnis und schwer betrunken einen von ihm gestohlenen PKW parkte. Er hatte diese Straftat gestanden, und es gab ein neues Ermittlungsverfahren und Bemühungen, die Bewährung zu widerrufen. Nach meiner Überzeugung wäre er vor dem Verbrechen an Ulrike wieder im Strafvollzug gewesen, wenn die Justiz reibungslos gearbeitet und die Bewährung unverzüglich rückgängig gemacht hätte. Dann hätte er zumindest an diesem Tag und diesem Opfer seine Tat nicht begehen können. Natürlich muss man berücksichtigen, dass er überwiegend durch Autodiebstähle aufgefallen war. Immerhin hatte er aber schon einmal einen Raub begangen, man wusste also, dass er auch zur Gewaltanwendung gegen Menschen bereit war. Aber Bewährungszeit heißt nun mal Bewährungszeit. Und wer sich nicht bewährt, der muss dann auch die Konsequenzen spüren. Das liegt nicht nur im Interesse einer glaubwürdigen Justiz, sondern auch im Interesse derer, denen es gelingt, sich in der Bewährungszeit tatsächlich zu bewähren.

Walter Venedey und ich schrieben Dienstaufsichtsbeschwerden, weil unserer Meinung nach die zuständige Staatsanwaltschaft, die mit dem Autodiebstahl befasst war, zu spät und inkonsequent reagiert hatte. Allerdings hatte sie das Bewährungsgericht informiert, das seinerseits die Sache nur auf Frist legte, um die neue Verurteilung abzuwarten. Tatsächlich hatte das Bundesverfassungsgericht einmal entschieden, auch der Widerruf einer Bewährung setze voraus, dass eine neue Straftat bewiesen sei. Insofern müsse in der Regel bis zu einer neuen rechtskräftigen Verurteilung abgewartet werden. Wenn aber der Täter geständig sei und wie in diesem Fall auf frischer Tat gestellt würde, könne die Bewährung – so das Bundesverfassungsgericht – auch unverzüglich widerrufen werden. Von dieser Möglichkeit hatte das Bewährungsgericht keinen Gebrauch gemacht. Unsere Beschwerden blieben jedoch ohne Erfolg, wobei jeweils die eine Behörde gewisse Versäumnisse der anderen einräumte, nicht aber eigene.

Nach dem Scheitern der Sondierungsgespräche zwischen SPD und PDS war mir auf jeden Fall klar, dass nun die alten Fragen hinsichtlich Anwaltstätigkeit und Kandidatur zum Bundestag wieder auf mich zukämen. Da ich schon im Wahlkampf mit Walter Venedey von dieser Möglichkeit ausgegangen war, hatten wir meine Aufnahme in die Sozietät im September 2001 beschlossen. Inzwischen hatte ich auch die übrigen Kollegen kennen gelernt, und ich war davon überzeugt, dass ich mich in dieser Sozietät wohl fühlen würde. Entsprechend den Gepflogenheiten wollten wir einen Begrüßungsempfang in den Räumen der Sozietät durchführen und dabei vor allem Kolleginnen und Kollegen aus der Anwaltschaft einladen. Dafür wurde auch alles vorbereitet. Die Feier wurde für den 11. Januar 2002 anberaumt, die Einladungen gedruckt und versandt.

Ich war felsenfest davon überzeugt, dass die Koalitionsverhandlungen zwischen SPD, FDP und Bündnis 90/Die Grünen zu einem Koalitionsvertrag und zur Senatsbildung führen würden. Ich muss bekennen, ich habe mich getäuscht.

Ich erinnere mich noch gut an einen Sonnabend, an dem ich an der Eröffnung der Wehrmachtsausstellung in Berlin teilnehmen wollte. Die NPD hatte unverfroren eine Demonstration gegen die Ausstellung angemeldet und sogar angekündigt, an der Synagoge Berlins vorbeidemonstrieren zu wollen. Dies rief die Gegnerinnen und Gegner der NPD auf den Plan, und es wurde eine Gegendemonstration beschlossen, um insbesondere einen Marsch der Neonazis vor der Synagoge zu verhindern. Kurz bevor ich die Ausstellungsräume der Wehrmachtsausstellung erreichte, rief mich der damalige PDS-Bundestagsabgeordnete Carsten Hübner per Handy an und meinte, vor der Synagoge gebe es Schlachten zwischen der Polizei und den antifaschistischen Demonstrantinnen und Demonstranten. Selbst jüdische Würdenträger würden geschlagen werden. Er meinte, ich solle so schnell wie möglich dorthin kommen, um zu einer Deeskalation beizutragen. Also lief ich an den Ausstellungsräumen vorbei und begab mich in Richtung Synagoge. Kurze Zeit später traf ich auf eine Absperrung, hinter der ich Christian Ströbele, den Bundestagsabgeordneten von Bündnis 90/Die Grünen, sah. Die Polizei ließ mich durch, und er klärte mich über die Situation auf. Ein Teil der Demonstrantinnen und Demonstranten drängte in Richtung NPD-Demonstration, um den Neonazis ihre Ablehnung zu dokumentieren. Die Polizei wollte dies nicht zulassen, weil sie gewalttätige Auseinandersetzungen befürchtete. Die Eskalation hätte wahrscheinlich vermieden werden können, wenn Innensenator Erhard Körting rechtzeitig bekannt gegeben hätte, dass es der NPD ohnehin untersagt worden war, an der Synagoge vorbeizumarschieren. Die Geheimniskrämerei hat sich hier nachteilig ausgewirkt, was er später selbst einräumte. Ich sprach dann mit dem Einsatzleiter der Polizei vor Ort, wie die Situation zu entspannen sei. Hunderte Demonstrantinnen und Demonstranten waren vor der Synagoge eingekesselt. Als ich dort eintraf, gab es keine Gewalttätigkeiten mehr, aber es kam niemand zu ihnen hinein, und niemand von ihnen wurde herausgelassen. Die Demonstrantinnen und Demonstranten setzten Hoffnungen auf mich, also musste mir irgendetwas einfallen. Zunächst wirkten wir aber alle ziemlich hilflos, das galt auch für den damaligen Justizsenator Wolfgang Wieland von Bündnis 90/Die Grünen, der ebenfalls zugegen war. Ich begann dann meine Gespräche mit der Polizei. Es gab zwei Chefs, die mit mir sprachen. Der eine war höflich und an einer Lösung und Deeskalation interessiert, während der andere eher abweisend und zugeknöpft reagierte. Zu meinem großen Erstaunen stellte ich fest, dass sie selbst nichts entscheiden durften. Für jede Änderung ihrer Strategie brauchten sie die Genehmigung eines Diensthabenden, der irgendwo an einem anderen Ort in seinem Büro saß. Letztlich nahm dann aber der eine Einsatzleiter seinen Mut zusammen und entschied ein bestimmtes Vorgehen, das er meinte verantworten zu können. Ich schlug vor, zusammen mit den bisher eingekesselten Demonstrantinnen und Demonstranten zum Gebäude der Wehrmachtsausstellung zu gehen. Ihr eigentliches Ziel sei ja, diese Ausstellung zu ermöglichen und gegen die NPD-Demonstration zu protestieren. Da es als ausgeschlossen betrachtet werden könne, dass die NPD noch an der Synagoge vorbeikäme, erledigte sich zumindest dieses Anliegen. Ich versprach, dabei deeskalierend zu wirken.

Das Problem war: Es gab nur ein Megaphon, und zwar auf dem Wasserwerfer, der vor den Demonstrantinnen und Demonstranten in Stellung gebracht worden war. Mit viel Bauchschmerzen genehmigte der Einsatzleiter, dass ich auf den Wasserwerfer stieg. Nachdem ich zu den Versammelten gesprochen und ihre Zustimmung zu meinem Vorschlag erhalten hatte, wurde der Kessel aufgelöst. Wir marschierten gemeinsam mit der Polizei zur Wehrmachtsausstellung. Es gab nicht die geringste Gewaltanwendung gegen Personen oder Sachen. Vor der Ausstellung wollte ich noch eine kleine Ansprache halten, zumal die Teilnehmerinnen und Teilnehmer dies erwarteten. Aber wieder fehlte ein Megaphon. Es stellte sich heraus, dass der Bundesgrenzschutz, der sich in der Wehrmachtsausstellung aufhielt, über ein solches Gerät verfügte. Hier wurde mir das erste Mal klar, dass es tatsächlich den einen oder anderen Ausstattungsrückstand auch bei unserer Polizei gibt. Denn mit diesem Megaphon konnte man mich gerade mal im Umkreis von drei Metern verstehen. Ich gab es dankend zurück und stieg vor den Augen der Polizei rechtswidrig auf einen privaten PKW. Ich stellte mich auf das Dach und brüllte, so laut ich konnte, um mich verständlich zu machen.

Während des Demonstrationsgeschehens sprach mich ein Journalist an und fragte, ob ich schon gehört hätte, dass die Koalitionsverhandlungen zwischen SPD, FDP und Bündnis 90/Die Grünen zu scheitern drohten. Ich hielt das für ein taktisches Manöver der Beteiligten. Harald Wolf, der über bessere Informationen verfügte als ich, rief mich später an und erklärte mir, dass es ernst sein könne mit dem Abbruch der Koalitionsverhandlungen. Ich blieb ungläubig. Tatsächlich war es dann so, dass sich am Sonntag Bündnis 90/Die Grünen aus den Koalitionsverhandlungen zurückzogen und diese für gescheitert erklärten. Am Abend beschlossen sie jedoch, die Koalitionsverhandlungen wieder aufzunehmen. Plötzlich hatte sich dann aber auch die FDP aus den Verhandlungen zurückgezogen. Am Montag waren sie tatsächlich offiziell gescheitert. Das bestätigte dann auch der Landesvorstand der SPD in Berlin.

Am Dienstagmorgen rief mich Klaus Wowereit an und teilte mit, dass wir uns in Kürze treffen und dann offizielle Koalitionsverhandlungen aufnehmen sollten. Dies war nur ein informelles Gespräch. Offiziell wandte sich Peter Strieder an Stefan Liebich, um ihm Koalitionsverhandlungen vorzuschlagen. In dieser Zeit bekam ich mehrere Briefe, in denen mir geraten wurde, Koalitionsverhandlungen abzulehnen. Es sei demütigend, als zweite Wahl behandelt zu werden. Dieses Argument fand ich nicht überzeugend. Wir waren von vielen Berlinerinnen und Berlinern gewählt worden, um uns an einer Regierungskoalition zu beteiligen. Abgesehen von Neuwahlen, für die die Berlinerinnen und Berliner nicht das geringste Verständnis aufgebracht hätten, gab es real nur noch die Möglichkeiten einer Koalition von SPD und CDU oder von SPD und PDS. Hätten wir uns den Koalitionsverhandlungen verweigert, hätten wir indirekt von der SPD verlangt, eine Koalition mit der CDU einzugehen. Das aber hätte uns in Berlin niemand verziehen, außer vielleicht die Wählerinnen und Wähler der CDU, die wir dadurch aber auch nicht für uns gewonnen hätten. In Wirklichkeit hatten wir also gar keine Alternative.

Es gab eine große Verhandlungsrunde und eine kleine. Die kleine war genau so zusammengesetzt wie bei den Sondierungsgesprächen. Darüber hinaus tagten Arbeitskreise in den verschiedenen politischen Fachbereichen. Von den Fachpolitikerinnen und -politikern erwarteten wir eine Abstimmung mit den Finanzpolitikerinnen und -politikern. Lag diese vor, kam das Papier zur kleinen Runde und wurde dort bestätigt, verworfen oder geändert. Erst wenn sich hier eine Verständigung ergab, kam das Ganze in die große Koalitionsrunde. Das galt aber auch für solche Punkte, über die wir uns nicht verständigen konnten. Die Vertreter der SPD waren in den Verhandlungen wesentlich geübter als wir. Außerdem mussten wir der SPD zugute halten, dass sie diese Verhandlungen gegen den Willen ihrer Bundesparteiführung und gegen den Willen des Kanzlers führte. Ferner wussten wir, welche Zumutung die Beteiligung der PDS an einer Regierungskoalition für einen Teil der Berlinerinnen und Berliner immer noch war. Das war insofern ein ungünstiger Ausgangspunkt, als wir dadurch kompromissbereiter waren als die SPD. Trotzdem haben wir nicht wenig in den Koalitionsverhandlungen durchgesetzt, unabhängig davon, wie die Verhandlungsergebnisse in der späteren Regierungspolitik praktisch umgesetzt worden sind oder noch umgesetzt werden. Denn auch hier habe ich eine neue Erfahrung gemacht. Mühsam ausgehandelte Koalitionskompromisse halten kaum, wenn sie der stärkere Koalitionspartner im Grunde nicht wollte. Er findet dann in der Regierung immer Wege, um die Realisierung dieses Kompromisses zu erschweren oder unmöglich zu machen. Andere Dinge erweisen sich als undurchführbar, weil die Finanzgrundlage zum Zeitpunkt von Koalitionsverhandlungen unrealistisch eingeschätzt wurde.

Neben der Frage des Standortes für einen internationalen Berliner Großflughafen und der – am Ende abgelehnten – Olympiabewerbung der Stadt war auch die Hochschulmedizin ein schwieriger Verhandlungspunkt. Berlin verfügt über zwei Universitätskliniken, die Charité an der Humboldt-Universität und das Benjamin-Franklin-Klinikum an der Freien Universität. Natürlich kann sich eine Stadt wie Berlin in der gegenwärtigen Situation zwei Hochschulmedizinbereiche eigentlich nicht leisten. Werden sie permanent unterfinanziert – und das ist schon heute der Fall –, verlieren beide an Qualität. Finanzierte man dagegen eine Universitätsklinik richtig, könnte sie internationalen Standards genügen. Bei jeder Anschaffung entsteht das gleiche Problem. Wird eine neue Medizintechnik für mehrere Millionen Dollar entwickelt, über die ein Universitätsklinikum im Interesse der Patientinnen und Patienten, der Forschung und der Studierenden verfügen sollte, stehen wir in Berlin regelmäßig vor der Entscheidung, diese neue Technik einmal, zweimal oder gar nicht zu erwerben. Schafften wir sie nur einmal an, entstünde die Frage, welches Klinikum sie erhalten solle. Das weitet sich dann regelmäßig zu einem Ost-West-Konflikt aus. So kam es zu dem einschneidenden Beschluss, sich künftig auf eine Hochschulmedizin in Berlin zu konzentrieren. Das bedeutete, die Benjamin-Franklin-Klinik in ein normales städtisches Krankenhaus umzuwandeln und folglich die medizinische Fakultät an der Freien Universität zu schließen. Selbstverständlich sollte dies sozial verträglich und in der Weise geschehen, dass Kräfte aus der Benjamin-Franklin-Klinik an die Charité übernommen werden. Zugleich sollten auch strukturelle Einsparungen an der Charité vorgenommen werden, vielleicht sogar durch eine Privatisierung des Bettenhauses. Diese Entscheidung führte zu zahlreichen Protesten, später zur Bildung einer Kommission, die inzwischen Vorschläge unterbreitet hat, wie sich das Einsparziel auf andere Weise erreichen lässt. Hätte der Senat vorgeschlagen, was später die Kommission vorschlug, hätte er nicht weniger Protest geerntet. Aber da diese Vorschläge erträglicher erschienen als das, was im Koalitionsvertrag steht, scheinen sie nun für alle annehmbar zu sein.

Oft muss man in der Politik A sagen, um wenigstens B zu erreichen. Hinsichtlich des Konflikts zur Hochschulmedizin schnitt die PDS nicht so schlecht ab. Denn der später von ihr vorgeschlagene und vom Abgeordnetenhaus gewählte zuständige Senator, Thomas Flierl, zeigte sich kompromissbereit. Im Übrigen war die Ostberliner Bevölkerung weniger von diesem Vorgang tangiert. Ich konnte gelegentlich sogar eine gewisse Häme darüber feststellen, dass die Westberlinerinnen und Westberliner jetzt mal das erlebten, was Ostberlinerinnen und Ostberliner über viele Jahre ständig erlebt hatten. Diese Reaktion war allerdings auch nicht nach meinem Geschmack.

Komplizierter verliefen die Koalitionsverhandlungen zum Thema Kultur. Auch hier sagen regelmäßig alle, man dürfe in diesem Bereich nicht kürzen. Bei vielen ist das aber nur ein Lippenbekenntnis. Für sie ist es mit ihrem Verständnis von Gerechtigkeit nicht zu vereinbaren, Sozialkürzungen und Kürzungen in anderen Bereichen hinzunehmen, den Kulturetat aber zu schonen. Irgendwie hat für sie Kultur etwas Elitäres. Insbesondere gilt dies für Opernhäuser. Trotz einiger Schließungen in den vergangenen

Jahren besitzt Berlin noch immer zahlreiche Theater und Opernhäuser. Der Kulturhaushalt ist im Vergleich zum Gesamthaushalt eher zu klein. Aber die Millionen, die in diesen Bereich fließen, sind in der gegenwärtigen Finanzsituation Berlins nur schwer zu rechtfertigen. Seit Jahren gibt es deshalb zum Beispiel die Diskussion, wozu Berlin drei Opernhäuser benötige. Auch in der Koalitionsverhandlung stand diese Frage zur Debatte. Peter Strieder meinte, man könne ein Opernhaus schließen. Klaus Wowereit und ich waren strikt dagegen. Letztlich haben wir beschlossen, den Kulturetat weder zu erhöhen noch zu senken. Das ist schon eine enorme Herausforderung für die Theater und Opernhäuser, weil es jährlich gilt, Tarifsteigerungen aus eigenen Mitteln zu verkraften, denn vom Land kommen keine zusätzlichen Gelder. Theater- und Opernkarten sollen aber auch bezahlbar bleiben, damit der Zugang der gesamten Bevölkerung gesichert werden kann. Peter Strieder fragte mich während der Koalitionsverhandlungen, ob ich ernsthaft glaubte, Berlin benötige drei Opernhäuser. Ich stimmte ihm zu, dass dies nicht der Fall sei, aber Berlin nun einmal drei Opernhäuser habe und dies als Chance begreifen und nutzen sollte. Die Schließung von Kultureinrichtungen habe immer etwas Antizivilisatorisches, und der letzte Zweck von Politik müsse ein Mehr an Kultur sein. Wir hatten uns in dieser Frage zunächst durchgesetzt, aber ich hatte den Eindruck, nicht alle in der PDS-Fraktion davon überzeugt zu haben, während andererseits Klaus Wowereit meinen Standpunkt unterstützte.

Aus irgendeinem Grund hatte es sich die SPD in den Kopf gesetzt, die Kindertagesstätten so vollständig wie möglich an freie Träger zu übergeben. Für die Kommune bzw. das Land tritt in diesem Falle nur dadurch eine Kostenersparnis ein, dass freie Träger niedrigere Löhne bezahlen als der öffentliche Dienst. Anfangs stellt sich gar keine Kostenersparnis ein, weil die freien Träger verpflichtet sind, die Angestellten zu ihren bisherigen Löhnen zu übernehmen. Allmählich reduzieren sich aber die Kosten, weil neu eingestellte Kräfte weniger verdienen als die zuvor Beschäftigten. Nun kann es eigentlich nicht das Ziel von SPD und PDS sein, für Lohnabsenkungen einzutreten. Aber die Finanzsituation Berlins hatte die SPD zu der Überzeugung gebracht, dass dort ein wesentliches Einsparpotenzial läge. Die SPD hatte sich diesbezüglich schon mit der FDP und Bündnis 90/Die Grünen in den Ampelkoalitionsverhandlungen verständigt. Wir leisteten Widerstand, aber nur mit begrenztem Erfolg. Letztlich sieht die Koalitionsvereinbarung vor, dass die Hälfte der Kindertagesstätten an freie Träger übergeht, die andere bei den Bezirken verbleibt. Mit dieser Entscheidung waren insbesondere die Bezirkspolitiker der PDS höchst unzufrieden. Sie waren stolz darauf, dass der überwiegende Teil der Kindertagesstätten im Ostteil der Stadt nach wie vor unmittelbar den Bezirken unterstand. Ein weiteres Problem stellte die Hortversorgung der Kinder dar. Im Ostteil Berlins sind die Horte traditionsgemäß zu über neunzig Prozent den Schulen angegliedert. Die Erzieherinnen dort haben eine bestimmte Zahl von Kindern zu versorgen. Im Westteil der Stadt hat sich eine andere Tradition entwickelt. Horteinrichtungen gibt es dort vornehmlich in Kindertagesstätten, und die Zahl der zu betreuenden Kinder ist geringer als in den Schulhorten. Schon aus Gleichstellungsgründen war es erforderlich, die Hortkinderzahl pro Erzieherin anzugleichen. Im Interesse der Qualität des Bildungsangebotes wäre es sinnvoll gewesen, die Zahl der Hortkinder an Schulen und das heißt im Ostteil der Stadt zu reduzieren. Das aber wäre nicht bezahlbar gewesen. Deshalb verständigte sich die Koalition auf den umgekehrten Weg, das heißt auf die Anhebung der Hortkinderzahl pro Erzieherin in Kindertagesstätten und damit vornehmlich im Westteil der Stadt. Das sollte uns später den Zorn der Gewerkschaft für Erziehung und Wissenschaft einbringen. Allerdings war die Aufregung wiederum eher auf den Westteil der Stadt beschränkt, denn im Ostteil änderte sich dadurch so gut wie nichts.

Bis zum Schluss der Verhandlungen haben wir dann doch zwei »Knackpunkte« vor uns her geschoben. Der eine war der aus der SPD kommende Vorschlag, das Kleidergeld für Sozialhilfeempfangende zu kürzen, der andere die Überlegung, die Beiträge der Eltern für den Aufenthalt ihrer Kinder in Kindertagesstätten zu erhöhen. Uns wurde nachgewiesen, wie lange diese Beiträge nicht mehr erhöht worden waren, und die SPD war bereit, in der Koalitionsvereinbarung festzuschreiben, dass es nur eine einmalige Steigerung gäbe. Damit wäre wieder eine Sicherheit für die Eltern über mehrere Jahre gegeben, argumentierte sie. Die Mitglieder der Verhandlungsdelegation der PDS waren sich einig, dass dies sozial unverträglich und durch uns auch nicht zu vermitteln sei. Wir lehnten beides ab. Beim Kleidergeld für Sozialhilfeempfangende hatte ich auch Peter Strieder an meiner Seite.

Stur war die SPD aber bei der Frage der Erhöhung der Kinderbetreuungsgebühren in Kindertagesstätten. Sie hielt diese für sozial vertretbar, und es ging um viele Millionen Euro, die die Stadt auf diese Art und Weise würde einnehmen können. Dieser Punkt wurde deshalb auf die letzte Runde der großen Koalitionsverhandlungen verschoben. Beide Delegationen berieten getrennt, und es blieb folgende Alternative übrig: Entweder würden die Kindertagesstättengebühren erhöht, oder der entsprechende Betrag müsste bei der Kultur eingespart werden. In beiden Delegationen wurde die Einsparung in der Kultur beschlossen. Ich war zwar auch strikt gegen die Erhöhung der Kindertagesstättenbeiträge, aber ebenso strikt gegen eine Kürzung im Kulturbereich, weil ich glaubte, dass diese nur durch Schließung von Kultureinrichtungen realisiert werden könnte. Letztlich wollte ich die Alternative nicht akzeptieren und meinte, die SPD ließe auch dann, wenn wir beides ablehnten, den Koalitionsvertrag nicht scheitern. Andere vertraten aber die Auffassung, dass es zur Seriosität und Redlichkeit gehöre, die Alternative abzuwägen und zu entscheiden. Nur Thomas Flierl und ich stimmten gegen die pauschale Kürzung im Kulturbereich, in der SPD-Verhandlungsdelegation soll nur Klaus Wowereit dagegen gestimmt haben. Wir unterlagen also beide in unseren Delegationen in dieser Frage.

Wie brüchig solche Kompromisse sind, zeigte sich in der Folgezeit. Die Einsparungen bei der Kultur gehen inzwischen weit über das hinaus, was im Koalitionsvertrag steht, denn die Einnahmesituation in der Stadt verschlechterte sich weiter. Nach meinem Ausscheiden ist inzwischen in der Koalition vereinbart worden, die Kinderbetreuungsgebühren in Kindertagesstätten von 2004 an doch zu erhöhen, allerdings nur für Eltern ab einer bestimmten Einkommshöhe. Vom gleichen Zeitpunkt an wird nun auch das Kleidergeld für Sozialhilfeempfangende gekürzt.

Vor der Schlussrunde gab es bei den Koalitionsverhandlungen Verständigungen zur Innen-, Justiz- und Wirtschaftspolitik sowie zu anderen Bereichen. Überall wurden Kürzungen festgelegt, in der Wirtschaftspolitik vor allem ein Rückgang von Investitionen, der eigentlich nicht zu vertreten ist, wenn die Stadt Arbeitsplätze schaffen will. Bei der Polizei und der Justiz waren unsere Hände nach dem 11. September ziemlich gebunden. Wesentliche Kürzungen in diesem Bereich hätte niemand verstanden. Bei der Justiz Berlins kommt hinzu, dass sie technisch – mit Ausnahme der Arbeitsgerichte – jämmerlich ausgestattet ist. Wer hier Personal sparen will, muss erst einmal in eine moderne Computerausrüstung investieren. Sowohl für die Polizei als auch für die Justiz legten wir ähnlich wie bei der Bildung einen Einstellungskorridor fest, weil die Stadt dringend jüngere Polizistinnen und Polizisten, jüngere Juristinnen und Juristen und junge Lehrerinnen und Lehrer benötigt. Die Realisierung des Einstellungskorridors wurde an die Vereinbarung eines Solidaritätspaktes mit den Gewerkschaften geknüpft, um insgesamt in der Stadt in erheblichem Umfang Personalkosten einsparen zu können. Bei der Polizei wurden Einsparungen vereinbart, insbesondere durch die Abschaffung der Reiterstaffel, die Auflösung des Orchesters und der freiwilligen Polizeireserve. Diese Art Bürgerwehr lag der PDS ohnehin quer im Magen, und die SPD hing auch nicht an ihr. Die Reiterstaffel war ziemlich teuer und nicht besonders effektiv. Widerstand leistete ich nur beim Polizeiorchester, allerdings ohne Erfolg. Ich bin kein besonderer Anhänger von Militärmusik, meine aber, dass sie eine eigene Musikrichtung ist, die untergeht, wenn es keine Polizei- oder Bundeswehrorchester mehr gibt.

Alle drei Einsparungen im Polizeibereich sollten uns noch viel Ärger bringen. Dieser Ärger ist übrigens bezeichnend für unsere Gesellschaft. Insbesondere die Beseitigung der Reiterstaffel führte zu ungeahnten Protesten weit in die Welt der Prominenten hinein. Geradezu grotesk waren die Meldungen in der »B. Z.«, wonach der Senat beschlossen habe, die Pferde zu schlachten. Daran war natürlich zu keinem Zeitpunkt gedacht worden. Vielmehr sollten sie veräußert oder anders untergebracht werden. Dieter Bohlen schlug in der »B. Z.« vor, doch eher mich als die Pferde der Polizeireiterstaffel abzuschaffen.

Bemerkenswert fand ich, dass Bundesinnenminister Otto Schily relativ rasch eine Lösung für die Polizeireiterstaffel fand, indem er sie in den Bundesgrenzschutz übernahm. Die Pferdchen waren gerettet, und die dazugehörigen Polizistinnen und Polizisten konnten, wenn sie denn wollten, zum Bundesgrenzschutz wechseln. Bei keiner anderen Kürzungsmaßnahme hat sich die Bundesregierung als gleichermaßen flexibel erwiesen. In diesem Land liebt man eben Pferde mehr als Menschen. Bei der inzwischen dann doch beschlossenen Kürzung des Kleidergeldes für Sozialhilfeempfangende greift die Bundesregierung nicht ein. Ebenso wenig protestierte Dieter Bohlen. Dass sich dieses Missverhältnis in unseren Medien so gut wie überhaupt nicht widerspiegelt, sondern auch noch bedient wird, macht mir schon Sorgen.

Einen unserer Sparbeschlüsse sah ich im Nachhinein äußerst kritisch, während ich mich zu den übrigen Kompromissen bekannte und glaubte, sie verteidigen zu können. Bei den Koalitionsverhandlungen überraschten mich die entsprechenden Fachleute mit der Auskunft, die unter Eberhard Diepgen per Gesetz durchgesetzte gleiche Bruttobezahlung der Angestellten aus Ost und West in Berlin habe dazu geführt, dass die Ostangestellten über höhere Nettolöhne verfügten als die Westangestellten. Ursache dafür sei, dass die Ostangestellten geringere Beiträge in das Versorgungssystem der Angestellten einzahlen müssten. Wenn man eine Gleichbehandlung von Ost- und Westangestellten anstrebe, müsse es bei Ostangestellten einen Lohnabzug geben, damit letztlich netto für beide das Gleiche herauskäme. Damit hatten wir faktisch eine Lohnkürzung beschlossen und das, obwohl ja auch geringere Versorgungsansprüche für Ostangestellte entstanden. Gesetz wurde dies im Juni 2002. Ob nun absichtlich oder unabsichtlich, die Berechnung gegenüber den Ostangestellten erfolgte im September kurz vor der Bundestagswahl, und zwar für die Monate Juli, August und September. Auf einen Schlag fand also ein dreifacher Abzug beim Septembergehalt statt. Dadurch wirkten die Kürzungsbeträge erheblicher, als sie real sind. Wir hätten uns darauf nicht einlassen dürfen, aber während der Koalitionsverhandlungen war ich davon überzeugt, dass dies ein Akt der Gleichstellung und damit der Gerechtigkeit sei.

Bemerkenswert ist dabei Folgendes: Die Gewerkschaft der Polizei organisierte schwere Proteste, weil Anwärter nicht in den Polizeidienst übernommen werden sollten und weil wir beschlossen hatten, die Reiterstaffel, das Polizeiorchester und den freiwilligen Polizeidienst abzuschaffen. Die Gewerkschaft Erziehung und Wissenschaft rief fast täglich zu Protesten wegen der Erhöhung der Kinderzahl in Kita-Horten auf und operierte auch mit falschen Tatsachenbehauptungen. Der Beamtenbund leistete erheblichen Widerstand gegen geringfügige Verlängerungen der Arbeitszeit für Westbeamte, die nur dazu dienten, die Arbeitszeit von Ost- und Westbeamten anzugleichen. Aber der Widerstand gegen die Lohnkürzung für Ostangestellte fiel äußerst bescheiden aus. Einmal erhielt ich ein entsprechendes Schreiben der Humboldt-Universität, und erst im September fing auch ver.di an, dagegen zu protestieren. Die anderen Themen, auch die Kürzung der Zuschüsse für die Schulen in freier Trägerschaft, waren tägliches Thema in den Lokalzeitungen und beschäftigten uns viele Stunden im Abgeordnetenhaus, die Lohnkürzung für Ostangestellte nicht. Schon deshalb meine ich, dass dieser Beschluss ein Fehler war. Die PDS ist die Interessenvertreterin dieser Leute, andere Organisationen haben sich diesbezüglich eher als unfähig erwiesen. Erfreut bin ich deshalb, dass es der PDS im Rahmen der inzwischen abgeschlossenen eigenständigen Tarifverhandlungen zwischen den Gewerkschaften des öffentlichen Dienstes und dem Senat von Berlin gelungen ist, die Altersversorgung für Ostangestellte anzugleichen und die Lohnkürzung zu revidieren. Brutto- und Nettobezüge sind nun gleich.

Während der Koalitionsverhandlungen spielte der Bankenskandal ständig eine Rolle. Irgendwann im Dezember überraschte uns die damalige Finanzsenatorin Christine Krajewski mit der Nachricht, es habe sich herausgestellt, dass sich der Schaden trotz erheblicher schon realisierter Zuschüsse auf weitere zwanzig bis dreißig Milliarden DM belaufen könne. Das war niederschmetternd, denn wir feilschten um einzelne Millionenbeträge. Dies erschien plötzlich so sinnlos, wenn man mit solchen eventuellen Verlusten konfrontiert wurde. Was aber später kaum noch thematisiert wurde, war die Tatsache, dass der damals amtierende Übergangssenat aus SPD und Bündnis 90/Die Grünen die Risikoabschirmung für die Bank in diesem Umfang beschloss, die das Parlament noch bestätigen musste. Die PDS war daran nicht beteiligt, sollte aber vor allem innerparteilich dafür die Zeche bezahlen. Bündnis 90/Die Grünen haben sich später als Opposition im Abgeordnetenhaus heftig gegen die Senatsvorlage gewehrt, obwohl sie dasselbe im Senat im Dezember 2001 beschlossen hatten. Berlin hatte keine Wahl. Die Immobilienfonds waren offene Fonds. Jede Bürgerin und jeder Bürger konnte sie zeichnen. Über ein Vertragskonstrukt haftet für alle Verluste die Landesbank und damit letztlich das Land Berlin. Hinzu kommt noch eine Prospekthaftung wegen der Angebote in entsprechenden Prospekten. Die Berliner Bankgesellschaft ist überwiegend staatlich, und deshalb nützte nicht einmal ein Konkurs. Denn auch in diesem Fall haftete das Land Berlin weiter, weil es selbst nicht unterginge. Das ist der Unterschied zu einer privaten Gesellschaft, die einfach verschwinden kann. Erst über die Risikoabschirmung wird es möglich sein, den Schaden zu begrenzen und zu sanieren und die Bankgesellschaft zu privatisieren. Dabei wird allerdings darauf zu achten sein, dass der Käufer einen Teil des Risikos übernimmt, damit er ein Interesse daran hat, aus dem Risiko keine Realität werden zu lassen. Und erst nachdem solche Beschlüsse im April 2002 im Abgeordnetenhaus gefasst worden sind, ist es nun auch möglich, mit den Fondszeichnern in Verhandlungen zu treten, ob sie nicht bereit sind, auf die eine oder andere Vergünstigung zu verzichten. Wäre die Risikoabschirmung aber nicht beschlossen worden, dann wäre die Bank frühzeitig zusammengebrochen, mit erheblichen Schäden für alle Kundinnen und Kunden insbesondere der Berliner

Sparkasse. Auch die Wirtschaft wäre zum Erliegen gekommen, weil viele von Krediten und Zahlungen gerade der Berliner Bankgesellschaft abhängig sind. Die Sanierung der Bank macht Fortschritte, auch dank der Risikoabsicherung, so dass weiterer Schaden möglicherweise verhindert werden kann.

Ärgerlich ist, dass die straf- und zivilrechtlich Verantwortlichen immer noch nicht zur Verantwortung gezogen worden sind. Mir ist klar, dass der Staatsanwaltschaft Personal fehlt, um diesen größten Bankenskandal in der Geschichte Deutschlands zügig aufzuklären. Was mich jedoch wundert, ist die mangelnde Bereitschaft von Staatsanwaltschaften anderer Länder, Personal nach Berlin zu delegieren, um in einer konzertierten Aktion die Aufklärung zu beschleunigen und für strafrechtliche und damit auch zivilrechtliche Verantwortlichkeit zu sorgen. Wenn ich das mit der Regierungs- und Vereinigungskriminalität im Zusammenhang mit dem Ende der DDR vergleiche, dann wird die ideologische Ausrichtung deutlich. Damals ging es vor allem gegen ehemalige Funktionäre der DDR. Sämtliche Staatsanwaltschaften der übrigen fünfzehn Bundesländer waren bereit, Berlin Personal zur Verfügung zu stellen. Der Bundestag sprang der Staatsanwaltschaft zur Seite, indem er immer wieder Verjährungsfristen verlängerte. Nichts dergleichen geschieht, wenn es um den größten Bankenskandal der Bundesrepublik geht, obwohl der Schaden enorm hoch ist. Bis heute gibt es kein greifbares Ergebnis. Ich hoffe nur, dass es nicht gänzlich ausbleiben wird.

Schwierig gestalteten sich die Verhandlungen zu einer gemeinsamen Präambel für den Koalitionsvertrag. Hier erwartete die SPD Aussagen der PDS zu Formen des Zwangs bei der Vereinigung von KPD und SPD zur SED, zur Gewalt an der Grenze in Berlin während des Kalten Krieges, zur Ablehnung von Diktaturen überhaupt. Die besondere bundespolitische Bedeutung Berlins sollte hervorgehoben werden. Andererseits hatte auch die PDS bestimmte Erwartungen. Peter Strieder und ich waren uns darüber im Klaren, dass die Präambel in der Öffentlichkeit mit besonderer Aufmerksamkeit studiert werden würde. Er brauchte sie auch intern für die kritischen Stimmen aus der SPD und gegenüber seiner Bundespartei. Ich selbst hatte nichts gegen eine kritische Aufarbeitung der Geschichte einzuwenden, die mit der Vorgängerpartei der PDS, der SED, verbunden ist. Andererseits wollte ich keine Präambel, die öffentlich als eine Art Unterwerfung der PDS wahrgenommen werden könnte. Inzwischen gab es auch schon eine Geschichte seit 1990, und ich wollte, dass Fehler bei der Vereinigung der Stadt in der Präambel nicht ungenannt blieben. Die Verhandlungsdelegationen beauftragten die beiden Pressesprecher, einen Entwurf zu erarbeiten. Während der Weihnachtstage telefonierten dann Peter Strieder und ich ständig hin und her, bis wir uns auf Formulierungen verständigt hatten, die später zum großen Teil übernommen wurden.

Die Präambel fand öffentlich Zustimmung, innerhalb der PDS gab es aber auch viel Kritik. In gewisser Hinsicht hatte das sogar einen Vorteil. Gerade die ideologischen Plattformen innerhalb der PDS beschäftigten sich überwiegend mit der Präambel und führten deshalb zu den konkreten Vertragsvereinbarungen kaum Debatten.

Die von mir hier aufgezeigten schwierigen Verhandlungen spiegelten sich in den Medien kaum wider. Beide Verhandlungskommissionen gaben der Öffentlichkeit nur die Ergebnisse bekannt. Dadurch gab es für die Medien keine Gewinner und Verlierer der Koalitionsverhandlungen. Die PDS hat sich dabei als seriös, vertrauenswürdig und nicht auf den eigenen medialen Vorteil bedacht erwiesen. Wir haben nicht einmal hinterher bekannt gemacht, was wir im Einzelnen erreicht oder verhindert haben. Das gehört meines Erachtens zur Fairness. Nach einem gewissen Abstand konnte ich jetzt darüber schreiben, zumal das meiste inzwischen ohnehin auf die eine oder andere Art öffentlich geworden ist.

Der Nachteil dieser Fairness für die PDS bestand darin, dass auch für die eigene Anhängerschaft nicht deutlich wurde, was wir erreicht und was wir verhindert hatten. Sowohl unsere Bezirkspolitikerinnen und -politiker als auch viele Basismitglieder sahen vor allem die nachteiligen Aspekte und kreideten sie uns an. Uns war es aber wichtiger, die so genannte Chemie zwischen den Koalitionspartnern nicht zu beschädigen, und das hat sich auf die ersten Monate der Regierungszeit positiv ausgewirkt.

Nachdem auch die Fragen des Ämterzuschnitts und der Senatorenposten geklärt waren, konnte der Koalitionsvertrag paraphiert und den jeweiligen Parteitagen zugeleitet werden. Auf den Parteitagen kam es zu Protesten derjenigen, die von Kürzungen betroffen waren. Die PDS konnte ganz gut damit umgehen, weil es zugleich eine bestätigende Kritik war. Die Partei wurde nicht nur wahr-, sondern auch ernst genommen. Noch einige Jahre zuvor hätte sich der Protest in erster Linie dagegen gerichtet, dass die PDS überhaupt an der Regierungskoalition beteiligt wurde. Beide Landesparteitage bestätigten den Entwurf des Koalitionsvertrages. Kurze Zeit später kam es zur »feierlichen« Unterzeichnung. Für die SPD unterschrieben Peter Strieder und Michael Müller, für die PDS Stefan Liebich und Harald Wolf. Klaus Wowereit und ich standen nur als Beiwerk dahinter. Wir beglückwünschten uns dazu, den Koalitionsvertrag nicht unterschreiben zu müssen und damit für spätere Zeiten eine Ausrede zu besitzen. Außerdem stellte Klaus Wowereit fest, dass auch diese Unterzeichnungsgruppe nicht quotiert und es ein Glück sei, dass sich wenigstens ein Schwuler darunter befinde. Anschließend schenkte er mir auch noch ein Bügeleisen. Das hing damit zusammen, dass er im Wahlkampf behauptet hatte, ich würde niemals Regierender Bürgermeister werden, sondern eher derjenige, der ihm seine Anzüge bügelte. Ich hatte erwidert, dass ich mich als Regierender Bürgermeister als erster Diener der Stadt verstünde und es deshalb gerade in einer solchen Funktion nicht ablehnte, ihm einmal, allerdings wirklich nur einmal, seinen Anzug zu bügeln. (In Wirklichkeit könnte ich es gar nicht, dazu fehlt mir die handwerkliche Begabung.) Das Bügeleisen bewies bereits die Sparzwänge der Stadt, denn es handelt sich wahrscheinlich um das billigste Reisebügeleisen, das in unserem Land zu haben ist. Gefreut habe ich mich trotzdem.

Zuvor hatten wir uns innerhalb der PDS darüber verständigt, wie wir »unsere« Senatsposten besetzen wollten. Ich hatte angenommen, dass die frühere Fraktionsvorsitzende Carola Freundl

Senatorin für Gesundheit, Soziales und Verbraucherschutz, ein parteiloser Wirtschaftsprofessor Senator für Wirtschaft, Arbeit und Frauen und ich selbst Senator für Wissenschaft, Forschung und Kultur werden würde. Aber es kam anders. Carola Freundl wollte nicht Senatorin für Gesundheit, Soziales und Verbraucherschutz werden. Ein bisschen nahm ich ihr das schon übel, denn schließlich war sie es, die im Sommer 2000 das Gerücht über meine eventuelle Kandidatur in die Medien gesetzt hatte. Die Suche nach einer geeigneten Frau für dieses Ressort sollte sich als sehr schwierig erweisen. Später waren alle damit Befassten glücklich, dass sich Heidi Knake-Werner, die damalige parlamentarische Geschäftsführerin der PDS-Bundestagsfraktion, bereit erklärte, dieses Amt zu übernehmen.

In diesem Zusammenhang will ich erwähnen, dass nicht alle Politikerinnen und Politiker nur an ihre eigene Absicherung denken. Nach acht Jahren Mitgliedschaft im Bundestag hätte Heidi Knake-Werner einen Rentenanspruch erworben. Um der PDS aus der Situation herauszuhelfen, wurde sie Senatorin in Berlin und legte ihr Mandat im Bundestag vorzeitig nieder, wodurch ihr Rentenanspruch verloren ging. Natürlich haben Sozialistinnen und Sozialisten altruistisch zu sein, dennoch glaube ich, dass viele eine gute Begründung gefunden hätten, um zu diesem Zeitpunkt den Bundestag nicht zu verlassen. Dabei muss man zusätzlich wissen, dass sie als Senatorin frühestens nach fünf Jahren einen Rentenanspruch erwirbt und niemand weiß, wie lange eine solche Koalition hält und wie lange sie selbst als Senatorin wirken kann. Ich wollte das erwähnen, weil eine solche Verhaltensweise Politikerinnen und Politikern heute in der Regel zu Recht kaum noch zugetraut wird.

Als Erstes hatten wir diskutiert, wer von der PDS Bürgermeister werden sollte. Nach der Berliner Verfassung gibt es eine Regierende Bürgermeisterin bzw. einen Regierenden Bürgermeister und zwei Stellvertreterinnen bzw. Stellvertreter, die den Titel Bürgermeisterin bzw. Bürgermeister tragen. Da ich als der Spitzenkandidat der PDS im Wahlkampf agiert hatte, war es für alle selbstverständlich, dass ich zum Bürgermeister und damit zum

Stellvertreter des Regierenden Bürgermeisters gewählt werden sollte. Der Präsident der Industrie- und Handelskammer Berlins, Werner Gegenbauer, teilte uns unumwunden mit, es sei für die Berliner Wirtschaft schon eine ziemliche Zumutung, dass der für ihren Bereich zuständige Senator künftig von der PDS gestellt würde. Wenn das aber schon nicht zu verhindern sei, dann erwarte sie, dass wenigstens der »erste Mann« dieses Ressort übernehme. Nur so könne die PDS zum Ausdruck bringen, dass sie dieses Ressort als ihr wichtigstes ansehe. Außerdem sei ich pragmatisch und deshalb Unternehmerinnen und Unternehmern leichter zu vermitteln. Zudem traue er mir auch zu, mich in ein solches Gebiet einzuarbeiten und nach Lösungen sowohl im Interesse der Wirtschaftsakteure als auch der Arbeitslosen und der sozialen Frage zu suchen. Mir gegenüber war er relativ bestimmt und energisch. Das Gleiche berichtete Harald Wolf, der ebenfalls mit ihm gesprochen hatte. Ich verwies darauf, dass die Bereiche Wissenschaft, Forschung und Kultur in Berlin von großer Bedeutung seien und dass ich mich bisher auch noch nicht ausreichend als Wirtschaftsexperte geoutet hätte. Aber ich merkte nach kurzer Zeit, dass die Argumente von Werner Gegenbauer meine Gesprächspartner längst überzeugt hatten. Es war nur die Frage, ob ich mich kürzere oder längere Zeit zierte, und so entschloss ich mich zu einem kürzeren Zeitraum.

Schwierig wurde die Frage einer geeigneten Persönlichkeit für die Senatsverwaltung Wissenschaft, Forschung und Kultur. Ich hatte Bekannten aus dem Kulturbereich eigentlich versprochen, Verantwortung für diese Senatsverwaltung zu übernehmen, wenn es denn zu einer Regierungsbeteiligung der PDS kommen sollte. Dieses Versprechen konnte ich nun nicht mehr einhalten. Viele Akteure in der Kultur waren auch mit der bisherigen von Bündnis 90/Die Grünen gestellten Senatorin, Adrienne Göhler, zufrieden. Sie konnten sich deshalb vorstellen, dass die PDS sie nominierte. Ein Vorgang, der an sich denkbar gewesen wäre und uns auch aus der Schwierigkeit gebracht hätte, zu wenig Frauen nominieren zu können. Andererseits glaube ich, dass Adrienne Göhler selbst Schaden genommen hätte. Wie soll man erklären, dass man gerade für die eine Partei eine Funktion ausgeübt hat und es nun für eine andere tue? Außerdem wollten wir auch in der Lage sein, selbst eine geeignete Persönlichkeit zu benennen. Ich dachte an Lothar Bisky, weil ich weiß, wie erfahren er im Umgang mit Wissenschaftlerinnen und Wissenschaftlern und Künstlerinnen und Künstlern ist, und ich war mir auch sicher, dass er bei allen wichtigen Akteuren in Berlin einen Vertrauensvorschuss besaß, den wir dringend benötigten. Aber mein Vorschlag fand nicht die ungeteilte Zustimmung bei den dafür Zuständigen in der PDS, und Lothar Bisky selbst wollte auch nicht so recht. Die Wahl fiel dann auf Thomas Flierl, den ich für ebenso gescheit wie interessiert und integer halte. Diese Einschätzung halte ich aufrecht, obwohl wir uns nach meinem Ausscheiden wegen seines Opernkonzepts fast zerstritten hätten. Ich vertrete inzwischen erneut die Staatskapelle und Daniel Barenboim.

Die Koalitionsverhandlungen waren von den Medien überwiegend fair und sachlich begleitet worden. Offensichtlich fiel es auch uns nicht wohl gesonnenen Journalistinnen und Journalisten auf, dass die Verhandlungen ruhig verliefen und auch größere Differenzen auf dem Wege des Kompromisses ausgeglichen werden konnten. Das mussten sämtliche Medien würdigen. Andererseits hatten sie dadurch auch relativ wenig Stoff. Aufgrund dieser sachlichen Atmosphäre und weil es offenkundig auch keine Alternative gab, fiel dem dafür zuständigen Teil von Journalistinnen und Journalisten erst spät ein, dass in Berlin ja gerade eine politische Katastrophe drohte, dass die »Exkommunisten« schon wieder nach der Macht griffen und es eine Zumutung für ganz Deutschland sei, wenn die PDS gerade in der Hauptstadt mitregierte. Etwa eine Woche vor der Senatswahl im Berliner Abgeordnetenhaus wurde diese Arbeit in den Zeitungen nachgeholt. Nicht nur die Springer-Presse, auch der »Tagesspiegel« griff tief in die antikommunistische Mottenkiste, um diese Senatswahl doch noch irgendwie zu verhindern. Der Chefredakteur des »Tagesspiegel«, Giovanni di Lorenzo, verwies später stolz darauf, dass er als Einziger diese moralische Frage noch einmal verstärkt gestellt habe. Abgesehen davon, dass er keineswegs der Einzige war, merkte Giovanni di Lorenzo nicht einmal, dass er damit über 47 Prozent der Wählerinnen und Wähler Ostberlins und immerhin auch 6,9 Prozent der Wählerinnen und Wähler Westberlins unterstellte, unmoralisch gewählt zu haben.

Die angeheizte Atmosphäre wirkte sich dann auch auf die Sitzung des Abgeordnetenhauses aus, in der es um die Wahl der Senatsmitglieder ging.

## 4. Kapitel
# Bürgermeister und Senator in Berlin

Die Wahl des Regierenden Bürgermeisters und der Senatorinnen und Senatoren im Abgeordnetenhaus war für den 17. Januar 2002 angesetzt. Vorher ist es üblich, dass sich neu zu wählende Senatorinnen und Senatoren bei den Fraktionen vorstellen. Bei der PDS-Fraktion war dies für mich überflüssig. Die Fraktionen von CDU und FDP verzichteten auf meinen Besuch mit der Begründung, sie hätten mir keine Fragen zu stellen und wüssten im Übrigen alles über mich. Meine Befragung bei der SPD-Fraktion war kurz und freundlich, die bei der Fraktion von Bündnis 90/Die Grünen nicht ganz so kurz und nicht ganz so freundlich, aber fair und sachlich.

Die Wahl am 17. Januar verlief anders, als Wahlen im Bundestag laufen. Dort wird einfach ein Vorschlag unterbreitet und dann abgestimmt, da vorher ausreichend in den Gremien und in den Medien öffentlich über die Vorschläge diskutiert wurde. Im Berliner Abgeordnetenhaus ist die Wahl mit einer Aussprache verbunden, und obwohl weder der Regierende Bürgermeister noch die Senatorinnen und Senatoren gewählt sind, nutzt die Opposition die Aussprache, um die zu bildende Landesregierung im Vorhinein so scharf wie möglich zu kritisieren. In diesem Fall kam noch hinzu, dass die PDS an der Landesregierung beteiligt werden sollte. Die CDU spielte deshalb noch einmal Kalten Krieg, und die FDP verhielt sich ähnlich. Bündnis 90/Die Grünen griffen sich den Koalitionsvertrag und nahmen ihn gründlich auseinander, obwohl sie selbst im Rahmen der Koalitionsverhandlungen zu weitergehenden Zugeständnissen bereit gewesen waren als die PDS. Es wurde auch schon mit einzelnen Personen abgerechnet, wobei ich einen Lieblingsangriffspunkt darstellte. Im Berliner Abgeordnetenhaus ist es außerdem üblich, dass Kandidatinnen und Kandidaten, die bisher nicht der Landesregierung angehörten, während der Plenardebatte sprechen. Niemand weiß genau, was sie dort sagen sollen und wofür das gut sein soll. Die Anwesenden sind zu diesem Zeitpunkt in ihrem Wahlverhalten ohnehin festgelegt. Die Öffentlichkeit ist bereits informiert. Der Vorgang ist eher peinlich. Ich stellte mich ans Pult, erzählte etwas über die Beziehung meiner Familie zu Berlin und nannte einige Aufgaben, die ich mir vorgenommen hatte. Es gab so viele schmähende Zwischenrufe, dass der Inhalt meiner Ausführungen völlig unterging.

Endlich war es dann so weit, und der Wahlvorgang begann. Schon bei der Wahl von Klaus Wowereit zum Regierenden Bürgermeister gab es die erste Enttäuschung. Er konnte nicht alle Stimmen aus den Fraktionen von SPD und PDS auf sich vereinigen. Bei mir war die Differenz noch größer. Damit hatte ich gerechnet, denn ich konnte mir gut vorstellen, dass einige Sozialdemokratinnen und Sozialdemokraten nicht – zumindest noch nicht – bereit waren, mir ihre Stimme zu geben. Aber die Stimmenzahl reichte zur Wahl. Zum ersten Eklat kam es bei der Wahl von Thilo Sarrazin zum Finanzsenator. Das Ergebnis hätte seine Nichtwahl bedeutet, aber es wurde angefochten, weil ein CDU-Abgeordneter behauptete, Harald Wolf habe zwei Umschläge in die Wahlurne gesteckt. Dieser Vorwurf ist mehr als absurd. Harald Wolf ist die Korrektheit in Person. Im Übrigen verband ihn damals nichts Besonderes mit Thilo Sarrazin. Aber die Behauptung reichte als Grund aus, den Wahlvorgang zu wiederholen. Da das Ergebnis schon mitgeteilt worden war, hatten sich offensichtlich jene in der SPD und der PDS-Fraktion erschreckt, die Thilo Sarrazin nicht gewählt hatten. Man will ja nur »Denkzettel« verteilen, nicht aber eine Wahlniederlage organisieren. Auf jeden Fall bekam Thilo Sarrazin bei der Wahlwiederholung ein nicht nur ausreichendes, sondern gutes Wahlergebnis.

Anders verlief die Wahl von Peter Strieder zum Senator für Stadtentwicklung. Er erreichte die erforderliche Mehrheit nicht, und die Sitzung wurde unterbrochen. Die Beratung in der PDS-Fraktion verlief harmlos, denn wir waren uns sicher, dass unsere Abgeordneten Peter Strieder gewählt hatten. Davon gingen offensichtlich auch Klaus Wowereit und Peter Strieder aus, denn auf der Sitzung der SPD-Fraktion soll es hoch hergegangen sein. Klaus Wowereit soll sogar mit seinem Rücktritt gedroht haben. Auf jeden Fall schlug er Peter Strieder erneut zum Senator für Stadtentwicklung vor, und es fand ein weiterer Wahlgang statt. Diesmal erreichte Peter Strieder die erforderliche Mehrheit. Alle anderen Senatorinnen und Senatoren wurden – mit unterschiedlichen Ergebnissen – im ersten Wahlgang gewählt. Es ist viel darüber spekuliert worden, weshalb Peter Strieder im ersten Wahlgang nicht die erforderliche Mehrheit erreichte. Einerseits wird wohl eine Rolle gespielt haben, dass er als Vater der Koalition von SPD und PDS galt. Andererseits zeigt er gegenüber eigenen Leuten oft ein sehr forsches Verhalten. So etwas führt zu Unmut, der sich dann in einer geheimen Wahl auf diese Art und Weise ausdrücken kann.

Auf jeden Fall können auch die »Abweichler« nicht gewollt haben, dass die Koalition aus SPD und PDS nicht zustande käme. Denn dann wäre es nur konsequent gewesen, auch im zweiten Wahlgang Peter Strieder nicht zu wählen, um ein Scheitern der Koalition wahrscheinlicher werden zu lassen.

Anschließend wurden der Regierende Bürgermeister, seine weitere Stellvertreterin und Justizsenatorin Karin Schubert, die übrigen Senatorinnen und Senatoren sowie ich selbst vereidigt. Die Vereidigung nahm der Präsident des Abgeordnetenhauses, Walter Momper, vor. Er übergab sofort die Ernennungsurkunden. Die meisten Mitglieder der Landesregierung leisteten den Eid ohne religiöse Formel. Während der Vereidigung herrschte keine feierliche Stimmung. Nachdem ein Mitglied der Jungen

Union schon von der Besuchertribüne Flugblätter geworfen hatte, als meine Wahl bekannt gegeben worden war, zeigte nun auch die CDU-Fraktion, welche APO-Qualitäten in ihr steckten. Zwei Mitglieder der Fraktion traten während der Vereidigung vor die erste Reihe der Bänke und rollten ein Transparent aus, das sich gegen die Beteiligung der PDS an der Landesregierung wandte. Auch die Fraktion von Bündnis 90/Die Grünen mochte nicht auf Symbolik verzichten. Damit ist diese Partei schließlich groß geworden. Allerdings passt diese Kultur nicht mehr ganz zu der Politik, die Bündnis 90/Die Grünen auf Bundesebene betreiben. Ich erinnere nur an die Aufregung im Bundestag, als Mitglieder der PDS-Fraktion während der Rede des amerikanischen Präsidenten George W. Bush ein Transparent gegen den Krieg entrollten. Eine Partei, die den Bundesaußenminister stellt, kann sich solche demonstrativen Handlungen nicht mehr leisten. Meine Welt sind sie ohnehin nicht. Weder bei der PDS noch bei anderen Fraktionen. Die Abgeordneten von Bündnis 90/Die Grünen schenkten auf jeden Fall dem frisch gewählten Senator für Wissenschaft, Forschung und Kultur, Thomas Flierl von der PDS, einen Spiegel. Auf diesem stand »Wahlbetrüger«. Diese Symbolik habe ich nie verstanden. Thomas Flierl hatte im Wahlkampf keine Rolle gespielt und auch keine Aussagen getroffen. Er war ursprünglich für das Amt eines Senators nicht einmal vorgesehen. Wen sollte er wodurch eigentlich betrogen haben?

Interessanterweise spielte weder dieses »Geschenk« der Fraktion Bündnis 90/Die Grünen noch das Transparent der CDU-Fraktion in den Medienberichten eine gravierende Rolle. Das lässt sich wohl am einfachsten damit erklären, dass sich die symbolisierte Empörung in der Bevölkerung schlicht nicht einstellen wollte. Es gab an diesem 17. Januar zwar eine Demonstration von Gegnerinnen und Gegnern einer Koalition von SPD und PDS, aber ihre Teilnehmerinnen- und Teilnehmerzahl war extrem niedrig. Zeitgleich fand auch eine Protestkundgebung der Mitarbeiterinnen und Mitarbeiter der Benjamin-Franklin-Klinik statt, die im Vergleich zu der anderen Demonstration eine hohe Teilnehmerinnen- und Teilnehmerzahl aufwies. Diese Demonstrantinnen und Demonstranten richteten ihren Protest nicht gegen die Koalition an sich, sondern gegen einen Beschluss dieser Koalition, nämlich die Schließung ihres Klinikums. Das ist nur allzu verständlich, denn es geht für die Betroffenen um existenzielle Fragen. Der Ablauf im Parlament wirkte eher peinlich und provinziell und fand wohl auch deshalb kein besonderes Medienecho. Anders war es mit dem ersten Wahlgang für Peter Strieder. Er war »die Nachricht« und gab Anlass zu vielen Spekulationen.

Nachdem die Wahlen im Abgeordnetenhaus abgeschlossen waren, hielt die unterkühlte Atmosphäre bei dem anschließenden kleinen Empfang an. Die Fraktion der CDU erschien nicht, und die Mitglieder der Fraktionen von FDP und Bündnis 90/Die Grünen waren nur in geringer Zahl vertreten. Aber auch bei den Mitgliedern der Fraktionen von SPD und PDS, beim Regierenden Bürgermeister und den Senatorinnen und Senatoren wollte keine richtige Stimmung aufkommen. Die konstituierende Sitzung des Senats dauerte nur wenige Minuten, und meiner Erinnerung nach wurden nur die Sitzplätze verteilt.

Nun war ich erstmalig Mitglied einer Landesregierung in Deutschland, hatte die Zuständigkeit für ein wichtiges Ressort und war zugleich im Range eines stellvertretenden Ministerpräsidenten. Von diesem Abend an hatte ich wieder Personenschutz, nun durch das LKA Berlin, und mein neuer Fahrer mit Dienstwagen wartete schon auf mich. Am 18. Januar fand morgens die Übergabe zwischen der bisherigen Senatorin Freifrau von Friesen und mir in dem Gebäude der früheren Senatsverwaltung für Wirtschaft und Technologie in der Martin-Luther-Straße schräg gegenüber dem Schöneberger Rathaus statt. Ich führte ein kurzes Gespräch mit Freifrau von Friesen, die mir Glück und Erfolg wünschte. Sie wies mich auf zwei Vorgänge hin, denen ich unbedingt und zügig Beachtung schenken sollte. Anschließend trafen wir uns in der Eingangshalle mit der gesamten Belegschaft. Freifrau von Friesen bedankte sich bei den Mitarbeiterinnen und Mitarbeitern für die Zusammenarbeit und verwies darauf, dass es ohnehin nur eine geringe Rolle spiele, wer unter ihnen als Senator fungiere. Ich selbst bot ihnen eine gute Zusammenarbeit an und erklärte, ich wüsste durchaus, dass meine Berufung für viele eine Zumutung darstelle, doch würde ich ihnen bis zum Beweis des Gegenteils Vertrauen entgegenbringen. Ich brachte meine Hoffnung zum Ausdruck, sie davon zu überzeugen, dass ich sowohl hinsichtlich der wirtschaftlichen Entwicklung als auch hinsichtlich der Entwicklung des Arbeitsmarktes und der Gleichstellungspolitik das Wohl der Stadt im Sinn hätte.

Bei dieser Gelegenheit betrat ich erstmalig mein künftiges Arbeitszimmer. Es ist dunkel getäfelt, macht insgesamt eher einen düsteren Eindruck. Die Einrichtung ist nicht einheitlich. An der Wand hing ein geliehenes abstraktes Bild, das mir nicht zusagte. Auf einem Zeitungsfoto entdeckte auch PDS-Europaabgeordneter André Brie dieses Bild, der mir daraufhin ein anderes Bild für mein Büro schenkte, verbunden mit dem Hinweis, dass er wegen des Preises über mehrere Jahre von jeder Pflicht, mir etwas zum Geburtstag zu schenken, entbunden sei, dies gelte auch für meinen sechzigsten Geburtstag, bis zu dem ich damals noch sechs Jahre Zeit hatte. Inzwischen hängt dieses Bild in meinem Anwaltsbüro. Eine kleine Treppe im Büro führt zu einer gesonderten Nische. Dort befindet sich Platz für eine Liege und ein defektes Waschbecken. Gerüchten zufolge war dieser kleine Raum noch von dem CDU-Wirtschaftssenator Elmar Pieroth für Mittagsschläfchen genutzt worden, während mir dessen Nachfolger, der CDU-Wirtschaftssenator Wolfgang Branoner, erklärte, die Nische absichtlich in einen unbenutzbaren Zustand versetzt zu haben, um den Gerüchten im Hause, der Senator würde dort schlafen, ein Ende zu bereiten. Er hat es wohl tatsächlich nie genutzt, ebenso wenig wie Freifrau von Friesen. Ich selbst hatte vor, es wiederherzustellen, schon um dort gegebenenfalls übernachten zu können. Aber dazu ist es in meiner kurzen Amtszeit nicht mehr gekommen.

Nach der Übergabe fuhr ich quer durch die Stadt zu der bisherigen Sozialsenatorin, weil ich mit ihr die Übergabe der Arbeitsabteilung zu besprechen hatte. Sie legte mir ans Herz, mich insbesondere um die Fortsetzung des QDM-Projektes zu kümmern, in dessen Rahmen mit Hilfe der Industrie- und Handelskammer in Berlin Jugendliche ohne Schulabschluss ausgebildet und an Arbeitsstellen vermittelt werden. Unternehmen tragen ihre Qualifikationswünsche vor, die dann individuell realisiert werden. Deshalb finden die meisten auch Arbeit. Gäbe es dieses Projekt nicht, würden viele dieser Jugendlichen einfach »durch den Rost fallen«. Tatsächlich habe ich mich später für die Fortsetzung dieses Projektes auch stark gemacht, obwohl es sehr teuer ist und nicht das Wohlwollen des Finanzsenators fand. Schon bei der Übergabe der Arbeitsabteilung wurde mir erklärt, dass der Leiter dieser Arbeitsabteilung Mitglied der CDU sei. Ich blieb aber bei meinem Vorsatz, keine Vorurteile entstehen zu lassen, und wir haben in den folgenden Monaten gut zusammengearbeitet. Bei den Mitarbeiterinnen der Frauenabteilung hatte ich das Gefühl, dass sie doch mit sehr gemischten Gefühlen einer Zusammenarbeit mit mir entgegensahen. Kurze Zeit später wurde mir berichtet, dass die Leiterin der Abteilung erhebliche Bedenken gegen mich habe und nur zu einem »Dienst nach Vorschrift« bereit sei. Ich weiß nicht, ob dieses Gerücht stimmte, aber im Laufe der Zeit hat sich zwischen uns ein sehr produktives Verhältnis entwickelt, und ich glaube, sie gehört zu denen, die es am meisten bedauert haben, als ich am 31. Juli aus meinem Amt ausschied.

Es gibt so viele Gepflogenheiten in einer solchen Verwaltung, die man nicht einfach über Bord werfen kann. Man ordnet sie nicht an, sondern ordnet sich ihnen unter. Zunächst musste ich meine engere Mannschaft zusammenstellen. Das zog sich über mehrere Wochen hin, zumal in der Regel Senatsbeschlüsse erforderlich waren. Dabei wählte ich zum Teil mir unbekannte Personen aus. Harald Wolf wies mich zum Beispiel darauf hin, dass ich doch einmal mit dem Geschäftsführer der Industrie- und Handelsbank in Berlin, Volkmar Strauch, sprechen sollte. Er halte ihn für einen geeigneten Staatssekretär. Nach einem kurzen Gespräch mit Volkmar Strauch war ich davon überzeugt, dass wir gut zusammenarbeiten und uns auch gut ergänzen würden. Seine Mitgliedschaft in der SPD störte mich nicht. Für seine Berufung wurde ich in den Medien gelobt. Sie galt als »kluger Handstreich«, zumal Volkmar Strauch hohes Ansehen in den Berliner Wirtschaftskreisen genießt. Für den Bereich Arbeit und Frauen gewann ich als

Staatssekretärin die parteilose Wissenschaftlerin Hildegard Nickel, die ich vorher ebenfalls nicht kannte. Auch mit ihr habe ich sehr gut zusammengearbeitet. Peter Strieder riet mir, einen Journalisten der »B. Z.«, Christoph Lang, ebenfalls parteilos, zu fragen, ob er bereit wäre, mein Pressesprecher zu werden. Auch dieser Empfehlung kam ich nach. Wir verstanden uns sofort, und deshalb habe ich ihn auch berufen. Im Übrigen bereitete es mir schon eine gewisse Freude, Georg Gafron mit der Tatsache zu konfrontieren, dass einer seiner Mitarbeiter nicht irgendwohin, sondern gerade zu mir wechselte. Als Leiterin des Büros gewann ich Mirjam Lassak, als persönliche Referentin Anja Wollny und als persönlichen Referenten Horst Kahrs. Alle drei hatten bisher in der PDS-Bundestagsfraktion gearbeitet. Wir vier waren dann im Haus wohl die einzigen PDS-Mitglieder.

In Parteien – so auch in meiner – ist diese Art von Personalauswahl nicht besonders gut angesehen. Es gibt viele Leute, die glauben, einen Anspruch auf den einen oder anderen Job erworben zu haben und für ihre Treue zur Partei belohnt werden zu müssen. Das kann ich verstehen, aber ich gehe anders vor. Bringt man Leuten Vertrauen entgegen, die damit nicht rechnen können, erweist sich dies oft als stärkeres Band als frühere Bekanntschaften. Sicherlich ist damit immer auch ein Risiko verbunden, aber ich bin damit nie schlecht gefahren, auch diesmal nicht. Sonst blieb die Besetzung in der Verwaltung so, wie sie war. Das galt für meinen Fahrer, für die Sekretärinnen, für sämtliche Abteilungs- und Referatsleiter.

Abteilungsleiter in solchen Verwaltungen sind kleine Könige. Sie verfügen über die notwendige Übersicht und Fachkompetenz. Die meisten Mitarbeiterinnen und Mitarbeiter sind ihnen unterstellt. Letztere wissen, dass sie im Konfliktfalle kaum Hilfe durch den Senator oder die Staatssekretäre erwarten können, weil diese auf die Abteilungsleiter angewiesen und außerdem in der Regel sehr viel kürzer im Amt sind als die Abteilungsleiter. Schnell begriff ich, dass es von einem guten Verhältnis zu den Abteilungsleitern abhing, ob die Verwaltung insgesamt gut arbeitete oder nicht. Gleichzeitig habe ich aber auch versucht, soweit es ging,

Kontakt zu den übrigen Mitarbeiterinnen und Mitarbeitern her-
zustellen, um mehr Personen einschätzen zu können und mehr
Informationen zu erhalten. Dies ist äußerst schwierig, weil jeder
Vorgang über die Abteilungsleiter läuft.

Zunächst war für mich aber gar nicht klar, welche Aufgaben
eine solche Verwaltung eigentlich hat. Ich beschloss deshalb, die
verschiedenen Räume der Verwaltung zu besichtigen, um mich
den Mitarbeiterinnen und Mitarbeitern vorzustellen und gleichzeitig etwas über ihre Aufgaben zu erfahren. Das war schon deshalb sinnvoll, weil zu dieser Zeit die Zuständigkeitsabgrenzungen
zwischen den Senatsverwaltungen und dem Regierenden Bürgermeister stattfanden. Dazu muss man wissen, welche Aufgaben
eine Verwaltung bisher hatte.

Bei dieser Besichtigung machte ich interessante Erfahrungen.
So stellte ich zum Beispiel fest, dass die Entwicklung der Berliner
Bankgesellschaft und vor allem ihre gesamte finanzielle Situation
in den Zuständigkeitsbereich des Finanzsenators gehört, wie ich es
mir auch vorgestellt hatte. Hingegen wird die Staatsaufsicht über
die Banken durch die Senatsverwaltung für Wirtschaft ausgeübt.
Damit war ich auch für die ökonomische Ausrichtung der Banken
mit zuständig. Ferner stellte ich fest, dass zwar das Beteiligungscontrolling über die Anteile des Landes Berlin an verschiedenen
Unternehmen und den Anstalten des öffentlichen Rechts beim
Finanzsenator liegt, die ökonomische Zuständigkeit für die Entwicklung dieser Unternehmen aber in meinem Hause. Besonders
wunderte ich mich darüber, dass die Verwaltung einerseits für die
ökonomische Entwicklung der landeseigenen Unternehmen zuständig ist, andererseits aber auch zugleich als deren Preisgenehmi-
gungsbehörde fungiert. Das ist eine schizophrene Konstruktion.
In den Aufsichtsräten musste ich auf wettbewerbs- und markt-
gerechte Preise drängen, die ich später unter gesetzlichen und sozialen Gesichtspunkten kontrollieren und genehmigen sollte. Zwar
sind in der Verwaltung die diesbezüglichen Zuständigkeiten völlig
getrennt, aber über den entsprechenden Referaten stehen ein und
derselbe Staatssekretär und ein und derselbe Senator.

Im Haus fand ich auch die Landeskartellbehörde und eine Notfallvorsorge, die mich interessierte. Dabei stellte sich Folgendes heraus: Im Falle von Krisen und Katastrophen sichern die Bezirksämter in Berlin die Versorgung der Bevölkerung mit Grundnahrungsmitteln. Die Wirtschaftsverwaltung ist nur für die in Berlin illegal Lebenden zuständig. Sie sind nicht erfasst, sollen in einer solchen schwierigen Situation aber selbstverständlich auch nicht verhungern. Irgendwie denken deutsche Beamte an alles. Interessanterweise fand ich auch ein Referat für Außenwirtschaft, Ost-West-Wirtschaftskooperation und für Entwicklungszusammenarbeit vor. Obwohl es eine Senatsverwaltung für Stadtentwicklung und Umwelt gibt, hatte auch mein Haus ein Referat für Energiepolitik, Umwelt und Verkehr. Ich fand nur wenige Bereiche, in denen meine Verwaltung allein zuständig war, zum Beispiel Handwerks- und Gewerberecht, Wirtschaftsverbände, Industrie- und Handelskammer, Wirtschaftsprüfer. Ansonsten existieren Mehrfachzuständigkeiten in den Senatsverwaltungen. Auf der einen Seite ist es logisch, dass mehrere Verwaltungen in verschiedene Bereiche zuständigkeitshalber eingreifen. Auf der anderen Seite führt so etwas immer zu organisierter Nichtverantwortlichkeit. Der Finanzsenator kann sich auf mich herausreden und ich mich auf ihn. Es sind jeweilige Gegenzeichnungen bei Vorschlägen erforderlich, die langwierige Abstimmungen zwischen den Häusern voraussetzen. Meines Erachtens ist die erste Voraussetzung für eine funktionierende Verwaltung eine klare Zuständigkeit. Sie ist sicher nicht immer zu regeln, sollte aber so weit wie möglich angestrebt werden.

In den ersten Wochen ging es um die Vorbereitung eines Senatsbeschlusses zur Abgrenzung von Zuständigkeiten und Kompetenzen der Senatsverwaltungen. Hier wurde hart gerungen. Mit Thilo Sarrazin verständigte ich mich letztlich darauf, dass er Vorsitzender des Aufsichtsrates der Berliner Verkehrsgesellschaften (BVG) würde, während ich selbst als Aufsichtsratsvorsitzender der Berliner Stadtreinigung (BSR), der Berliner Wasserbetriebe (BWB) und der Berliner Hafen- und Lagerbetriebe (BEHALA) fungierte. Darüber hinaus gingen wir beide als Mitglieder in den Aufsichtsrat der Berliner Wasserholding (BWH), die im Zusammenhang mit der Teilprivatisierung der Berliner Wasserbetriebe gebildet worden war. Hier hatte ich es mit dem französischen Unternehmen Vivendi und dem deutschen Unternehmen RWE zu tun, die in gleichem Umfang Anteile an den Berliner Wasserbetrieben halten.

Schwierig war die Abgrenzung der Zuständigkeit hinsichtlich der Medienwirtschaft mit dem Regierenden Bürgermeister von Berlin. Der Chef der Senatskanzlei André Schmitz wollte die Zuständigkeit für die gesamte Medienbranche beim Regierenden Bürgermeister ansiedeln. Auch der gemeinsame Medienbeauftragte der Länder Brandenburg und Berlin, Bernd Schiphorst, wollte eine solche Zuständigkeitsregelung. Mein zuständiges Referat wehrte sich dagegen. Eine solche Entscheidung wäre auch nicht praktikabel gewesen, weil zur Medienbranche in Berlin auch neuntausend kleine Unternehmen gehören, die unmöglich durch den Regierenden Bürgermeister von Berlin betreut werden könnten. Letztlich blieb es dabei, dass die Medienpolitik beim Regierenden Bürgermeister angesiedelt ist, die Medienwirtschaft aber bei der Senatsverwaltung für Wirtschaft.

Manche Zuständigkeiten haben allerdings auch ihre Tücken. In den Haushalt meiner Verwaltung werden zum Beispiel sämtliche Zuschüsse für die BVG eingerechnet. Durch Entscheidungen der Senatsverwaltung für Finanzen oder der für Stadtentwicklung und Umwelt kann es im Laufe eines Jahres zu Kostensteigerungen kommen. Das gilt entsprechend für Entscheidungen des Vorstandes der BVG und ihres Aufsichtsrates. Wenn dann die eingeplanten Zuschüsse nicht ausreichen, wird von meiner Verwaltung erwartet, dass sie die Differenz aus anderen Haushaltmitteln der Verwaltung begleicht. So etwas muss zu Unfrieden führen. Ich schlug Thilo Sarrazin vor, die Zuschüsse für die BVG in seinem eigenen Haus zu verwalten, was er allerdings ablehnte. So kommt es dazu, dass das Geld für die BVG bei der Wirtschaftsverwaltung liegt, das Beteiligungscontrolling bei der Finanzverwaltung und die fachliche Zuständigkeit bei der Stadtentwicklungsverwaltung.

Die Abteilung Arbeit verwaltet die gesamte Arbeitsmarkt- und Berufsbildungspolitik. Dazu gehört auch die betriebliche Arbeitsförderung, die Beschäftigungsförderung von spezifischen Ziel-

gruppen, die berufliche Bildung, die Bekämpfung von Schwarz-
arbeit, das Arbeitsrecht usw. So war ich auch für die Berliner
Arbeitsgerichte verantwortlich. Zuständig war ich auch für das
Tarifregister und für die Verwaltung der Mittel aus dem europäischen Sozialfonds. Die Frauenabteilung betreut sowohl Projekte
als auch Frauenhäuser, ist aber vor allem für Grundsätze von
Gleichstellungspolitik, insbesondere den Prozess von *gender mainstreaming* zuständig.

Ich stand zunächst vor der Aufgabe, mich in die einzelnen
Fachgebiete einzuarbeiten. Deshalb beschloss ich, Medienter-
mine auf ein Minimum zu reduzieren. Das hat mir nicht gerade
das Wohlwollen von Journalistinnen und Journalisten eingebracht, andererseits registrierten sie dadurch, dass ich mich ernsthaft mit den neuen Aufgaben befasste. Ich war in einzelnen Bereichen auch noch gar nicht kompetent genug, um Fragen mit der
notwendigen Sachkenntnis beantworten zu können. Gleichzeitig
hatte ich die Aufgabe, mit den Akteuren in Berlin ins Gespräch zu
kommen, das heißt Wirtschaftsverbände zu besuchen und den
Kontakt zu Gewerkschaften, zu Arbeitsmarkt- und Fraueninitia-
tiven herzustellen. So wurde die Zeitfrage entscheidend für mich.
Man verschleißt sich in Kleinarbeit und verliert den Gesamtüber-
blick. Ich freute mich schon, wenn alles einigermaßen lief. Dadurch entsteht die Gefahr, dass die Motivation zu Reformen abnimmt, zumal jede Veränderung einen ungeheuren Kraftakt
voraussetzt. Eine Reform ist nie allein zu bewältigen, man muss
andere Aktivistinnen und Aktivisten dafür gewinnen.

Neben den genannten Aufsichtsratsposten in den Anstalten öffentlichen Rechts war ich noch Aufsichtsratsvorsitzender der
Wirtschaftsförderung Berlin. Dies erfuhr ich einen Tag nach meiner Wahl durch ein Glückwunschschreiben des Geschäftsführers.
Auf seinem Briefkopf stand ich bereits als Aufsichtsratsvorsitzender, was mich wunderte, sich aber aus einem Berliner Landesge-
setz ergibt. Hinzu kam noch die Mitgliedschaft in den Aufsichtsräten der Landesbank Berlin und der Messe GmbH. Wo ich
Aufsichtsratsvorsitzender war, war ich auch Vorsitzender der Per-
sonalkommissionen, die gesondert tagen. Ich war aber auch noch

stellvertretender Vorsitzender des Aufsichtsrates der Technologiestiftung Berlin, Vorsitzender eines Beirates bei der Investitionsbank Berlin (IBB) und Mitglied ihres Ausschusses bei der Landesbank. Den Ländern Berlin und Brandenburg gehören gemeinsam eine öffentliche Lebensversicherung und die Feuersozietät. Im Jahre 2002 war ich Vorsitzender der beiden Verwaltungsräte.

Die Aufzählung meiner Gremienzugehörigkeit ist damit nicht beendet. Als Frauensenator war ich Mitglied der Personalkommission des Senats, die über Beförderungen entscheidet. Ich war im Beirat der Universität der Künste, der allerdings in der Zeit meiner Amtsausübung nicht tagte. Für die neuen Bundesländer gibt es dann noch eine Einrichtung, die für die Akquise von Investitionen zuständig ist (IIC). Auch hier war ich Mitglied im Aufsichtsrat, konnte mich allerdings von meinem Staatssekretär vertreten lassen, was nur in einigen Aufsichtsräten zulässig war, in anderen gesetzlich ausgeschlossen ist.

Hinzu kamen noch die Landesministerkonferenzen der Bundesrepublik. Ich gehörte als stellvertretender Vorsitzender der Konferenz der Wirtschaftsminister und als Mitglied den Konferenzen der Arbeitsminister, der Frauenminister und der Landwirtschaftsminister an. Lediglich im letzten Gremium ließ ich mich durch meinen Staatssekretär vertreten.

Ich war aber nicht nur Senator für Wirtschaft, Arbeit und Frauen, sondern als Bürgermeister auch Stellvertreter von Klaus Wowereit. Deshalb besaß ich nicht nur ein Büro in der Martin-Luther-Straße, sondern ein weiteres im Roten Rathaus, das dank Eberhard Diepgen offiziell Berliner Rathaus heißt. Dieses Bürgermeisterbüro ist sehr viel größer als das Büro in der Senatsverwaltung. Es ist eher schlicht eingerichtet, eignet sich dennoch für repräsentative Zwecke, vorausgesetzt, den Gästen ist es egal, ob der Nutzer des Büros einen schlechteren oder besseren Geschmack hat. Neben dem Telefon fand ich zu meinem Erstaunen einen Zettel, den ich ausfüllen sollte, wenn ich Privatgespräche führte. In diesem Zusammenhang wurde mir auch eine Anordnung des Innensenators ausgehändigt, wonach alle Geschenke abzulehnen seien, es sei denn, der Wert läge unter fünf Mark, das heißt etwa zwei Euro fünfzig. Wenn aus Höflichkeitsgründen bei internationalen Gästen ein Geschenk nicht abgelehnt werden könne, müsse es an den Innensenator weitergeleitet werden. Nun gibt es ja nicht einmal einen Blumenstrauß für einen Betrag unter zwei Euro fünfzig, und ich bin fest davon überzeugt, dass solche Vorschriften zur Verletzung geradezu einladen, während realistische Vorgaben die Chance haben, auch beachtet zu werden. Ich machte mir auf jeden Fall einen Spaß daraus, jedes Geschenk an meinen dafür zuständigen Abteilungsleiter weiterzuleiten, der sich darüber erfolglos bei mir beschwerte.

Abgesehen von kurzen Phasen, in denen ich Klaus Wowereit wegen Abwesenheit tatsächlich im Senat und in anderen Gremien vertrat, waren mit dieser Funktion Repräsentationstermine verbunden, zu denen Klaus Wowereit entweder keine Zeit oder keine Lust hatte. Ich habe diese Aufgabe durchaus ernst genommen und Messen und andere Veranstaltungen eröffnet, vor dem türkischen Bund gesprochen und ausländische Gäste empfangen. Ich habe auch des Öfteren nein sagen müssen, weil ich anders meine eigentlichen Aufgaben nicht hätte bewältigen können. Sonst habe ich Repräsentationstermine weitgehend gemieden. Ich wollte nicht als der zweite »Partymeister« von Berlin gelten, wobei ich diesen Ruf gegenüber Klaus Wowereit immer auch als ungerecht empfunden habe. Denn bei jedem großen Ball erwarten die Veranstalter – nicht selten Medien – die Anwesenheit des Regierenden Bürgermeisters, um ihn anschließend wegen seiner Teilnahme zu kritisieren.

In meiner Funktion war ich auch Mitglied des Bundesrates. An der denkwürdigen Sitzung zum Zuwanderungsgesetz habe ich teilgenommen. Im Übrigen hatte ich mich mit Karin Schubert darauf verständigt, dass sie den Berliner Senat im Bundesrat vertritt. Einer von uns beiden musste das machen, weil Klaus Wowereit in dieser Zeit Bundesratspräsident war und das Land selbst nicht gleichzeitig im Plenum vertreten konnte. Außerdem wurde ich stellvertretendes Mitglied im Vermittlungsausschuss zwischen Bundesrat und Bundestag, in dem Berlin sonst durch Thilo Sarrazin vertreten wird. Einmal war er tatsächlich nicht anwesend, so dass ich zum Vermittlungsausschuss musste. Das ist insofern eine spannende Runde, als hier ohne Öffentlichkeit tatsächlich versucht wird, Kompromisse zwischen den Ländern und dem Bund und damit zwischen den Parteien zu erzielen. Allerdings war die Konstellation etwas schwierig. Die Vertreterinnen und Vertreter von CDU/CSU und FDP einerseits und von SPD und Bündnis 90/Die Grünen andererseits zogen sich regelmäßig zurück, um sich zu beraten. Ich selbst blieb dann allein im Sitzungssaal, bis sie zurückkehrten. Dann wurde ich von der SPD gebeten, ihren Kompromissvorstellungen zuzustimmen. Auf der einen Seite wollten sie mich also nicht als zugehörig behandeln, so dass ich an ihren Beratungen nicht teilnahm, auf der anderen Seite erwarteten sie, dass ich mich zugehörig fühlte. Ich habe unterschiedlich und nach eigenen Vorstellungen abgestimmt, zumal es keine Senatsbeschlüsse gab, die mich banden.

Mit der Vorbereitung von Entscheidungen im Bundesrat war ich regelmäßig befasst. Jeden Freitag gab es in meiner Verwaltung eine Beratung mit den Abteilungsleitern, in der das Abstimmungsverhalten im Bundesrat besprochen wurde. Der Bundesrat verfügt nämlich wie der Bundestag über Ausschüsse für die verschiedenen Politikbereiche. Meine Verwaltung war im Wirtschafts-, im Arbeits-, im Landwirtschafts- und im Frauenausschuss vertreten. Wir entschieden allein – ohne Abstimmung mit dem Koalitionspartner – über unser Stimmverhalten. Das hat allerdings auch keine so gravierende Bedeutung, weil sich das Plenum des Bundesrates an die Empfehlungen der Ausschüsse viel weniger gebunden fühlt, als dies im Bundestag der Fall ist. Und das Abstimmungsverhalten im Plenum selbst wurde vorher im Senat beraten und entschieden, zumindest wenn Streit zwischen den Koalitionspartnern drohte. In meiner Eigenschaft als Bürgermeister war ich auch in der Hauptkommission des Städtetages. Außerdem gehörte ich der gemeinsamen Kommission von Bundesregierung und Senat an.

Die Berliner Klassenlotterie ist als Stiftung organisiert. Es gibt einen Stiftungsrat, der über die Verteilung der Gewinne der Berliner Klassenlotterie entscheidet. Die Grundsätze sind in einem

Gesetz geregelt. Viele Initiatorinnen und Initiatoren von kulturellen, sportlichen und sozialen Projekten wenden sich an diesen Stiftungsrat, damit ihre Projekte finanziell gefördert werden. Den Vorsitz im Stiftungsrat übt Klaus Wowereit aus, ich war sein Stellvertreter. Der Stiftungsrat bestand nur aus sechs Mitgliedern, drei wurden von der SPD, zwei von der PDS und eines von der CDU gestellt. Schon wegen der knappen Stimmverhältnisse ist die Anwesenheit erforderlich. Die PDS hatte ursprünglich gefordert, die Gewinne der Klassenlotterie in den Haushalt zu überführen und dadurch mit dem Haushaltsgesetz zu verteilen. Dies lehnte die SPD ab. Die Stiftungsgelder der Klassenlotterie sind praktisch die einzige Möglichkeit für die Landesregierung Berlins, relativ frei über finanzielle Mittel zu verfügen.

Regelmäßig tagt die Runde der zwölf Bezirksbürgermeisterinnen und Bezirksbürgermeister Berlins. Sie sind nach der Berliner Landesverfassung in die Beratung bestimmter Senatsvorlagen einzubeziehen. Die Sitzung wird vom Regierenden Bürgermeister, was selten geschah, oder seiner Stellvertreterin bzw. seinem Stellvertreter geleitet. Die Arbeit hatte ich mit Karin Schubert schon für das gesamte Jahr aufgeteilt. Die Sitzung dauert regelmäßig mehrere Stunden. Dabei gibt es eine Vorabsprache zwischen den Bürgermeisterinnen und Bürgermeistern der CDU einerseits und den Bürgermeisterinnen und Bürgermeistern von SPD und PDS andererseits. Der Rat der Bürgermeisterinnen und Bürgermeister verfügt auch über Ausschüsse, die Empfehlungen vorbereiten. Mitarbeiterinnen und Mitarbeiter der Senatsverwaltungen stehen für entsprechende Tagesordnungspunkte zur Verfügung. Die Abstimmungen verlaufen quer durch die Parteien. In solchen Sitzungen kann man einen Ruf gewinnen oder verlieren. Die Vorbehalte einiger CDU-Bürgermeister gegen mich waren offenkundig, blieben aber irgendwie unter der Decke.

Jede Woche dienstags tagt der Senat über mehrere Stunden. Von den Mitgliedern wird erwartet, dass sie daran teilnehmen und sich nur in dringenden Fällen von ihren Staatssekretären vertreten lassen. Die Anwesenheit ist auch wichtig, um Vorlagen durchzubringen oder zu verhindern. Die Senatssitzung bedarf immer der Vorbereitung. Es kommen aus allen Senatsverwaltungen Vorlagen, die man im Einzelnen nicht kennt und über die man nicht leichtfertig abstimmen sollte. Deshalb gibt es an jedem Montag eine Staatssekretärsrunde. Diese ist nur dann ein verlässliches Instrument, wenn sich der jeweilige Senator bzw. die jeweilige Senatorin auf ihren Staatssekretär bzw. ihre Staatssekretärin verlassen kann. Also muss man die politischen Vorstellungen so weit austauschen, dass man in etwa die Differenzen und Gemeinsamkeiten kennt. Im Laufe der Zeit klappte die Verständigung gut. Sowohl Hildegard Nickel als auch Volkmar Strauch wussten, gegen welche Dinge ich wahrscheinlich Bedenken hatte, bei denen sie dann ihre Zustimmung verweigerten. Das erforderte jedoch, dass ich mich auf die Vorlagen aus anderen Senatsverwaltungen vorbereitete, um sachgerecht dafür oder dagegen argumentieren zu können. Zum Teil wurde im Senat leidenschaftlich und lange diskutiert, nicht immer kam es zu einer Entscheidung. Vor der Senatssitzung traf man sich noch zu internen Koalitionsrunden. Sowohl die Vertreterinnen und Vertreter der PDS als auch die der SPD wollten in der Senatssitzung jeweils einheitlich auftreten. Die wöchentliche Senatssitzung am Dienstag bedeutete also für mich, dass ich etwa zwei bis drei Stunden Vorbereitungszeit am Montag und eine weitere Stunde mit den Vertreterinnen und Vertretern der PDS am Dienstag zuzubringen hatte. Dann kam die mehrstündige Senatssitzung, und anschließend erwartete meine Verwaltung eine Auswertung.

Viel Zeit verbrachte ich auch in den Ausschüssen und im Plenum des Berliner Abgeordnetenhauses. Neben dem Hauptausschuss, einer Art Nebenregierung in Berlin, hatte ich vor allem mit dem Ausschuss für Wirtschaft, Betriebe und Technologie und dem Ausschuss für Arbeit und Gleichstellungspolitik zu tun. Im Unterschied zum Bundestag erwarten die Mitglieder der Ausschüsse im Berliner Abgeordnetenhaus, dass die zuständige Senatorin bzw. der zuständige Senator an jeder Ausschusssitzung über die gesamte Dauer teilnimmt. Ich empfand das als Zumutung, da ich ohnehin nicht mehr wusste, woher ich die Zeit für die vielen Termine nehmen sollte. Ich ließ mich deshalb des Öfteren durch die Staatssekretärin oder den Staatssekretär vertreten, was zu Unmut insbesondere bei den Vertreterinnen und Vertretern von Bündnis 90/Die Grünen führte. Obwohl deren Fraktionsvorsitzende Sibyll Klotz mich eigentlich lieber gehen als kommen sieht, bestand sie hartnäckig auf meine Anwesenheit.

Ähnlich sind die Erwartungen während der Plenarsitzungen des Berliner Abgeordnetenhauses. Völlig unabhängig von der Frage, ob die Tagesordnung etwas mit dem eigenen Zuständigkeitsbereich zu tun hat, wird die Anwesenheit sämtlicher Regierungsmitglieder während der gesamten Plenarzeit verlangt. Nach meiner Erinnerung war es vor der zweiten Plenarsitzung des Abgeordnetenhauses, als ich beiläufig erwähnte, dass ich ab acht Uhr abends nicht mehr an der kommenden Plenarsitzung teilnehmen könne, weil ich mich mit Unternehmerinnen und Unternehmern verabredet hätte. Ich wurde daraufhin von Klaus Wowereit zurechtgewiesen, dass dies inakzeptabel sei. Ich hätte ständig teilzunehmen und müsste mich im Übrigen vorher schriftlich beim Präsidenten des Abgeordnetenhauses entschuldigen, wenn ich gänzlich oder teilweise während einer Plenarsitzung des Abgeordnetenhauses fehlen müsse. In diesem einen Falle wolle man mir das noch durchgehen lassen, aber künftig nicht mehr. Diszipliniert habe ich mich danach gerichtet und tatsächlich Stunde um Stunde im Abgeordnetenhaus verbracht. Allerdings habe ich mir häufig Gesprächspartnerinnen und -partner in die Lobby bestellt, um die Zeit so effektiv wie möglich zu nutzen. Nicht selten ließ mich dann allerdings Klaus Wowereit über den Chef der Senatskanzlei suchen und mir mitteilen, dass ich endlich mal wieder in den Plenarsaal kommen müsse. Im Plenarsaal habe ich vorwiegend Akten bearbeitet, aber auch die Zeit genutzt, um mit einzelnen Abgeordneten der eigenen Fraktion und anderer Fraktionen Gespräche zu führen. Gelegentlich habe ich im Plenum geredet, vor allem aber zugehört. Nicht selten tagte das Abgeordnetenhaus bis in die frühen Morgenstunden des nächsten Tages. Einmal verwarnt, blieb ich regelmäßig bis zur letzten Minute im Plenarsaal, obwohl ich in den letzten Stunden dann doch häufig einer der wenigen Senatoren war, die noch an der Sitzung teilnahmen. Da ich zugleich Abgeordneter war, konnte es allerdings auch wichtig sein, bei bestimmten Tagesordnungspunkten noch mit abzustimmen. Am spannendsten ist häufig der Beginn der Plenarsitzung, wenn spontane Fragen zu aktuellen Problemen der Stadt an den Regierenden Bürgermeister, die Senatorinnen und Senatoren gestellt werden. Bestimmte Fragen liegen schriftlich vor, die Nachfragen kennt man selbstverständlich nicht. Ein ähnliches Verfahren gibt es übrigens in den Ausschüssen, wobei dort die »spontanen« Fragen tatsächlich spontan sind, in der Regel also nicht schriftlich vorliegen. Durch solche Fragen kann ein interessantes Durcheinander entstehen, und man ist auch selbst besonders gefordert. Denn nicht mit jedem Lebenssachverhalt ist man so vertraut, dass man auf Anhieb in der Lage ist, einigermaßen kompetent zu antworten.

Die Regierungsmitglieder werden vom Parlament gewählt und sind ihm gegenüber rechenschaftspflichtig. Aber das etwas kleinkariert anmutende Bestehen auf Anwesenheiten, und zwar völlig unabhängig vom Inhalt der Tagesordnung, scheint mir eher ein krampfhafter Versuch zu sein, die eigene Bedeutung als Parlament zu erhöhen. Es geht dann weniger um kompetente Auskünfte und sachgerechte Auseinandersetzungen als um die Disziplinierung von Regierungsmitgliedern. Ich erwähnte bereits den Hauptausschuss des Berliner Abgeordnetenhauses. Einen vergleichbaren Ausschuss kennt der Bundestag nicht. Die Mitglieder agieren sehr eigenständig. So habe ich beim Haushaltsentwurf erlebt, dass auch die Abgeordneten von SPD und PDS Verschiebungen anordneten oder Streichungen vornahmen, ohne die zuständigen Senatoren oder die eigenen Fraktionen auch nur zu konsultieren. Man ist also vor Überraschungen nicht gefeit und muss deshalb im Hauptausschuss anwesend sein und um jeden Punkt hart kämpfen.

Sonst mutet das Parlament eher provinziell an. Die Debatten sind oft von nicht besonders hohem Niveau, weder inhaltlich noch kulturell oder rhetorisch. Allerdings gibt es auch Ausnahmen, bestimmten Abgeordneten hört man gern zu, unabhängig davon, ob sie den eigenen Standpunkt teilen oder angreifen. Die

Abgeordneten kennen sich in der Regel seit Jahren und wissen daher miteinander umzugehen. Obwohl in Berlin seit 1990 ein Bevölkerungswechsel stattgefunden hat – etwa eine Million Menschen sind in die Stadt gezogen, und etwa eine Million haben sie verlassen –, gibt es so gut wie keine Neuberlinerinnen und Neuberliner im Parlament. Das hat Folgen, weil sich die neue Stellung Berlins in Deutschland, der heranwachsende Metropolencharakter, das gehobene kulturelle Niveau und die Spannung der Stadt im Parlament kaum widerspiegeln. Dort geht alles so zu wie vor Jahren, so als glaubten die Westberliner Abgeordneten, immer noch auf einer Insel zu leben. Und auch die Ostberliner Abgeordneten haben offenkundig die Qualität nicht wesentlich verändert. Die großen Parteien in Berlin sind geschlossene Gesellschaften. Neuberlinerinnen und Neuberliner können zwar eintreten, haben aber kaum Chancen, in ihnen Karriere zu machen und in die Führungsgremien der Parteien und damit auch in die Parlamente zu gelangen. Natürlich gibt es Ausnahmen, aber diese sind so gering, dass sie den kulturellen Anspruch des Parlaments nicht verändern können, zumindest noch nicht.

Zu meiner Einschätzung passt folgender Vorgang: In Berlin wird jährlich auf Beschluss eines Parlamentsgremiums eine Auszeichnung verliehen. Das Vorschlagsrecht wechselt zwischen den Fraktionen. Im Jahr 2002 war die PDS an der Reihe und schlug die Publizistin Daniela Dahn vor. Der Vorschlag erreichte auch die erforderliche Mehrheit. Anschließend tobte aber die Opposition dagegen, und die Medien fielen kurz vor der Verleihung fast täglich über die engagierte Frau her. Ich verstehe diese Intoleranz nicht. Daniela Dahn ist eine mutige und konsequente Publizistin. Natürlich tut sie vielen weh, gelegentlich auch mir. Aber gerade Zivilcourage sollte in einer Demokratie ausgezeichnet werden. Obwohl Klaus Wowereit das gesamte Drumherum nicht gefiel, stand er zu der Entscheidung und nahm die Auszeichnung würdevoll vor. Die Laudatio sollte eigentlich die frühere Bundestagspräsidentin Rita Süßmuth halten, die dann aber ihre Bereitschaft zurückzog. Egon Bahr übernahm diese Aufgabe und löste sie mit Bravour und dem ihm eigenen Trotz. Dass die Fraktionen von CDU und FDP die Auszeichnung boykottierten, habe ich ja noch verstanden, dass aber auch die Fraktion von Bündnis 90/Die Grünen mit der Begründung fern blieb, Daniela Dahn hätte sich bei irgendeiner Gelegenheit nicht ausreichend feministisch geäußert, schien mir nicht nur völlig unangebracht, sondern auch unnötig opportunistisch gegenüber den kritischen Stimmen in den Medien.

Zu den Verpflichtungen, die ich bisher genannt habe, kommen noch Termine im eigenen Haus. Ob Personalrat, Pressesprecher, Abteilungsleiter oder Staatssekretäre, alle brauchen Beratung – und man selbst auch. Die eigene Fraktion fühlt sich nur ernst genommen, wenn man ihre Sitzungen regelmäßig besucht. Außerdem kann man mit Zustimmung nur rechnen, wenn man versucht, die eigenen Abgeordneten zu überzeugen. Eine abgestimmte Politik ist auf diese Weise aber immer noch nicht möglich, so dass Stefan Liebich auf einem weiteren Beratungstermin bestand, und zwar mit den drei Regierungsmitgliedern der PDS und dem Fraktionsvorsitzenden. Während der wenigen Monate, die ich Senator war, fanden zusätzlich drei oder vier Klausuren des Senats statt, die einen oder auch mehrere Tage dauerten.

Als Abgeordneter, als Senator und Bürgermeister ist man zusätzlich verpflichtet, den Bürgerinnen und Bürgern zur Verfügung zu stehen. Deshalb führte ich regelmäßig Sprechstunden in meinem Wahlkreis durch. Außerdem hielt ich eine Sprechstunde in meiner Senatsverwaltung ab. Eigentlich wollte ich diese Sprechstunde im Roten Rathaus organisieren, um zu symbolisieren, dass sich die Bürgerinnen und Bürger mit sämtlichen Fragen an mich wenden könnten. Klaus Wowereit war aber dagegen, offenbar weil er selbst keine Sprechstunde plante und befürchtete, dadurch unter Druck zu geraten. Also fand die zweite Sprechstunde in meiner eigenen Senatsverwaltung statt.

Wenn man diese Verpflichtungen betrachtet, wird schnell deutlich, dass allein durch die Teilnahme an Gremiensitzungen und anderen Terminen sämtliche Arbeitstage und auch ein Großteil der Wochenenden ausgefüllt sind. Man lernt dabei eine Menge, aber man verzettelt sich auch. Jedes Gremium erwartet, dass man sich voll und ganz auf dieses konzentriert, wozu man beim besten

Willen nicht in der Lage ist. Ich glaube, dass auf diese Weise Politik unmöglich gemacht wird.

Man hat dann aber noch keine Öffentlichkeitsarbeit geleistet, keinen Pressespiegel gelesen, keine Vorlagen bearbeitet, geschweige denn selbst erarbeitet, keine Beratungen mit einzelnen Mitarbeiterinnen und Mitarbeitern durchgeführt, keine Dienstreisen unternommen, keine Post gelesen und beantwortet, geschweige denn sich mit irgendeiner Frage gründlich befasst und Ideen entwickelt. Zwischendurch stellst du fest, dass du ja auch noch einer Partei angehörst, die irgendwie mittragen soll, was du machst. Das erfordert dann aber auch, an Landesparteitagen teilzunehmen, sich mit der Bundesvorsitzenden bzw. dem Parteivorstand abzustimmen, mit der Bundestagsfraktion im Gespräch zu bleiben und anderes mehr.

Mein Arbeitstag begann in der Regel um neun und endete am nächsten Morgen um ein Uhr, gelegentlich erst um fünf. Denn immer dann, wenn ich alle Gremiensitzungen hinter mich gebracht hatte, die Beratungen durchgeführt waren, galt es einen Abendtermin zu absolvieren. Mal sprach ich vor Unternehmerinnen und Unternehmern, mal hatte ich eine Veranstaltung mit Gewerkschafterinnen und Gewerkschaftern, dann eine Diskussion mit Wissenschaftlerinnen und Wissenschaftlern. Solche Termine sind wichtig, um die eigenen politischen Vorstellungen zu verbreiten und gleichzeitig durch Fragen und Anmerkungen anderer selbst dazuzulernen. Und nur so gelingt es einem, Vertrauen zu schaffen.

Im Anschluss an einen solchen Termin habe ich dann die Vorlagen und die Post bearbeitet. In der Regel bekam ich vier bis fünf volle Mappen pro Tag. In diesen Mappen waren Senats- oder Parlamentsvorlagen, die meine eigene Verwaltung erarbeitet hatte. Ich konnte sie nicht einfach unterschreiben, weil ich mich dann der Verwaltung vollständig untergeordnet hätte. Also habe ich sie Stück für Stück gelesen und bearbeitet. Allmählich bekamen die Dinge meine Handschrift. Ferner erhielt ich die Vorlagen anderer Senatorinnen und Senatoren, die von mir mit zu zeichnen waren. An diese Schriftstücke bin ich schon etwas oberflächlicher herangegangen und habe mich auf das Votum aus meiner Verwaltung verlassen, es sei denn, es handelte sich um einen Sachverhalt, der öffentlich breit diskutiert wurde. Die Briefe, die mich erreichten, wurden von meiner persönlichen Referentin und meinem persönlichen Referenten bearbeitet, es sei denn, sie sahen sich dazu außerstande. Mich erreichten nicht nur als Senator Briefe, sondern auch noch viele, in denen die Absender davon ausgingen, dass ich immer noch im Bundestag sei, oder Briefe zur Entwicklung der PDS. Es blieb deshalb ein genügend großer Teil übrig, den ich nicht nur selbst lesen, sondern auch selbst beantworten musste. Zwischendurch blieb es nicht aus, dass ich das eine oder andere Interview gab und hinterher den Text autorisieren musste. Journalistinnen und Journalisten haben die Angewohnheit, sich viel Zeit für die Abfassung eines Interviewtextes zu nehmen, dem Partner aber nur wenig Zeit für die Autorisierung zu lassen.

Nachdem ich versucht hatte, meine eigene Verwaltung kennen zu lernen und zusammenzuführen, war für mich entscheidend, ob sich diese Verwaltung mir gegenüber loyal verhielte. Das muss ich eindeutig bejahen. Niemals hatte ich Schwierigkeiten, wenn ich Mitarbeiterinnen und Mitarbeiter nach ihrer Arbeitszeit sprechen wollte, wenn ich Beratungen am Wochenende durchführte oder kurzfristig um Zuarbeiten bat. Ich erinnere mich, dass sich die Abteilungsleiter einmal bei mir beschwerten, ich hätte zu wenig Zeit für sie und befriedigte ihren Beratungsbedarf nicht. Sie wollten möglichst zügig einen Termin. Es war aber beim besten Willen keiner mehr innerhalb ihrer Arbeitszeit zu realisieren. Ich schlug ihnen deshalb den folgenden Sonnabend um drei Uhr nachmittags Uhr vor. Dies muss sie befremdet haben, wie ich ihren Blicken entnehmen konnte. Aber sie erschienen pünktlich, allerdings in Freizeitkleidung, wohl um mir zu demonstrieren, wie ungewöhnlich der Zeitpunkt sei. Ich habe die Kompetenz meiner Mitarbeiterinnen und Mitarbeiter respektiert und sie meine Herangehensweise.

Es dauerte nicht lange, bis mir klar wurde, dass der in meiner Verwaltung geforderte Stellenabbau nur realisierbar wäre, wenn gleichzeitig eine Reform durchgeführt würde. Mein Vorschlag dazu lief darauf hinaus, eine Abteilung einzusparen. Ich wollte eine Abteilung für Service und Recht, eine Abteilung für Wirtschaftsordnung und Wirtschaftspolitik und eine weitere für Wirtschaftsförderung und Strukturpolitik. Die Abteilungen für Arbeit und für Gleichstellungspolitik sollten erhalten bleiben. Mir war klar, dass ich nicht nach außen eine *one stop agency*, das heißt eine einzige Anlaufstelle für Investorinnen und Investoren, anstreben konnte, wenn es innerhalb meiner Verwaltung unterschiedlichste Zuständigkeiten gab.

Dann kamen die Beratungen zum Doppelhaushalt für die Jahre 2002 und 2003. Berlin hatte zu diesem Zeitpunkt für das laufende Jahr gar keinen Haushalt. Im harten Ringen meiner Verwaltung mit der Senatsverwaltung für Finanzen konnte für meinen Zuständigkeitsbereich ein Haushaltsentwurf erarbeitet werden, bei dem allerdings Fragen offen und strittig blieben. Um diese Punkte zu klären, fanden mehrere so genannte Chefgespräche zwischen Thilo Sarrazin bzw. seinem Staatssekretär und mir statt. Ich war davon überzeugt, dass es die hohe Arbeitslosigkeit nicht erlaubt, Arbeitsfördermaßnahmen wesentlich zu beschränken. Wer die Zukunft der Stadt sichern wollte, musste auch an Wirtschaftsförderung interessiert bleiben, weil sich anderenfalls die Chancen, Unternehmen anzusiedeln, verringerten.

Auf gar keinen Fall wollte ich akzeptieren, dass man zu Lasten der wenigen Frauenprojekte in Berlin Sparpolitik betriebe. Obwohl es für Gleichstellungspolitik ohnehin nur einen geringen Etat in Berlin gab und gibt, schlug die Senatsverwaltung für Finanzen vor, diese Mittel drastisch zu kürzen. Die Leiterin der Frauenabteilung hatte sich fast schon damit abgefunden, dass sie eine solch einschneidende Kürzung irgendwie realisieren müsste. Es ist mir aber gelungen, die Senatsverwaltung für Finanzen davon zu überzeugen, dass der geringe Etat für Frauen nicht nennenswert reduziert werden dürfe. Ich erklärte Thilo Sarrazin, dass unter meiner Verantwortung mit Sicherheit kein Frauenhaus geschlossen würde und es also eine andere Lösung geben müsse. Wir einigten uns auf einen eher symbolischen Sparbeitrag im Frauenhaushalt, wobei es mir später gelang, diesen Beitrag noch einmal zu senken. Auch bei der Wirtschaftsförderung, bei den Zuschüssen für die Anstalten des öffentlichen Rechts und in der Arbeitsmarktpolitik gelang es mir, die Vorstellungen der Senatsverwaltung für Finanzen zu korrigieren, allerdings nicht in dem von mir gewünschten Umfang.

Nach diesen so genannten Chefgesprächen kam es zur Klausur des Senats. Die im Gästehaus der Landesregierung stattfindende Sitzung dauerte mehrere Tage und verlief teils hektisch, teils strittig, teils sogar komisch. Thilo Sarrazin hatte vorgeschlagen, nur noch die Punkte zu diskutieren und zu entscheiden, die in seinen Chefgesprächen nicht geklärt werden konnten. Das lehnte Klaus Wowereit ab. Er bestand darauf, den Haushaltsplanentwurf für jedes Ressort Punkt für Punkt durchzugehen. Wie sich herausstellte, hatte Thilo Sarrazin seine eigene durch Senatsbeschluss vorgegebene Einsparquote im Wesentlichen dadurch erbracht, dass er eine Ausgabe seiner Senatsverwaltung auf eine andere Senatsverwaltung verschoben hatte. Klaus Böger bekam einen etwas theatralisch inszenierten Wutanfall und erklärte, dass er ständig der böse Bube in den Zeitungen sei, weil er wirklich – und nicht, wie andere, zum Schein – spare.

Über viele Einzelfragen wurde während der Klausur des Senats beraten. Als alle Punkte einigermaßen abgearbeitet und abgestimmt waren, erklärte Thilo Sarrazin, die vorgesehenen Einsparungen reichten keinesfalls aus, um mittelfristig den Haushalt Berlins zu sanieren. Er zeigte uns anhand von Lichtbildern, wie sich der Haushalt weiterentwickeln würde, insbesondere bei Lohnsteigerungen für die Beschäftigten im öffentlichen Dienst. Tatsache ist, dass die gesamten eigenen Einnahmen der Stadt für die Personalkosten und die Zinsbelastungen ausgegeben werden. Damit sind noch keine Sachmittel im Bereich der Bildung, der Kultur, des Sports, keine Wirtschaftsförderung und nichts anderes bezahlt. Ohne den Finanzausgleich zwischen den Ländern wäre Berlin restlos verloren. Aber auch diese Mittel reichten und reichen nicht.

Trotz der drastischen Einsparungen war eine weitere Neuverschuldung von über sechs Milliarden Euro für die Stadt im Jahre

2002 erforderlich. Unser Ziel bestand aber darin, die Neuverschuldung Schritt für Schritt abzubauen, bis Berlin einen ausgeglichenen Haushalt haben würde. Deshalb zog Thilo Sarrazin am Schluss der Sitzung eine so genannte Giftliste aus der Tasche und machte Vorschläge, welche Einsparungen noch möglich wären. Sie hätten allerdings zu einem kräftigen Sozial- und Bildungsabbau geführt und der Koalitionsvereinbarung widersprochen. Die Bevölkerung war auf solche weit reichenden Einsparungen auch nicht vorbereitet, und deshalb lehnten alle anderen die Umsetzung dieser Liste ab. Wir hatten genug damit zu kämpfen, die vorgesehenen Einsparungen in der Öffentlichkeit zu verteidigen, die weiteren hätten wie ein Sprengsatz wirken können. Es gab ohnehin schon jeden Tag eine Demonstration vor dem Roten Rathaus gegen die geplanten Einsparungen. Finanzpolitik und Zukunftspolitik sind nicht so ohne weiteres in Übereinstimmung zu bringen. Thilo Sarrazin war ziemlich enttäuscht. Ich baute uns dann alle ein wenig auf, indem ich ihm sagte, es sei doch aber vielleicht auch ganz schön, einer Koalition anzugehören, der es zum Beispiel schwer fiele, eine einmal erkämpfte Lehrmittelfreiheit wieder aufzugeben. Das empfanden viele als wohltuend, denn es musste ja auch einmal daran erinnert werden, welche Parteien die Verantwortung in dieser Stadt trugen und welche politischen Ziele sie verfolgten. Inzwischen wurde allerdings die Lehrmittelfreiheit außer für Kinder von Sozialhilfeempfangenden teilweise aufgehoben.

Die zweite Hürde nach der Senatsklausur lag im Parlament. Neben den Fachausschüssen tagte der Hauptausschuss zu den einzelnen Ressorts, und das in erster und zweiter Lesung. Das bedeutete noch einmal, an zwei vollständigen Tagen Posten für Posten zu verteidigen, eine zusätzliche Streichung hinzunehmen oder zusätzlich etwas zu bekommen. Hier habe ich gemerkt, dass Klaus Böger eine spezielle Variante für Haushaltsberatungen entwickelt hat. Er lässt sich Projekte in der Senatsklausur streichen, bei denen er davon überzeugt ist, dass der Hauptausschuss des Parlaments die Streichung niemals billigen wird. So bekommt er wieder Mittel zurück, ohne dass ihm andere ohne weiteres zu streichen wären.

Hätte ich noch eine nächste Haushaltsdebatte in Berlin verantwortlich mitgestaltet, hätte ich aus dieser Methode auf jeden Fall gelernt.

Nach dem Hauptausschuss fanden die Plenarberatungen statt. In zwei Lesungen gab es langwierige und schwierige Debatten. Ich hielt eine leidenschaftliche Rede zur Verteidigung des Haushalts meiner Senatsverwaltung und fand viel Zustimmung in beiden Regierungsfraktionen. Erstmalig hatte ich das Gefühl, nicht nur von meiner Fraktion, sondern auch von der der SPD getragen zu werden. In dieser Debatte ergriff zuständigkeitshalber auch Thilo Sarrazin am Schluss das Wort und erklärte – skandalträchtig für die Medien – den Haushalt für verfassungswidrig, da die Neuverschuldung die Investitionsquote übersteige. Deshalb musste Klaus Wowereit in die Debatte eingreifen und feststellen, dass der Haushalt nach Auffassung des Senats sehr wohl verfassungskonform sei, da die Störung des volkswirtschaftlichen Gleichgewichts eine Ausnahme zulasse. Letztlich wird darüber das Berliner Verfassungsgericht zu entscheiden haben. Bei der anschließenden Senatssitzung gab es erhebliche Vorwürfe gegen Thilo Sarrazin, wobei Klaus Wowereit und ich eher mäßigend eingriffen. Die heftigsten Vorwürfe kamen von seinen SPD- und weniger von den PDS-Kolleginnen und -Kollegen.

Im Laufe der Zeit ist es mir gelungen, nicht nur ein gutes Verhältnis zu Klaus Wowereit und Karin Schubert, sondern auch zu Peter Strieder, Klaus Böger und Erhard Körting von der SPD-Seite aufzubauen. Klaus Böger operiert trickreich, ist etwas theatralisch, aber besitzt Humor und Sachkenntnis. Peter Strieder ist ein harter Arbeiter, der sich durch hohe Kompetenz auszeichnet. Das Verhältnis zwischen Thilo Sarrazin und mir war nie ganz einfach, aber auch ihn habe ich zu schätzen gelernt. Wenn man ihn in der Öffentlichkeit erlebt, traut man ihm den Humor, den er in Wirklichkeit besitzt, gar nicht zu. Er liebt es, nach außen die Rolle des »Buhmanns« zu spielen, kann sich aber nach innen auch für berechtigte Ausgaben einsetzen. So gab es während der Klausur einen Streit über die Frage, ob ich bestimmte offene Rechnungen aus der Vergangenheit für Liegenschaften und Stadtreinigung begleichen solle oder nicht. Es herrschte zunächst die Meinung vor, man könne die Bezahlung noch weiter verschieben. Thilo Sarrazin und ich waren aber der Auffassung, dass es keine gute Politik sei, Verträge abzuschließen, Leistungen anzunehmen und sie dann nicht zu bezahlen, sondern auf den langen Justizweg zu schicken. Im Übrigen könnten wir es uns nur im ersten Jahr leisten, alte Verbindlichkeiten über Neuverschuldung zu begleichen, denn noch gehe es um Fehler unserer Vorgänger, aber schon ein Jahr später sehe die Situation gänzlich anders aus. Das konnten Thilo Sarrazin und ich leichter vertreten als jene, die schon dem vorhergehenden Senat angehört hatten. Schließlich haben wir uns durchgesetzt. Mit Thilo Sarrazin war ich auch zusammen im Aufsichtsrat der Berliner Wasserholding. Nachdem ich einen gewissen Überblick über Aufsichtsratsmitglieder in jenen Unternehmen gewonnen hatte, war ich einigermaßen erstaunt, welche bekannten Namen mir dabei begegneten, die eigentlich mit solchen Unternehmen gar nichts zu tun hatten. Thilo Sarrazin erklärte mir, dass es in unserer Gesellschaft nicht nur einen Sozialmissbrauch gebe, sondern auch einen Missbrauch solcher Posten.

Neben der Reform in meinem eigenen Haus habe ich in den Monaten meiner Amtszeit weitere Veränderungen angeschoben oder angestrebt.

Immer wieder werden in Berlin der Behördendschungel und die unübersichtlichen Zuständigkeiten zwischen den Senatsverwaltungen und den Bezirken beklagt. Investitionen scheitern nicht selten daran, dass die erforderlichen Genehmigungen nicht oder nicht rechtzeitig erteilt werden. Ich hatte mir einen Weg überlegt, wie man hier durch eine Reform, die kein Geld kostet, sondern spart, Abhilfe schaffen könnte. Mit Peter Strieder war ich einig geworden, durch unsere beiden Häuser eine Gesetzesänderung vorzubereiten. Wir wollten prüfen, in welchen Fällen Genehmigungsverfahren wesentlich zu erleichtern seien, und zwar durch eine einfache Umkehrung im Recht, indem man, wo das möglich ist, aus dem Genehmigungsverfahren ein Anmeldeverfahren machte. Bürgerinnen bzw. Bürger und Unternehmen, die eine bestimmte Genehmigung benötigen, melden diese bei der zuständigen Verwaltung an. Die Genehmigung gilt nach einer Frist als erteilt, es sei denn, die Verwaltung widerspricht, und zwar nicht nur formal, sondern mit schriftlicher Begründung.

Ein Gastwirt zum Beispiel muss heute beim Tiefbauamt die Genehmigung für die Nutzung öffentlichen Straßenlandes beantragen, wenn er Stühle und Tische auf den Bürgersteig stellen will. Das Tiefbauamt muss den Bezirk und auch die Polizei in seine Entscheidung einbeziehen. Mir hatte ein Gastwirt einen Bescheid gezeigt, der ihm ein Jahr nach dem Sommer zugegangen war, für den er die Genehmigung beantragt hatte. Nach meiner Vorstellung sollte das künftig so laufen, dass der Gastwirt die Nutzung öffentlichen Terrains nur noch vier Wochen vorher anzeigt. Widerspräche das Tiefbauamt innerhalb der vier Wochen nicht mit schriftlicher Begründung, gälte die Genehmigung als erteilt. Dafür könnte es einen Vordruck geben, aus dem der Gastwirt entnähme, welche Gebühren er für die Nutzung des öffentlichen Raums zu zahlen habe, wie viele Quadratmeter mindestens für die Fußgängerinnen und Fußgänger freizuhalten seien, dass die Lärmschutzverordnung gelte etc. Ich bin davon überzeugt, dass in über neunzig Prozent der Fälle die Genehmigungen erteilt würden. Nur noch in den wenigen begründeten Ausnahmefällen, in denen es ernsthafte Bedenken gegen die Nutzung des öffentlichen Straßenlandes im Gaststättenbereich gäbe, käme es zu einem schriftlich begründeten Widerspruch. Es ist ein erheblicher Unterschied, ob ich nach Abstimmung mit anderen eine schriftliche Genehmigung zu erteilen habe oder ob ich nach Abstimmung mit anderen schriftlich und begründet widersprechen muss. Schon die Bequemlichkeit sorgte dafür, dass es nur noch in notwendigen Fällen zu einem Widerspruch käme. Die Gastwirte wären zufriedener, die Verwaltungen entlastet, Kosten würden gespart und Einnahmen erhöht werden. Ich habe diesen Vorschlag öffentlich gemacht und fand durchaus Zustimmung. Allerdings bekam ich von Anwohnerinnen und Anwohnern aus dem Zentrum Berlins sofort Briefe, in denen sie sich darüber beklagten, dass der Lärm aus Gaststätten jetzt schon für sie unerträglich sei und weitere Erleichterungen deshalb nicht hinnehmbar wären. Abgesehen davon, dass ich die Lärmschutzverordnung der Bundesregierung weder ändern konnte noch ändern wollte, habe ich den Betroffenen mitgeteilt, dass man nicht in das Zentrum einer Metropole ziehen und dann ab acht Uhr abends Nachtruhe erwarten könne. Wer vor allem Ruhe genießen wolle, müsse in die Randbezirke oder in eine Kleinstadt ziehen.

Peter Strieder und ich wollten diese Änderung von Genehmigungsverfahren für viele Bereiche durchsetzen. Wir waren für September 2002 verabredet, um den von unseren Häusern zu erarbeitenden Entwurf miteinander zu diskutieren und anschließend für Zustimmung im Senat und in unseren Fraktionen zu werben. Dann wollten wir an die Öffentlichkeit treten. Mein Ziel war klar. Ich wollte, dass Berlin eine der genehmigungsfreundlichsten Städte in Deutschland wird. Das erhöhte die Lebensqualität der Einwohnerinnen und Einwohner und bedeutete zugleich einen Standortvorteil für Investitionen. Außerdem entlastete es die Verwaltung, eine der Voraussetzungen, um den notwendigen Personalabbau auch realisieren zu können. Im Dezember 2002 sprach ich darüber noch einmal mit Peter Strieder, und er versicherte mir, dass er auch mit Harald Wolf weiter an dem Projekt arbeite. Es habe sich nur verzögert. Im Jahre 2003 solle es realisiert werden.

Viel Zeit habe ich als Aufsichtsratsvorsitzender mit den Anstalten des öffentlichen Rechts zubringen müssen, weil hier gravierende Veränderungen anstanden. Die BEHALA sollte privatisiert werden, ein Ziel, das inzwischen wieder aufgegeben wurde. Auch die Durchsetzung notwendiger Einsparungen bei der BSR nahm viel Zeit und Kraft in Anspruch.

Am meisten musste ich mich mit den BWB und der Berliner Wasserholding beschäftigen. Vor Jahren hatte ein Kinderarzt die Leitung der BWB übernommen, der glaubte, ein Unternehmen sei nur dann erfolgreich, wenn ihm besonders viele Einrichtungen gehörten. Er gründete ein Tochterunternehmen nach dem anderen, erwarb die »Schwarze Pumpe« in Sachsen und rief auch Unternehmen im Bereich neue Medien ins Leben. Aber der alte Grundsatz »Schuster, bleib bei deinem Leisten« gilt auch in der

Wirtschaft. Womit A erfolgreich ist, muss B noch lange nicht erfolgreich sein. Weder sind zwangsläufig die Mitarbeiterinnen und Mitarbeiter für solche Expansionen ausgebildet, noch besitzt das Leitungspersonal zwingend die entsprechende Marktübersicht, die Erfahrungen und die notwendigen Beziehungen, die erforderlich sind, um ein Unternehmen mit solchen breit gefächerten Aktivitäten erfolgreich am Markt einzuführen.

Eine weitere Schwierigkeit besteht in der gewählten rechtlichen Konstruktion. Die BWB blieben eine Anstalt öffentlichen Rechts – trotz Privatisierung. Vivendi und RWE sind nur stille Teilhaber, die ihre Rechte über die Berliner Wasserholding wahrnehmen. Diese sollte am Markt agieren, insbesondere auch das internationale Geschäft der BWB organisieren. Diese verfügen über ein ausgezeichnetes Know-how, das sich international verwerten lässt. Bei der damaligen Entscheidung in der großen Koalition hat man eine ähnliche rechtliche Konstruktion eingeführt, wie sie für die Berliner Bankgesellschaft gefunden wurde. Dass diese sich nicht bewährt hat, ist inzwischen allgemein bekannt. Aber so ohne weiteres kann man rechtliche Konstruktionen nicht verändern, schon gar nicht, wenn private Miteigentümer beteiligt sind.

Als Erstes fiel mir auf, dass beide Unternehmen über gut bezahlte Vorstandsmitglieder mit einem Vorstandsvorsitzenden und zwei auch nicht ganz billigen Aufsichtsräten verfügten. Ich schlug deshalb vor, die Vorstände und Aufsichtsräte personenidentisch zusammenzusetzen, um Kosten einzusparen, was auch die Zustimmung von Vivendi und RWE, von Thilo Sarrazin und Klaus Wowereit fand. Da die Chemie zwischen beiden Vorständen nicht stimmte, könnte bei einer personellen Identität eine einheitliche Leitung der Unternehmen auch leichter gesichert werden. Dieser Vorschlag wird zurzeit umgesetzt.

Ein weiteres Problem bestand darin, dass die beiden privaten Miteigentümer international Konkurrenten sind. Das war ursprünglich nicht so, weil sich RWE im Unterschied zu Vivendi früher nicht mit dem Wassergeschäft befasste. Inzwischen sieht das aber anders aus. Weshalb sollten sie ein Interesse daran haben, die BWB als zusätzliche Konkurrenz zuzulassen? Bekommt

Vivendi irgendwo in der Welt den Zuschlag für ein Geschäft, hat es zu hundert Prozent den Gewinn. Gleiches gilt für RWE. Erhielten die BWB den Zuschlag, bekämen RWE und Vivendi nur jeweils ein Viertel des Gewinns, die restlichen fünfzig Prozent gingen an das Land Berlin. Unter diesem Konstruktionsfehler wird das Unternehmen noch viele Jahre leiden. Sicher sind auch RWE und Vivendi daran interessiert, die BWB voranzubringen, denn sie wollen dort keine Verluste machen. Sie wissen, dass dies allein mit dem sicheren Berliner Kundengeschäft nicht möglich ist. Aber die Konstellation ist schwierig, wenn das Land Mehrheitseigner ist und als private Investoren zwei Konkurrenten mit im Boot sitzen.

Die BWB mussten sich nach meiner Auffassung von Unternehmen trennen, die nur Verluste einbringen. Alles andere wäre den Berlinerinnen und Berlinern nicht zuzumuten gewesen, denn letztlich muss die Stadt diese Verluste entweder zur Hälfte und in bestimmten Fällen sogar in vollem Umfang tragen. Monatlich mussten zum Beispiel Millionen Euro an Zuschüssen an die »Schwarze Pumpe« in Sachsen gezahlt werden. Dort war ein neues Verfahren entwickelt worden, um Abfall zu verwerten und dabei Methanol herzustellen. Aber dieses Verfahren funktionierte noch nicht richtig, und der Marktpreis von Methanol war stark gefallen. Die BWB und damit die Stadt hatten schon Hunderte von Millionen Euro in die »Schwarze Pumpe« investiert, ohne dass es sich je rentiert hätte. Die Länder Sachsen und Brandenburg (viele Arbeitskräfte der »Schwarzen Pumpe« kommen aus Brandenburg) hielten sich zurück, da Eigentümer nun mal die BWB waren. Der neue Vorstand der »Schwarzen Pumpe« und vor allem der Betriebsrat kämpften selbstverständlich um den Erhalt des Unternehmens. Dafür hatte ich ebenso Verständnis, wie ich andererseits die monatlichen Millionenzahlungen nicht länger verantworten konnte. Es musste deshalb eine schnelle Lösung gefunden werden.

Erst in der allerletzten Phase wurden Sachsen und auch Staatsminister Rolf Schwanitz, der damals in der Bundesregierung für den Osten beauftragt war, aktiv. Aber weder Sachsen noch der

Bund waren bereit, die Verluste zu übernehmen. In Absprache mit Klaus Wowereit, dem Vorstand und dem Aufsichtsrat der BWB starteten wir noch einmal einen Versuch, die »Schwarze Pumpe« zu verkaufen. Sie war bereits einmal verkauft worden, aber von dem internationalen Unternehmen wieder aufgegeben worden und an die BWB zurückgefallen. Die Ausschreibung verlief zunächst nicht besonders erfolgreich. Es gab zwar Interessenten, aber ihre Angebote hatten zumeist einen erheblichen Pferdefuß. Sie wollten die »Schwarze Pumpe« zwar betreiben, aber für die Verluste sollte weiterhin das Land Berlin haften. Das kam für mich nicht in Frage. Letztlich ist es dann doch gelungen, einen Investor zu gewinnen, der die »Schwarze Pumpe« für nur einen Euro übernahm und zusätzlich noch eine einmalige Zahlung erhielt. Wir vereinbarten, dass mit dem Geld nichts anderes geschehen dürfe, als die Betriebskosten der »Schwarzen Pumpe« zu finanzieren bzw. dort Investitionen vorzunehmen. Der neue Eigentümer war auch bereit, für alle künftigen Haftungen geradezustehen. Selbstverständlich mussten die BWB und damit das Land auf ihre eigenen Forderungen gegen die »Schwarze Pumpe« verzichten, anders wäre sie überhaupt nicht verkäuflich gewesen. Bei der entscheidenden Aufsichtsratssitzung gab es eine Demonstration der Belegschaft der »Schwarzen Pumpe« vor den BWB. Die Beschäftigten setzten in mich Vertrauen, dass eine Lösung gefunden werde, die ihre Arbeitsplätze nicht noch stärker gefährde, als sie ohnehin schon gefährdet waren. Es ist gelungen, den neuen Eigentümer zu einer Arbeitsplatzgarantie für einen bestimmten Zeitraum zu bewegen, was nicht leicht ist, wenn man ein verlustreiches Unternehmen veräußert. Der Vorstandsvorsitzende der BWB, Jörg Simon, hat hier ganze Arbeit geleistet, und das Veräußerungsverfahren konnte insgesamt positiv abgeschlossen werden. Auch die erforderlichen Genehmigungen der Banken und der BvS, der Nachfolgeeinrichtung der Treuhandanstalt, wurden eingeholt. Der Verkauf hat dem Land Berlin keine Einnahmen gebracht, im Gegenteil, es musste eine Zahlung geleistet und auf bestehende Forderungen verzichtet werden, aber der permanente monatliche Verlust von mehreren Millionen Euro konnte ein für alle Mal unterbunden werden. Das Ergebnis ist dann in den Medien leicht zu bewerten, aber der Weg dorthin ist steinig und hat mich nicht nur manchen Tag, sondern auch manche Nacht gekostet.

Die Berliner Wasserholding, die den BWB in gewisser Hinsicht übergeordnet ist, hat nicht nur den erwähnten rechtlichen Konstruktionsfehler. Sie ist gegründet, aber nicht mit Eigenkapital ausgestattet worden. Wie soll ein solches Unternehmen international agieren, wenn es nicht über Eigenkapital verfügt? Dieser Mangel musste irgendwie behoben werden, wenn die Holding erfolgreich handeln sollte. Das internationale Wassergeschäft ist durchaus lohnend, aber nur über lange Zeiträume. Ein Unternehmen, das den Auftrag bekommt, eine Stadt mit Wasser zu versorgen, hat zunächst nur Investitionskosten. Wenn aber die Versorgung beginnt, hat es die sichersten Einnahmen, die man sich vorstellen kann, weil Menschen ohne Wasser nicht auskommen. Der Staat als Eigentümer – in diesem Fall das Land Berlin – ist für solche langfristige Unternehmensstrategien wenig geeignet. Wie soll man einem Parlament und einer Landesregierung über Jahre Ausgaben allein mit dem Versprechen erklären, dass irgendwann auch Einnahmen fließen werden? Inzwischen sind längst einige Legislaturperioden vorüber, und aus der Sicht der Abgeordneten, aber auch der Regierungsmitglieder hätte das Geld innerhalb der Legislaturperiode sehr viel sinnvoller ausgegeben werden können, auch um die Akzeptanz der jeweiligen Partei bzw. Regierung in der Bevölkerung zu erhöhen. Obwohl manche in der PDS es nicht wahrhaben wollen, ist der Staat aufgrund seiner eigenen politischen Konstruktion als Eigentümer von Unternehmen nicht immer besonders geeignet. Für einen großen privaten Konzern ist es wesentlich leichter, langfristig zu investieren, wenn Gewinne mit an Sicherheit grenzender Wahrscheinlichkeit garantiert werden können. Natürlich ist auch die umgekehrte Theorie der FDP falsch, wonach jede Privatisierung sinnvoll sei. Wenn es ohnehin nur eine Monopolversorgung gibt, ist ein privater Monopolist von größerem Übel als der Staat als Monopolist. Durch das politische Kräfteverhältnis kann beim Staat als Monopolisten der Missbrauch begrenzt und eine Sozialverträglichkeit einigermaßen garantiert werden. Bei einem privaten Monopolisten ist dies kaum möglich und auch schwer zu kontrollieren. Außerdem gibt es Bereiche, bei denen sich die Gesellschaft darauf verständigen sollte, dass sie aus sozialen oder ökologischen Gründen dauerhaft subventioniert werden.

Das gilt zum Beispiel für den öffentlichen Nah- und Fernverkehr. Er muss eine Alternative zum Auto bleiben bzw. werden. Das gelingt nur, wenn er sicher und bequem ist. Busse müssen auch fahren, wenn sich die Fahrt nicht rechnet, zum Beispiel nachts, das Gleiche gilt für Bahnverbindungen. Die Privatisierung der Bundesbahn zur Deutschen Bahn AG hat zum Beispiel zu einer Vielzahl von Streckenstilllegungen geführt, so dass die Mobilität zu bestimmten Orten nur noch mit dem Auto zu gewährleisten ist. Das ist besonders bedauerlich, weil die DDR über das ausgedehnteste Streckennetz Europas verfügte, das inzwischen auf »Normalmaß« zusammengeschrumpft ist. Wenn der öffentliche Nah- und Fernverkehr eine reale Alternative zum Auto sein soll, dann muss er auch preiswert bleiben bzw. werden. Diese Politik schließt rein betriebswirtschaftliche Kriterien aus. Hier müssen ökologische und soziale Gesichtspunkte im Vordergrund stehen. Dafür eignet sich ein privater Eigentümer nicht, weil er gezwungen ist, Gewinn zu erwirtschaften.

Aber hinsichtlich der Berliner Wasserholding gilt, wie geschildert, eher das Umgekehrte. Ich stand vor der Frage, wie die Holding mit Eigenkapital ausgestattet werden könnte, um das internationale Geschäft fortzusetzen und zu einem absehbaren Zeitpunkt auch Gewinne zu erwirtschaften. Eine Zahlung durch das Land Berlin und die beiden privaten Investoren war ausgeschlossen, weil ich weder im Senat noch im Abgeordnetenhaus für eine solche Investition die erforderliche Mehrheit bekommen hätte. Sie wäre auch der Öffentlichkeit nicht zu vermitteln gewesen. Also musste ein Weg gefunden werden, damit die Banken eine entsprechende Kreditlinie eröffneten, wozu sie aber nur bereit waren, wenn die beiden privaten Investoren und das Land Berlin eine entsprechend hohe Bürgschaft übernahmen. Thilo

Sarrazin und mir ist es gelungen, dafür die Zustimmung im Senat und im Abgeordnetenhaus zu erwirken und damit auch die Zukunft der Berliner Wasserholding zu sichern.

Ein weiteres Aufgabenfeld bestand im Krisenmanagement. Immer wenn ein größeres Unternehmen in Insolvenz zu gehen droht, gibt es nicht nur viel Unruhe in der betroffenen Belegschaft, sondern auch in der Bevölkerung, in den Medien und bei den politisch Verantwortlichen. Kaum war ich im Amt, entschied die Zentrale von Bergmann-Borsig, ihre Filiale in Berlin zu schließen und die Produktion aus Kostengründen nach Spanien zu verlagern. Über Jahrzehnte hatte Bergmann-Borsig Fördermittel aus Berlin erhalten, jetzt aber lockten Fördermittel in Spanien. Da das Land Berlin an dem Unternehmen keine Eigentumsanteile besaß, hatte ich keine Entscheidungsbefugnisse. Allein mit Moral lässt sich in der Wirtschaft relativ wenig erreichen. Ich hatte aber meine Zweifel, ob die Förderung in Spanien mit rechten Dingen zuging. Innerhalb der Europäischen Union darf eine reine Arbeitsplatzverlagerung nicht gefördert werden. Und es sollten EU-Mittel eine Rolle spielen. Ich wandte mich an den damaligen Bundeswirtschaftsminister Werner Müller, der mich auch unterstützte. Als es um ein förmliches Verfahren bei der EU ging, lag die Zuständigkeit allerdings beim Bundesfinanzministerium. Dafür hatte noch Oskar Lafontaine gesorgt. Beim Bundesfinanzministerium hatten der kleine Standort von Bergmann-Borsig in Berlin und die entsprechenden finanziellen Transaktionen in Spanien nicht das gleiche Gewicht, so dass es schwerer wurde, Licht in den Vorgang zu bringen. Über André Brie konnte ich den Vorgang an die europäische Kommission herantragen, und es ist tatsächlich eine Prüfung eingeleitet worden, die noch nicht abgeschlossen war, als ich zurücktrat. Es gelang aber nicht, die Unternehmensleitung zu einer anderen Entscheidung zu bewegen. Die Enttäuschung bei der Belegschaft war groß.

Eine noch größere Krise entstand um das Unternehmen Herlitz, das seit vielen Jahren erfolgreich Schreibwaren herstellt. Irgendwann setzte sich der alte Eigentümer zur Ruhe und übertrug das Unternehmen an seine beiden Neffen. Diese glaubten nun das schnelle Geld machen zu können, indem sie die Geschäftsfelder erweiterten. So investierten sie in das Immobiliengeschäft und auch in Moskau. Beides ging schief. Herlitz hatte schon mehrere Insolvenzverfahren hinter sich und gehörte inzwischen einem Bankenkonsortium, wobei eine Bank die Führerschaft übernommen hatte. Nun stand das Unternehmen wieder kurz vor der Insolvenz, und die Banken hätten sich selbst eine neue Kreditlinie eröffnen müssen. Dazu war aber eine der beteiligten Banken nicht bereit. Sie verlangte, dass Berlin und Brandenburg dafür Landesbürgschaften übernähmen, das heißt für den Fall des Verlustes hafteten.

Im Interesse der Arbeitsplätze waren sowohl der damalige Wirtschaftsminister in Brandenburg als auch ich dazu in gewissem Rahmen bereit. Unsere jeweiligen Finanzverantwortlichen sträubten sich ziemlich lange, bis auch sie einer begrenzten Landesbürgschaft zustimmten. Diese eine Bank verlangte aber die volle Bürgschaftsabsicherung und erklärte, sie würde anderenfalls die Insolvenz von Herlitz in Kauf nehmen. Ich verständigte mich mit Thilo Sarrazin, dass wir uns auf diese Art und Weise nicht unter Druck setzen lassen sollten. Ich sah in einer kommenden Insolvenz sogar eine Sanierungschance für Herlitz. Wenn es nämlich gelänge, dadurch die alten Schulden loszuwerden, das Immobilien- und auch das Moskaugeschäft zu beenden, könnte ein Herlitz-Unternehmen entstehen, das sich wieder auf seine eigentliche Stärke, die Herstellung von Schreibwaren, konzentrierte. An diesem Betriebsteil hingen auch die meisten Arbeitsplätze, die damit gesichert werden könnten.

Ich war deshalb bei der Einleitung des vorläufigen Insolvenzverfahrens gelassen, andererseits aber auch froh, dass ein so erfahrener Insolvenzverwalter wie Rechtsanwalt Peter Leonhardt vom Gericht bestellt wurde. Mit ihm habe ich in den folgenden Wochen und Monaten häufig kommuniziert. Er rief mich immer an, wenn die Banken nicht mehr bereit waren, Mittel zur Aufrechterhaltung des Unternehmens zur Verfügung zu stellen. Regelmäßig gelang es mir, in langen Telefongesprächen mit den Verantwortlichen der einen oder anderen Bank, eine Lösung zu finden. Allerdings habe ich in dieser Zeit meine Illusionen hinsichtlich höherer Bankangestellter verloren. Die Vertreter der beiden Banken, die sich vor allem stritten, weigerten sich zum Teil, sich untereinander zu verständigen. Sie sprachen zwar einzeln mit mir, aber nicht miteinander. Gelegentlich kam ich mir vor wie im Kindergarten. Als wieder einmal alles klemmte, lud ich sämtliche Bankenvertreter ins Abgeordnetenhaus ein, weil ich an einer Plenarsitzung teilzunehmen hatte. Ich erklärte ihnen, dass ich sie nicht eher aus dem Raum hinausließe, bis sie sich geeinigt hätten. Sie fanden dieses päpstliche Verfahren nicht besonders witzig, aber letztlich haben sie sich geeinigt, irgendwann war der Durchbruch erzielt.

Das Kernunternehmen von Herlitz war gesichert, und es hat gute Chancen, schwarze Zahlen zu schreiben. Von den Verlustbereichen konnte man sich trennen, die Altschulden sind erlassen, auch die Banken haben auf erhebliche Forderungen verzichtet, und Berlin und Brandenburg mussten weder mit eigenen Fördermitteln eingreifen noch das Risiko einer Bürgschaft eingehen, sondern nur auf die Rückzahlung eines Darlehens verzichten. Die Arbeitsplätze wurden gesichert. Ich hatte also mit Unterstützung von Peter Leonhardt und vielen anderen mein Versprechen, das ich vor der Belegschaft abgegeben hatte, einhalten können. Auch die Medien kamen nicht umhin, das als Erfolg zu würdigen. Die »Bild«-Zeitung schrieb: »So wird's gemacht, Herr Gysi« und erweckte damit den Eindruck, ich sei an dem ganzen Vorgang nicht beteiligt gewesen. Peter Leonhardt selbst verwies aber regelmäßig auf meinen Anteil am Gelingen des Vorhabens. Das Land war bei Herlitz einen neuen Weg gegangen. Nicht durch Bürgschaften, nicht durch Steuergelder der Bürgerinnen und Bürger war ein Unternehmen gerettet worden, sondern auf dem Wege eines Insolvenzverfahrens mit Entschuldung. Dies kann nicht in jedem Falle gelingen, aber hier war es erfolgreich.

In erster Linie wurde ich hinsichtlich der Wirtschaftspolitik – und das war mir von vornherein klar – daran gemessen, ob es mir gelänge, Investitionen nach Berlin zu holen, die Attraktivität des Standortes herauszuarbeiten und die Bedingungen für Investoren in Berlin zu verbessern. Berlin besitzt alle Vor- und Nachteile einer Metropole. Das Leben und Wirtschaften in dieser Stadt ist zweifellos teurer als in Kleinstädten. Die Kostenstruktur in Berlin ist aber im Vergleich zu anderen Metropolen günstig. Das gilt aufgrund des zu hohen Bestandes an Wohnungen und Büroräumen sowohl für Mieten und Pachten als auch für den Erwerb von Grundstücken. Die Infrastruktur in Berlin ist gut, das gilt insbesondere für den öffentlichen Nahverkehr. Die Kriminalitätsrate ist im Vergleich zu anderen Großstädten, insbesondere zu denen in den USA, gering. Für Unternehmen, die eine Anbindung an Wissenschaft, Forschung und Kultur benötigen, hat Berlin enorme Vorteile. Der Qualifikationsgrad der Bevölkerung ist beachtlich. Das gilt sowohl für jene, die ihre Qualifikation in der früheren DDR erhielten, als auch für jene, die sie im ehemaligen Westberlin erwarben. Hier entwickeln sich allerdings allmählich Defizite, und der Senat muss aufpassen, dass kein Qualifikationsrückstand der Bevölkerung im Vergleich zu anderen Standorten eintritt. Die Pisa-Studie ist ein warnendes Signal.

Die Stärkung des Bildungssektors in Berlin, von den Kindertagesstätten bis hin zu den Universitäten, muss zentraler Bestandteil Berliner Stadtpolitik bleiben bzw. werden. Die Bildungschancen entscheiden über Lebens- und Erwerbschancen der Menschen, aber auch über die Standortqualitäten Berlins. Deshalb müssten sich eigentlich sämtliche Abgeordneten, Senatorinnen und Senatoren gerade für diesen Bereich stark machen.

Die tragische Geschichte der Teilung der Stadt kann jetzt zu ihrem Vorteil genutzt werden. Keine andere Stadt in Europa hat vierzig Jahre lang mit einem Teil zu Osteuropa und einem anderen zu Westeuropa gehört. Aufgrund dieser Geschichte gibt es in Berlin sehr viele Menschen, die nicht nur west-, sondern auch osteuropäische Sprachen beherrschen. Viele von ihnen kennen West- bzw. Osteuropa gut, haben vielfältige Kontakte zu wirtschaftlichen, wissenschaftlichen und politischen Entscheidungsträgerinnen und Entscheidungsträgern in diesen Ländern. Berlin liegt nur wenige Kilometer von Polen entfernt, bietet aber westeuropäischen Service und westeuropäische Lebensqualität. Unternehmen, die in ganz Osteuropa agieren wollen, sind gut beraten, ihren Sitz in Berlin zu wählen.

Berlin hat andererseits die Nachteile, die jede Metropole besitzt. Die Stadt ist unübersichtlich, das gilt auch für die Verwaltungsstrukturen. Darüber hinaus besitzt Berlin nicht die Anerkennung als Hauptstadt in der eigenen Bevölkerung, wie sie für die französische, die britische und andere Hauptstädte Europas typisch ist. Die Stadt ist hoch verschuldet, das heißt, sie kann nur in sehr begrenztem Umfang Stadtentwicklung vorantreiben, Infrastruktur modernisieren und mit Fördermitteln den Start von Unternehmen unterstützen. Da können andere Städte – auch in Deutschland – mehr bieten. Dennoch überwiegen die Vorzüge, nur macht allgemeine Werbung relativ wenig Sinn. Man muss an Unternehmen herantreten, die für die genannten Vorzüge ansprechbar sind.

Ein Kernstück der Wirtschaftspolitik in Berlin muss die Bestandspflege für die vorhandenen Unternehmen sein. Eine Welle von Firmenpleiten schreckt jede Investorin und jeden Investor ab. Im Übrigen wird die Frage der Arbeitslosigkeit nicht einmal im Ansatz gelöst, wenn sich Investitionen und Konkurse in etwa die Waage halten. Unternehmerinnen und Unternehmer sind darüber hinaus wichtige Botschafterinnen und Botschafter ihrer Stadt. Wenn sie bei ihren Geschäftspartnerinnen und Geschäftspartnern regelmäßig von den Schwierigkeiten in der eigenen Stadt, von einem wirtschaftsunfreundlichen Klima etc. berichten, dann wird das Werben um potenzielle Investorinnen und Investoren fast sinnlos. Die Hervorhebung der Vorzüge Berlins durch den Senat kann nur eine Ergänzung zu einem positiven Image sein, das ansässige Unternehmerinnen und Unternehmen national und international verbreiten. Also habe ich mich vornehmlich um den Unternehmensbestand gekümmert, die Wirtschaftsverbände Berlins aufgefordert, mir detailliert und konkret mitzuteilen, durch welche Umstände sie sich in ihrer Tätigkeit beeinträchtigt sähen und wie sie sich abstellen ließen.

Zu einem interessanten Investitionsstandort gehört auch, dass es dort zu einer Vielzahl von Unternehmensgründungen kommt.

Die Unterstützung von Existenzgründerinnen und -gründern war für mich deshalb ein weiterer Schwerpunkt. In Zeiten hoher Arbeitslosigkeit kann das gerade für junge Menschen ein Weg sein, ihren Lebensunterhalt zu sichern und der Arbeitslosigkeit zu entgehen. In der Regel besitzen aber junge Menschen wenig Eigenkapital, und deshalb ist es erforderlich, das Risiko von Existenzgründungen zu mindern. Staatliche Hilfe ist hier gefragt, die nicht nur in Geld bestehen sollte, sondern auch in regelmäßiger Beratung und Unterstützung. Dafür hatten schon meine Vorgänger vieles getan, und inzwischen hat sich in Berlin ein ganzes Netz zur Beratung von Existenzgründerinnen und -gründern gebildet. Es gibt Wettbewerbe und andere motivierende Unterstützungen. Die Anzahl von Existenzgründungen war in Berlin immer besonders hoch, allerdings auch die der Unternehmen, die ihre Tätigkeit einstellten. Es ging also darum, diese Schere deutlich zu erweitern, und das ist im Jahr 2002 auch gelungen. Viele Unternehmen der so genannten New Economy scheiterten gerade in den vergangenen Jahren. In Berlin hielt sich das deshalb in Grenzen, weil es sich bei den etwa neuntausend in diesem Bereich angesiedelten Firmen um überwiegend kleine Unternehmen handelt. Sie halten einen Rückgang von Aufträgen länger aus, allerdings nur durch Selbstausbeutung. Arbeitnehmerinnen und Arbeitnehmer genießen in Deutschland zumindest in der Regel den Vorzug, über ein gesichertes Einkommen zu verfügen. Das gilt für Selbständige keineswegs, und viele von ihnen haben über längere Zeit Einkünfte, die nicht einmal das Existenzminimum sichern. Im Falle einer Insolvenz haben Arbeitnehmerinnen und Arbeitnehmer wenigstens Anspruch auf Arbeitslosengeld. Unternehmerinnen und Unternehmer sind diesbezüglich nicht versichert. Als Eigentümerinnen und Eigentümer verfügen sie scheinbar über mehr Freiheit, gerade auch hinsichtlich der Gestaltung ihres Arbeitstages. In Wirklichkeit ist ihre Abhängigkeit vom Unternehmen sehr viel größer und ihre Freiheit sehr viel beschränkter. Häufig stehen sie unter ungeheurem Druck und riesigen Belastungen, wissen nicht mehr ein noch aus und wenden sich dann an staatliche Institutionen mit der Bitte um Hilfe. Natürlich weiß ich, dass es auch Unternehmerinnen und Unternehmer gibt, die absichtlich eine Insolvenz herbeiführen und die dabei finanziell keineswegs schlecht fahren. Nicht wenige sind ausreichend abgesichert, so dass es auf das Unternehmen selbst gar nicht ankommt. Aber bei den meisten ist dies nicht der Fall.

Im Osten Deutschlands gibt es etwa dreißig- bis vierzigtausend ehemalige Unternehmerinnen und Unternehmer, die von Sozialhilfe leben. Dafür mussten sie alles verkaufen, was sie sich in ihrem Leben einmal angeschafft hatten. Eine Versicherung für sie wäre sinnvoll gewesen, damit sie bei der Insolvenz wenigstens für eine Übergangszeit ihr Auskommen gehabt hätten, um sich neu orientieren zu können. Zwar würde eine solche Versicherung die Kosten des Unternehmens erhöhen, aber sie hülfe vielen Menschen, gerade wenn die Zahl der Insolvenzen weiter so dramatisch zunehmen sollte wie in den vergangenen Jahren.

Immer wieder klagten mir gegenüber Unternehmerinnen und Unternehmer über die Unwilligkeit von Banken, ihre Wirtschaftstätigkeit zu kreditieren. Auch deshalb sollten die Interessen kleinerer und mittlerer Unternehmerinnen und Unternehmer verstärkt auch von der Linken vertreten werden. Die Banken allerdings leugnen, dass ihre Bereitschaft, Wirtschaftstätigkeit durch Kredite zu unterstützen, nachgelassen habe. Ein Bankier erklärte mir einmal, dass er bei mir immer den Eindruck gewinne, ich gönnte jeder Unternehmerin und jedem Unternehmer Gewinn, nur nicht den Banken. Ich erwiderte, dass man sich hinsichtlich der Einkommen der Großaktionäre von Banken bisher ja auch keine ernst zu nehmenden Sorgen machen müsse, dass ich aber den Eindruck hätte, die Banken seien an der Gewährung kleinerer Kredite immer weniger interessiert, weil sie ihnen nicht einträglich genug erschienen, und erhöhten deshalb dort die Hürden. Aber die kleinen und mittleren Unternehmen seien gerade auf sie angewiesen. Nach meinem Eindruck sei es heute leichter, einen Einhundert-Millionen-Kredit zu bekommen als einen über sechzigtausend Euro für eine neue Bestuhlung einer Gastwirtschaft. Ganz leugnen wollte das mein Gesprächspartner nicht. Ich verwies auch darauf, dass die Banken bei Risiken immer nach Landes- oder Bundesbürgschaften riefen, um sie auf die Allgemeinheit abzuwälzen. Aber zur Bankentätigkeit gehörten eben nicht nur die Gewinne, sondern auch die Risiken. Das gelte für Existenzgründungen und für viele andere Bereiche. Natürlich müssen Banken auch verantwortlich mit dem Geld umgehen, das ihnen anvertraut wird. Aber wenn sie nicht ausreichend bereit sind, Wirtschaftstätigkeit zu kreditieren, wird der Staat selbst diese Funktion übernehmen müssen. So ist es kein Zufall, dass Gerhard Schröder im Wahlkampf die Möglichkeit andeutete, eine staatliche Mittelstandsbank zu gründen. Solche Art Konkurrenz wollen die privaten Banken selbstverständlich nicht, aber dann müssen sie sich überlegen, wie sie die vorhandene Kreditierungslücke selbst schließen.

In der Standortfrage herrscht weltweit und so auch innerhalb Deutschlands eine harte Konkurrenz. Mir ist von Unternehmern zugetragen worden, mit welchen Mitteln sie aus Berlin abgeworben werden sollten. Da sollen Bundesländer Angebote unterbreitet haben, die jenseits der gesetzlichen Möglichkeiten liegen. Auf jeden Fall haben sich die Verhältnisse in dieser Hinsicht völlig verändert. Es gibt immer noch die Gefahr der Bestechung von Beamten im Zusammenhang mit Baugenehmigungen usw. Bei Ansiedlungen ist es aber genau umgekehrt. Wenn überhaupt, dann besticht hier der Staat die Unternehmen. Für einen Wirtschaftssenator ist dies keine einfache Situation, weil man sich gelegentlich wie ein Bittsteller vorkommt, der hart am Rande der Legalität Zusicherungen gibt, um irgendwie zu Investitionen und damit zu neuen Arbeitsplätzen in seiner Region zu gelangen. Das Verhältnis zwischen Berlin und Brandenburg ist eigentlich kooperativ. Beide Länder wollen die Fusion. Allerdings herrschte hinsichtlich der Investitionen zwischen ihnen genauso harte Konkurrenz wie mit anderen Bundesländern. Das durfte ich nie vergessen.

Eine besondere Schwierigkeit in Gesprächen mit potenziellen ausländischen Investorinnen und Investoren bestand weniger in den in Deutschland üblichen Lohnkosten. Das fiel mir besonders in Kanada und in den USA auf. Wer sich überlegt, nach Berlin zu gehen, kennt die Lohnkostenstruktur in Deutschland und hat diese schon einberechnet. Die Höhe der Lohnkosten ist für eine solche Investitionsentscheidung weniger relevant, als dies von der CDU/CSU, der FDP und einem Großteil der Medien immer wieder behauptet wird. Denn wichtiger sind die Lohnstückkosten, das heißt, zu welchen Lohnkosten Waren und Dienstleistungen produziert bzw. erbracht werden können. Die entscheidende Frage ist, ob man für die Herstellung eines Traktors zehn oder hundert Leute braucht. Wenn zehn ausreichen, sind auch höhere Löhne zu verkraften.

Was in den Gesprächen aber tatsächlich immer wieder angesprochen wurde, war die Frage des Kündigungsschutzes, überhaupt des Arbeitsrechtes in Deutschland. Diesbezüglich befand ich mich in einer schwierigen Situation, insbesondere in den USA. Einerseits wollte ich potenzielle Investorinnen und Investoren überzeugen, nach Berlin zu kommen, andererseits konnte und wollte ich mich auf ihr Klagelied über den Kündigungsschutz und die Rechte von Arbeitnehmerinnen und Arbeitnehmern nicht einlassen. Also versuchte ich es mit einem Doppelpass. Zum einen erklärte ich ihnen, dass ich als Sozialist für Kündigungsschutz und für einen hohen Standard von Arbeitnehmerinnen- und Arbeitnehmerrechten einträte. Zum anderen machte ich ihnen aber auch deutlich, dass ich überhaupt nicht erkennen könne, worin der Nachteil für sie läge. Gerade als sich die Marktwirtschaft in Deutschland noch sozialer gestaltete, war auch die Wirtschaftsentwicklung erfolgreicher. Disziplinierte, motivierte Belegschaften ohne Existenzängste sind für jede Unternehmerin und jeden Unternehmer ein großer Gewinn. Sie identifizieren sich viel stärker mit ihrer Firma, sind Werbeträgerinnen und -träger des Unternehmens und leisten eine hoch qualifizierte Arbeit. In einem Land, in dem man täglich geheuert und gefeuert werden kann, wird Motivation hauptsächlich durch Angst erzeugt. Eine solche Motivation steigert die ökonomischen Ergebnisse in der Regel nicht. Die Sklaverei wurde nicht aus menschenrechtlichen Erwägungen abgeschafft, sie rechnete sich irgendwann nicht mehr. Ich verwies auch darauf, dass Wirtschaft ja nur Mittel zum Zweck sei. Wenn für die Menschen dabei nichts herauskäme, würden Unternehmerinnen und Unternehmer selbst das System in

Frage stellen. Menschen, die in gesicherten Verhältnissen lebten, seien im Übrigen sehr viel zuverlässigere und bessere Kundinnen und Kunden als sozial Verunsicherte. Mit solchen Ausführungen erreicht man sofort eine ideologische Debatte, aber dabei fühlte ich mich wenigstens einigermaßen sicher.

Während meiner USA-Reise fiel mir auf, dass man mit amerikanischen Wirtschaftsleuten anders sprechen kann als mit deutschen. In Deutschland – das scheint mir auch ein Verdienst der Linken zu sein – gelten Reichtum und Profit irgendwie als unmoralisch. Zumindest beim Profit scheint mir das albern zu sein, denn niemand gründet ein Unternehmen, um Verluste zu machen. Natürlich strebt er oder sie Gewinn an, und dies motiviert sie oder ihn zur Unternehmensgründung. Aber weil das in Deutschland als unmoralisch gilt, erklären Vertreterinnen und Vertreter von Wirtschaftsverbänden, Banken und Unternehmen regelmäßig, ihr Ziel bestehe darin, Arbeitsplätze zu schaffen, und dafür stimmten die Rahmenbedingungen des Staates nicht. Dann werden der Kündigungsschutz, die Rechte von Arbeitnehmerinnen und Arbeitnehmern, die Höhe der Lohnkosten, der Beiträge und Steuern vermeintlich nur deshalb kritisiert, weil all diese Faktoren die Schaffung von mehr Arbeitsplätzen behinderten. Die Betreffenden würden in den Medien nie sagen, dass diese Faktoren sie daran hinderten, den Profit zu erhöhen, obwohl dies der Wahrheit wesentlich näher käme. Das ist in den USA anders. Potenzielle Investorinnen und Investoren reden nur über möglichen Profit, akzeptieren aber, dass mein Interesse in Richtung Arbeitsplätze geht. Deshalb bieten sie eine bestimmte Zahl von Arbeitsplätzen unter bestimmten Voraussetzungen an. Sie tun aber nicht so, als sorgten sie sich altruistisch um die Arbeitslosen in Berlin oder anderswo. Solche Gespräche verlaufen deshalb zwar härter, aber auch offener. Man kommt schneller auf den Punkt.

Auch in anderen Zusammenhängen fiel mir diese Art von Offenheit in den USA auf. In Washington bekam ich viele Visitenkarten zugesteckt, auf denen als Berufsbezeichnung der Begriff »Lobbyist« stand. Auch in Deutschland gibt es Lobbyistinnen und

Lobbyisten, aber niemand würde zugeben, eine oder einer zu sein. Sie würden sich eher »Repräsentantin« bzw. »Repräsentant« nennen. Die Bedingungen in den USA sind aber nicht nur für Arbeitnehmerinnen und Arbeitnehmer härter, sondern in gewisser Hinsicht auch für Kapitalistinnen und Kapitalisten. Die amerikanische Justiz schützt sie als Personen weniger, sondern den Kapitalismus als System. Für die Justiz ist es überhaupt kein Problem, ein Unternehmen per Gerichtsurteil in den Ruin zu schicken, es gibt genügend andere, die davon profitieren. Im Rahmen einer Schmerzensgeldklage kann es auch passieren, dass ein Reicher arm und ein Armer reich wird. Auch dadurch ist das Bild entstanden, dass man sich in den USA vom Tellerwäscher zum Millionär entwickeln könne, vorausgesetzt, man hätte etwas Glück. An diesem Bild ist ein Körnchen Wahrheit. Die Linken haben es immer zu bekämpfen versucht, weil es zu Illusionen führt. Aber der Kern der Kritik müsste ein anderer sein. Wenn ein Reicher tatsächlich arm und ein Armer tatsächlich reich wird, hat sich an dem Verhältnis zwischen Reichen und Armen im Land nichts verändert. Der Schutz in den USA bezieht sich also mehr auf das System und weniger auf Personen, zumindest im Prinzip. Das sieht in Deutschland völlig anders aus. Da hier der Kapitalismus aus einer Krautjunkergesellschaft entstand, wird stärker die einzelne Person geschützt und auf diese Weise auch das System erhalten. In der Regel verlässt hier ein Reicher als Reicher den Gerichtssaal und ein Armer als Armer.

Es ist völlig klar, dass neoliberale Ideologinnen und Ideologen in Deutschland immer wieder amerikanische Verhältnisse preisen. Sie wollen die Erfolge der Gewerkschaftsbewegung in Deutschland rückgängig machen, begründen dies aber damit, dass nur so Arbeitslosigkeit zu überwinden sei. In Wirklichkeit würde durch solche Verhältnisse nur der Versuch unternommen werden, Geschichte rückwärts zu drehen, soziale Menschenrechte einzuschränken, Arbeitnehmerinnen und Arbeitnehmer zu disziplinieren. Schon heute zeigt die Arbeitslosigkeit Wirkung. In vielen Unternehmen wird unter Tarif bezahlt, und der Gesetzgeber erleichtert Schritt für Schritt entsprechende Möglichkeiten.

Der Krankenstand in Deutschland wird immer geringer, nicht weil Menschen seltener krank werden, sondern eher weil Arbeitnehmerinnen und Arbeitnehmer nicht mehr zu fehlen wagen. Sie fürchten den Verlust ihres Jobs. Solche Verhältnisse sollten normalerweise nicht als erstrebenswert erscheinen, aber die Lobby, die dafür eintritt, nimmt in Deutschland zu, sowohl in der Politik als auch in der Wirtschaft und den Medien.

Für mich ging es auf der Reise nach Kanada und in die USA nicht nur um politische Gespräche und die Gewinnung von Investorinnen und Investoren für Berlin. Ich musste zugleich versuchen, den Ruf, ein Investorenschreck zu sein, loszuwerden. Denn gerade in deutschen Medien wird sehr ideologisch argumentiert. Als ich zum Wirtschaftssenator gewählt wurde, äußerten sich führende Wirtschaftsvertreter äußerst negativ. Das galt sowohl für Olaf Henkel als auch für Peter Dussmann. Edmund Stoiber lieferte wegen meiner Wahl der »Bild«-Zeitung sogar die Überschrift »Gute Nacht, Berlin«. Häufig wurde darauf hingewiesen, dass gerade die USA besonders empfindlich auf die politischen Verhältnisse in Berlin reagierten. Dabei ist offensichtlich überschätzt worden, welche Bedeutung die politische Konstellation in Berlin für US-Amerikanerinnen und -Amerikaner hat. Die deutschen Medien waren erstaunt darüber, dass mir hochkarätige Wirtschaftsgespräche in Kanada und den USA gelangen. Sie konnten nicht wissen, dass schon mein Vater in DDR-Zeiten gute Verbindungen in die USA hatte, insbesondere seit seiner Teilnahme am »National Prayer Breakfast« zur Eröffnung der Session des amerikanischen Repräsentantenhauses und Senats. Seit 1990 war ich mehrfach in den USA gewesen. Ich habe dort Freunde und Bekannte, die mir helfen, auch wenn es darum geht, mit Persönlichkeiten aus Politik und Wirtschaft zusammenzutreffen. Botschafter Holbrooke war eine wichtige Hilfe für mich. Auf jeden Fall konnte ich das Bild revidieren, wonach mich hohe Wirtschaftsvertreterinnen und -vertreter in anderen Ländern gar nicht empfingen oder nicht bereit seien, mit mir über Investitionen in Berlin zu sprechen.

Für die mich begleitenden Medienvertreter war eine Aids-Galaveranstaltung von besonderem Interesse. Dort konnten sie Fotos von mir in einem kurzen Gespräch mit Naomi Campbell und mit zwei Riesen von der amerikanischen Basketballliga NBA schießen. Es handelte sich um Patrick Ewing und Dikembe Mutambo. Beide messen über 2,10 Meter. Obwohl ich es gewohnt bin, mit Leuten zu tun zu haben, die größer sind als ich, kam ich mir ihnen gegenüber doch verloren vor. Auf dem Foto sieht es so aus, als säße ich, während sie stehen. In Wirklichkeit stand aber auch ich. Klaus Wowereit konnte ich mit den Fotos eine große Freude machen, da er ohnehin gern über meine Größe spottete. Zwar lege ich einen gewissen Wert auf den Unterschied von Länge und Größe, aber das hilft mir in solchen Situationen auch nicht weiter. Am interessantesten in politischer Hinsicht war während des Empfangs ein längerer Gedankenaustausch mit dem UN-Generalsekretär Kofi Annan. Wir sprachen vor allem über die Situation im Nahen Osten, und er war ähnlich pessimistisch wie ich.

In einem Gespräch mit dem Vizepräsidenten von Coca-Cola ging es nicht nur um die Verlagerung der deutschen Zentrale nach Berlin, sondern auch um ein künftiges Engagement von Coca-Cola im Freizeit- und Erholungspark Berlin-Wuhlheide. Diese Einrichtung stammt aus der DDR und gilt als die beste Kinderfreizeiteinrichtung Europas. Die Zuschüsse Berlins müssen jährlich reduziert werden, so dass in absehbarer Zeit eine Schließung drohen könnte. Der Erholungspark hat jährlich eine Million Besucherinnen und Besucher aus allen sozialen Schichten. Deshalb versuchte ich, Coca-Cola als Sponsor zu gewinnen, was zumindest teilweise gelang. Bei einer späteren Basiskonferenz der PDS brachte mir dies Kritik ein, weil einige meinten, man dürfe aus ideologischen Gründen Coca-Cola nicht für eine Sponsorentätigkeit gewinnen. Dazu hatte und habe ich eine gänzlich andere Auffassung. Wenn der Staat sich nicht mehr in der Lage sieht, eine solche Einrichtung ausreichend zu finanzieren, ist mir jeder private Sponsor willkommen, weil die Alternative darin bestünde, sie den Kindern zu entziehen.

Im Mai – kurz vor meiner Abreise – besuchte der amerikanische Präsident George W. Bush Deutschland. Gerade zu dieser Zeit wollte Klaus Wowereit dienstlich in Australien sein. Die Medien malten ein Schreckensbild, was geschähe, wenn ich bei diesem Anlass den Regierenden Bürgermeister verträte, da Karin Schubert wegen Krankheit ausfiel. Dabei spielte zusätzlich der Umstand eine Rolle, dass die PDS für den Vorabend des Besuchs zu einer Demonstration gegen die amerikanische Kriegspolitik aufgerufen hatte. Tagelang war in den Zeitungen die Rede davon, dass es zu gewalttätigen Auseinandersetzungen kommen könnte. Manchmal habe ich den Eindruck, dass solche Auseinandersetzungen geradezu herbeigeschrieben werden. Außerdem machten die Medien und der Koalitionspartner SPD die Frage der Teilnahme der drei PDS-Regierungsmitglieder an dieser Demonstration zu einem Politikum ersten Ranges. Zu einem früheren Zeitpunkt hatte ich bereits mitgeteilt, dass ich aus terminlichen Gründen ohnehin nicht an der Demonstration teilnehmen könnte. Thomas Flierl hatte sich nicht geäußert, aber Heidi Knake-Werner hatte ihre Teilnahme zugesichert. Sowohl für die PDS als auch für ihre politische Konkurrenz wurde unsere Teilnahme plötzlich zu der entscheidenden Frage. Die SPD-Vertreter in der Koalition reagierten ziemlich allergisch. Sie hatten diese Koalition gegen den Willen von Gerhard Schröder gebildet und wollten keine weitere Auseinandersetzung. Hinzu kam, dass im Mai die Verhandlungen mit der Bundesregierung über Zuwendungen an die Stadt Berlin stattfinden sollten. Zunächst forderte die SPD von uns, dafür zu sorgen, dass die PDS überhaupt davon Abstand nehme, zu dieser Demonstration aufzurufen. Das haben wir zurückgewiesen, aber uns darauf verständigt, dass die Regierungsmitglieder selbst nicht teilnähmen. Für Heide Knake-Werner war dies ein schwer zu tragender Kompromiss, zumal sie aus den eigenen Reihen die meisten Vorwürfe dafür erntete. Klaus Wowereit hat sich dann entschieden, seine Reise nach Australien abzukürzen und in der Stadt zu bleiben. Da die Demonstration selbst friedlich verlief, löste sich alles wieder in Wohlgefallen auf. Es war aber von großer symbolischer Bedeutung, dass ich kurz danach in die USA reiste und dort Gespräche mit hochrangigen Persönlichkeiten führen konnte.

Als Senator war ich nicht nur für Wirtschaftspolitik zuständig, sondern auch für Ausbildungs- und Arbeitsmarktpolitik. Mein Versprechen, dass alle Schulabgängerinnen und Schulabgänger, die willens und in der Lage seien, ausgebildet zu werden, auch einen Ausbildungsplatz erhielten, war bis zu meinem Rücktritt noch nicht erfüllt. Schwierigkeiten sind auch für das Jahr 2003 zu befürchten. Erst danach verlassen die geburtenschwachen Jahrgänge die Schule. Dann sehe ich kommen, dass sich Unternehmen um Lehrlinge bewerben und nicht umgekehrt. Unternehmerinnen und Unternehmer, die zukunftsorientiert denken, bilden schon jetzt zusätzlich aus.

Beim jährlichen Kampf um eine ausreichende Zahl von Ausbildungsplätzen ist mir bewusst geworden, welche Errungenschaft die Schulpflicht darstellt. Ich stelle mir vor, es gäbe sie nicht und nur die Hälfte der Kinder besuchte eine Schule. Schlüge dann jemand wie ich in der gegenwärtigen Situation vor, auch die andere Hälfte der Kinder zum Schulbesuch zu verpflichten, hielte man ihm vor, dass die Umsetzung seines Vorschlags nicht finanzierbar sei. Nun ist aber der allgemeine Schulbesuch seit Jahrzehnten eine solche Selbstverständlichkeit, dass in unserer Gesellschaft nicht über das »Ob«, sondern ausschließlich über das »Wie« diskutiert wird. Ich wünschte mir, dass in besseren Zeiten im Grundgesetz ein Grundrecht auf Ausbildung nach dem Schulbesuch festgeschrieben worden wäre. Dann würde ebenfalls nur noch über das »Wie«, nicht aber über das »Ob« diskutiert werden. Dann wäre auch jeder Landesregierung und jeder Bundesregierung klar, dass fehlende Ausbildungsplätze zu schaffen und zu finanzieren sind, und man brauchte um diese Frage nicht lange Kämpfe zu führen, wie das heute noch der Fall ist. Sollten wieder einmal bessere Zeiten kommen, müsste um die Festschreibung eines solchen Grundrechts massiv gerungen werden.

Im Zusammenhang mit Arbeitsbeschaffungsmaßnahmen trat eine weitere Problematik in Berlin auf. Berlin gilt der Bundesregierung als neues, der Europäischen Union als altes Bundesland. Die EU hat in Berlin verschiedene Förderstufen festgelegt. Der Ostteil gehört zur Förderstufe 1, der Westteil zur Förderstufe 2, was bedeutet, dass Mittel aus dem europäischen Sozialfonds für

Arbeitsbeschaffungsmaßnahmen im Ostteil des Landes nicht kofinanziert zu werden brauchen, während sich das Land im Westteil mit zehn Prozent beteiligen muss. Das verführt dazu, überwiegend Arbeitsbeschaffungsmaßnahmen im Ostteil der Stadt durchzuführen. Inzwischen gibt es aber im Westteil der Stadt mehr Arbeitslose als im Ostteil. Es hätte also eine Verschiebung zugunsten des Westteils stattfinden müssen, nur wäre eine solche Verschiebung nicht finanzierbar gewesen. Es war und ist zwar ungerecht, aber aus finanziellen Gründen musste ich die Verteilung zwischen Ost und West so belassen, wie sie bis dahin war. Die Mühlen in Brüssel mahlen langsam, aber irgendwann wird es erforderlich sein, für Berlin eine einheitliche Förderstufe festzulegen, wobei nach dem Beitritt Osteuropas ohnehin die Gefahr besteht, dass die strukturschwachen Regionen Deutschlands keine Förderstufe nach europäischem Recht mehr erreichen.

In der Gleichstellungspolitik ist es mir gelungen, den Senat davon zu überzeugen, dass Berlin eine vorbildliche Rolle bei der Einführung des so genannten *gender mainstreaming* spielen sollte. Es geht um die wirkliche Chancengleichheit von Frauen, darum, nicht nur Familie und Erwerbsarbeit, sondern auch Familie und Karriere miteinander verbinden zu können. Eigentlich muss jede Rechtsvorschrift, jeder Verwaltungsakt daraufhin überprüft werden, welche spezifischen Folgen sich daraus für die Gleichstellung von Frauen in der Gesellschaft ergeben. Das geht nicht ohne eine Verwaltungsstelle, die dies organisiert und konsequent durchsetzt. Andererseits muss Berlin Personal abbauen. Dennoch ist es mir gelungen, aus dem vorhandenen Personal eine solche Verwaltungsstelle in Berlin zu etablieren.

Öffentlich trat ich zum ersten Mal am 8. März als »Frauensenator« auf. Es wurde ein Frauenpreis für Berlin vergeben, wobei bis zum letzten Moment unklar war, woher das Geld für den Preis kommen sollte. Es ging zwar nur um einen geringen Betrag, aber er war zunächst nicht aufzutreiben. Schließlich konnte ich ihn aus Mitteln der Senatskanzlei finanzieren. Mit meiner Rede, die ich zu diesem Anlass hielt, habe ich viele Akteurinnen dazu gebracht, in mir einen Partner für Gleichstellungspolitik zu sehen. Das war wichtig, denn viele waren mir gegenüber zunächst skeptisch. Im Laufe der Zeit habe ich mehrere Initiativen besucht und wurde mit Schatten- und Sonnenseiten konfrontiert. Beispielsweise besuchte ich ein Frauenhaus, in dem ich mit Frauen zusammentraf, die von ihren Männern geschlagen und vergewaltigt worden und deren Kinder ebenso wenig verschont geblieben waren. Wir konnten diese Einrichtungen nicht nur aufrechterhalten, sondern auch die rechtliche Stellung der betroffenen Frauen verbessern. Bei der Berliner Polizei gibt es Beauftragte, die die Sensibilität der Polizei für solche Straftaten erhöht haben. Wir erweiterten die Möglichkeiten, den gewalttätigen Männern das Betreten der Wohnung ihrer Opfer zu verbieten. Schon vor meiner Zeit war die Umkehrung eines früheren Prinzips gelungen: Nicht die Frauen mit den Kindern sollen die Wohnung verlassen, sondern die gewalttätigen Männer. Das setzt sich Schritt für Schritt in Berlin durch, und die Gerichte reagieren immer schneller und konsequenter. Solche Dinge lassen sich ohne Geld regeln, sie sind eine Frage der Einstellung. Auf der anderen Seite besuchte ich aber auch den Verband »Weiberwirtschaft«, in dem verschiedene Unternehmen zusammengeschlossen sind, die ausschließlich von Frauen geleitet werden. Sie arbeiten zusammen und sind auf dem Markt erfolgreich. Mir fiel anhand einer Statistik auf, dass Frauen prozentual in sehr viel geringerem Maße Insolvenzanträge stellen als Männer. Dafür gibt es offenkundig mehrere Ursachen. Frauen zögern viel länger, bis sie sich selbständig machen. Wenn sie es aber tun, sind sie besser vorbereitet. Frauen genieren sich auch nicht, Hilfe in Anspruch zu nehmen, wenn ihr Unternehmen zu schwächeln beginnt. Männer tendieren eher dazu, Misserfolge im Unternehmen zu leugnen und so lange zu vertuschen, bis es zu spät ist.

Immer wenn es im Senat um Fragen der Gleichstellung der Geschlechter ging, stellte ich fest, dass ich andere Verhaltensweisen an den Tag legen musste als bei der Klärung wirtschafts- oder arbeitsmarktpolitischer Fragen. In letzteren Fällen gelang es mir häufig mit logischen Argumenten, etwas durchzusetzen. Eine derartige Rationalität habe ich bei gleichstellungspolitischen Fragen nicht erlebt. Als ich zum Beispiel Mittel zugunsten des Frauenhaushalts freigeschaufelt hatte, diese mir aber nicht zugebilligt werden sollten, half kein logisches Argument. Erst als ich ausgesprochen »zickig« reagierte, konnte ich mich wenigstens partiell durchsetzen. Da ich dies auch zu anderen Gelegenheiten erlebte, erzählte ich meiner Frauenabteilungsleiterin davon. Zum Abschied schenkte sie mir eine kleine Ziege aus Holz und meinte, ich hätte während meiner Zeit als Senator in feministischen Fragen enorm dazugelernt. Beeindruckt hat mich ihre Erklärung, ich hätte ja nun selbst die Erfahrung gemacht, dass man in gleichstellungspolitischen Fragen nur dann wirksam vorankäme, wenn man sich – insbesondere gegenüber Männern –, wie ich es ausgedrückt hätte, »zickig« verhielte. Vielleicht hätte ich ja dadurch verstanden, weshalb Frauen bei der Durchsetzung ihrer Ansprüche häufig anders argumentierten und handelten als Männer bei »ihren« Themen. Ihre Erklärung machte mich besonders nachdenklich, und ich glaube, dadurch besser verstanden zu haben, was ich bis dahin höchstens intuitiv erfasst hatte.

Zwei Landesministerkonferenzen sind mir in besonderer Erinnerung geblieben, eine Wirtschaftsminister- und eine Frauenministerkonferenz. Ab 1. Januar 2003 wäre ich Vorsitzender der Wirtschaftsministerkonferenz der Bundesrepublik Deutschland gewesen. Ich war schon dazu gewählt, denn Berlin übt zwei Jahre lang den Vorsitz aus. Ich bedaure durchaus, dass es dazu nicht mehr gekommen ist, denn es wäre schon eine beachtliche Symbolik gewesen, wenn gerade ich Vorsitzender der Wirtschaftsministerkonferenz Deutschlands geworden wäre. Nun übt mein Nachfolger Harald Wolf diese Funktion aus, und dadurch bleibt es dabei, dass sie einem PDS-Wirtschaftssenator zufällt.

Auf solchen Konferenzen wird nicht nur beraten, sondern es gibt auch ein gemeinsames Essen und den gemeinsamen Besuch einer kulturellen Veranstaltung. Hier will sich natürlich kein Land lumpen lassen, und so hatte ich mir schon einiges überlegt, was ich den Wirtschaftsministern der anderen Bundesländer in Berlin bieten könnte. Für mich war bemerkenswert, dass mich der den Minister vertretenden Staatssekretär aus Bayern bat, irgendetwas im Szenemilieu vom Prenzlauer Berg oder in Kreuzberg zu organisieren. Auch wenn er wahrscheinlich von beiden Bezirken nur die Bilder der Schlachten vom 1. Mai kennt, wirken diese offenkundig nicht nur abstoßend, sondern auch anziehend. In Berlin will man eben etwas erleben, und ich bin sicher, mir wäre auch etwas eingefallen.

Neben den Bereichen, für die ich zuständig war, hatte ich natürlich weitere Politikfelder zu bearbeiten, weil ich als der entscheidende Repräsentant der PDS in der Koalition galt. So musste ich an den Verhandlungen mit den Gewerkschaften und dem Beamtenbund über den Abschluss eines Solidarpaktes ebenso teilnehmen wie an Verhandlungen zur Fusion des Ostdeutschen Rundfunks Brandenburg und des Senders Freies Berlin. Das erforderte regelmäßig völlig eigenständige Vorbereitungen, die nicht aus meiner Verwaltung kommen konnten. Hier war ich auf die Senatskanzlei angewiesen.

Die Fusion der beiden Landesrundfunkanstalten ist durchgeführt, der Solidarpakt kam erst im Sommer 2003 zustande. Wäre dies früher gelungen, wäre Berlin im Arbeitgeberverband verblieben. Immer wieder habe ich mit Susanne Stumpenhusen über die Problematik gesprochen, auch mit dem DGB-Landesvorsitzenden für Berlin und Brandenburg, Dieter Scholz, und seinem Stellvertreter. Es ist für eine Gewerkschaft nicht leicht, auf eine auszuhandelnde bundesweit geltende Lohnerhöhung zu verzichten. Aber andererseits war von vornherein klar, dass Berlin eine solche Steigerung nicht verkraftet. Das Angebot des Senats, die Lohnsteigerung in Arbeitszeitverkürzung umzuwandeln und für mehrere Jahre auf betriebsbedingte Kündigungen zu verzichten, fand ich fair und der Situation Berlins angemessen. Ver.di hatte sich darauf zunächst nicht eingelassen, so dass Berlin nach meinem Rücktritt aus dem Arbeitgeberverband austrat. Also mussten der Berliner Senat und ver.di einen eigenen Tarifvertrag abschließen. Dabei ist nun das herausgekommen, was schon ursprünglich vom Senat angeboten wurde. Der Bundestarif wurde übernommen, aber durch Arbeitszeitverkürzung ohne Lohnausgleich kompensiert. Auf betriebsbedingte Kündigungen wird dafür bis zum Jahr 2009 verzichtet. Unabhängig von der gegenwärtigen Situation müssen SPD und PDS das Ziel verfolgen, so schnell wie möglich Voraussetzungen zu schaffen, damit Berlin wieder Mitglied des Arbeitgeberverbandes werden kann. Denn so mutig und notwendig der Schritt der Berliner Koalition beim Austritt aus dem Arbeitgeberverband war, so schädlich wäre es, wenn gerade an diesen Parteien der Makel hängen bliebe, den Flächentarifvertrag erheblich gefährdet zu haben.

In vielen Briefen, die mich erreichten, ging es auch um Kultureinrichtungen in Berlin, vor allem um die Theater, Opern, Kunsthochschulen und um Wissenschaftseinrichtungen. Ich wollte mich vor keiner dieser Fragen drücken und habe mich auch regelmäßig damit beschäftigt. Dies hing nicht nur mit meiner Rolle als Repräsentant der PDS in der Landesregierung und als Bürgermeister zusammen, sondern auch damit, dass Wissenschaft und Kultur wichtige Voraussetzungen für eine erfolgreiche Wirtschaftspolitik in Berlin sind.

Es ging aber auch um Fragen wie den Beschluss zum Zuwanderungsgesetz im Bundesrat. Die PDS hatte im Bundestag den Gesetzentwurf abgelehnt, wenn auch aus ganz anderen Gründen als die CDU/CSU-Fraktion. Uns waren die Rechte der Emigrantinnen und Emigranten zu gering ausgefallen, wir fürchteten zum Teil sogar eine Verschlechterung der Situation der Betroffenen. Mit dieser Auffassung stand die PDS keineswegs allein. Der gesamte Gesetzentwurf war ja schon ein Kompromiss innerhalb der SPD, zwischen SPD und Grünen und der FDP. Ohne die Stimmen aus Berlin und Mecklenburg-Vorpommern gab es aber nicht die geringste Chance, eine Mehrheit im Bundesrat zu erhalten. Edmund Stoiber hatte die CDU-Landesregierungen auf ein Nein eingeschworen, das galt auch für die CDU als Koalitionspartnerin der SPD in Brandenburg und Bremen. Otto Schily weigerte sich aus politisch-ideologischen Gründen, mit den Vertretern der PDS-Bundestagsfraktion auch nur zu verhandeln. Im Bundestag brauchte er die PDS nicht. Auch als die Sache im Bundesrat zu scheitern drohte, wollte er nicht über seinen Schatten springen. So ist das nicht selten mit ehemaligen Linken, wenn sie ihre Position neu bestimmt haben. Anders verhielt sich Gerhard Schröder, nicht nur weil er in dieser Hinsicht souveräner ist, sondern auch, weil ihm im Wahlkampf der Erfolg im Bundesrat äußerst wichtig erschien. Also trafen sich Klaus Wowereit, Harald Ringstorff, Helmut Holter und ich bei Gerhard Schröder, um über verschiedene Aspekte des Zuwanderungsgesetzes zu sprechen. Insbesondere ging es uns um das Nachzugsalter von Kindern und das Asylrecht für geschlechtsspezifisch Verfolgte. Die Situation war für Helmut Holter und mich nicht einfach. Auf der einen Seite wollten und konnten wir die PDS-Positionen nicht negieren. Auf der anderen Seite wollte ich aber auch nicht mit der CDU/CSU in einem Boot sitzen, wenn es darum ging, diesen Gesetzentwurf zu Fall zu bringen, zumal er bei vielen gesellschaftlichen Kräften auch auf Zustimmung stieß. Mir war deshalb klar, dass wir letztlich zustimmen müssten, und die Fraktionen in Mecklenburg-Vorpommern und Berlin ließen dem jeweiligen Stimmführer der PDS auch freie Hand. Eines war bei dem Gespräch auch den SPD-Vertretern klar: Eine Wiederholung des Verhaltens von Harald Ringstorff, der dem Begleitgesetz zur Rentenreform gegen den Willen des PDS-Koalitionspartners zugestimmt hatte, hätte diesmal zum Bruch der Koalition geführt. Eine Einigung musste also erreicht werden. Als die Atmosphäre bei diesem Gespräch etwas gespannt war, versuchte ich sie aufzulockern. Ich erklärte Gerhard Schröder, dass Klaus Wowereit und ich ihm jede Show im Wahlkampf stehlen könnten. Er fragte verwundert nach, wie wir dies denn anstellen könnten. Ich erklärte ihm, dass wir nur die neuen gesetzlichen Bestimmungen zu nutzen brauchten. Schließlich könnten wir beide ja »heiraten« und anschließend in die Flitterwochen fahren. Ich garantierte ihm, dass wir ständige Medienbegleitung hätten und ihn von der Seite eins in der Boulevardpresse verdrängten. Am meisten amüsierte sich Klaus Wowereit über diese Idee, aber auch Gerhard Schröder war sofort wieder lockerer. Harald Ringstorff muss das Ganze in seiner Fantasie durchgespielt haben, denn zu einem etwas späteren Zeitpunkt fing er immer wieder von neuem zu lachen an. Gern wüsste ich, was er sich dabei im Einzelnen vorgestellt hatte. Irgendetwas in Richtung Kirche, Blumenmädchen etc. wird es wohl gewesen sein. Übrigens wäre ein solcher Vorgang theoretisch tatsächlich denkbar, obwohl ich verheiratet bin. Denn in dem betreffenden Gesetz ist nicht geregelt, dass gleichgeschlechtliche Partnerinnen bzw. Partner unverheiratet sein müssen. Entweder ist dies einfach vergessen worden, oder aber man wollte dadurch den Eindruck einer Ähnlichkeit mit dem Rechtsinstitut der Ehe vermeiden. In der Praxis wird das aber kaum eine Rolle spielen.

Die Mühe war allerdings insgesamt vergeblich, denn in der Bundesratssitzung kam nur durch eine zweifelhafte Zustimmung des damaligen brandenburgischen Ministerpräsidenten Manfred Stolpe gegen den Willen seines CDU-Koalitionspartners eine Mehrheit für das Zuwanderungsgesetz zustande. Das Gesetz hatte deshalb vor dem Bundesverfassungsgericht keinen Bestand. Eine Mehrheit der Richterinnen und Richter entschied, dass die Zustimmung des Landes Brandenburg unwirksam war, weil Manfred Stolpe und der CDU-Innenminister Jörg Schönbohm unterschiedliche Voten für Brandenburg abgegeben hatten. Welcher Kompromiss nun zwischen SPD, Grünen, CDU/CSU und FDP ausgehandelt wird, ist noch völlig offen. Ich glaube nicht, dass ein Entwurf zustande kommen wird, dem die PDS zustimmen könnte. Bei der nächsten Abstimmung werden sich daher Mecklenburg-Vorpommern und Berlin wohl der Stimme enthalten, was aber bedeutungslos wäre, wenn CDU-, CSU- und SPD-geführte Länder gemeinsam abstimmten.

Wie schon im Wahlkampf beschäftigte mich auch in meiner Amtszeit die Frage der Stellung Berlins in Deutschland. Mir wurde von Woche zu Woche deutlicher, dass die Probleme der Stadt nicht gelöst werden können, wenn es in der Gesellschaft keine höhere Akzeptanz für sie gibt. Dabei müsste herausgearbeitet werden, dass eine Hauptstadt den Föderalismus nicht gefährdet, sondern ergänzt. Ebenso müsste für die Einstellung gerungen werden, dass von einer funktionierenden Hauptstadt Menschen in anderen Regionen profitierten. Würden Wissenschaft, Forschung, Kultur, Wirtschaft und Politik in Berlin vorangetrieben, zöge dies andere Regionen nicht nach unten, sondern nach oben. Für den Tourismus im ganzen Land ist es wichtig, die Anziehungskraft der Hauptstadt zu erhöhen. Für all das gibt es aber wenig Verständnis, und deshalb war und bin ich der Auffassung, dass eine hochkarätig zusammengesetzte Hauptstadtkommission solche Fragen öffentlichkeitswirksam diskutieren sollte. Durch sie ließen sich auch Fragen der Finanzierung von Kultur, Wissenschaft und Forschung in Berlin leichter klären, als das heute der Fall ist. In Umkehrung eines Satzes von Karl Marx muss hier erst das Bewusstsein geschaffen werden, damit sich das Sein ändern kann. Das Treffen bei Gerhard Schröder nutzte ich, um diese Frage anzusprechen. Er war durchaus angetan und bereit, die Kommission selbst zu berufen. Mein Vorschlag lief darauf hinaus, den Bundespräsidenten Johannes Rau darum zu bitten. Später muss er sich dieser Idee angeschlossen haben, denn genau dies verkündete er öffentlich nach einer gemeinsamen Sitzung von Bundesregierung und Senat. Allerdings muss er vergessen haben, den Bundespräsidenten vorher zu fragen, so dass dieser wiederum pikiert war, davon aus der Zeitung zu erfahren. Nach meinem Rücktritt konnte ich noch einen Gesprächstermin bei Bundespräsident Johannes Rau wahrnehmen, der schon vorher verabredet worden war. Ich nutzte die Gelegenheit und versuchte, ihn für die Einberufung einer solchen Kommission zu gewinnen. Er erzählte mir von den Unstimmigkeiten, die es diesbezüglich gegeben hatte. Er wollte aber noch einmal über den Vorschlag nachdenken.

Das Arbeitspensum als Bürgermeister und Senator war also enorm. Aber Schritt für Schritt hatte ich mich so eingearbeitet, dass ich Dinge immer zügiger erledigen konnte. Ich hatte vieles in Gang gesetzt und war ehrgeizig genug, dies nun auch Schritt für Schritt umsetzen zu wollen. Trotz der Einsparmaßnahmen in Berlin und der desolaten Finanzsituation konnten sich weder Klaus Wowereit noch ich über mangelnde Zustimmung in der Bevölkerung beklagen. Bei allen Umfragen bekam er den höchsten und ich den zweithöchsten Beliebtheitswert. Ich war zwar zeitlich etwas überfordert, aber nicht unzufrieden mit meinem Job und mit mir. Ich hatte mir auch ausgerechnet, dass die Legislaturperiode von fünf Jahren genau die richtige Zeitspanne wäre, um bestimmte Ziele zu erreichen. Ich freute mich im Juli, endlich meinen Urlaub antreten zu können, denn urlaubsreif war ich tatsächlich. Aber ich freute mich auch schon auf die Fortsetzung meiner Tätigkeit nach dem Urlaub. Zunächst hätte ich nicht nur den Regierenden Bürgermeister, sondern noch vier weitere Senatoren wegen Urlaubs vertreten, darunter auch den Finanzsenator. Ich hatte mir schon überlegt, welche Zustimmungen ich mir als amtierender Finanzsenator erteilen würde, um mir meine Politik zu erleichtern. Das hätte ich natürlich nicht ernsthaft getan, aber es machte Spaß, sich solche Dinge wenigstens auszudenken. Außerdem wusste ich, dass bald die Standortentscheidungen von Coca-Cola, vom Volkswagenwerk und von MTV öffentlich gemacht werden könnten. Ich war gespannt, wie jene Medien darauf reagieren würden, die meinten, dass mit mir als Wirtschaftssenator so etwas ausgeschlossen wäre. Aber in meinen Urlaub platzte dann die so genannte Bonusmeilenaffäre, und so nahm alles, was ich begonnen hatte, ein jähes Ende. Nur wundere ich mich im Nachhinein, wie der Eindruck entstehen konnte, dass ich nur auf einen Anlass gewartet hätte, um den Job an den Nagel zu hängen. In Wirklichkeit war ich gerade zu diesem Zeitpunkt eher ehrgeizig und tatendurstig als amtsmüde.

## 5. Kapitel
# Der Rücktritt und die Zeit danach

Während des Urlaubs hatte ich nur am Rande mitbekommen, dass der damalige Bundesverteidigungsminister Rudolf Scharping mit dem Unternehmensberater Moritz Hunzinger finanziell eng verknüpft gewesen sein soll. Es gab dazu einen langen Bericht im »stern«. Anschließend hörte ich, dass auch der damalige Bundestagsabgeordnete von Bündnis 90/Die Grünen Čem Özdemir ein Darlehen von Moritz Hunzinger erhalten haben sollte, und zwar zu extrem günstigen Bedingungen. Ich verstand nicht, wie sich Politiker in solche Abhängigkeiten begeben können. Mir war klar, dass Rudolf Scharping diesen weiteren Skandal politisch nicht überleben würde, und tatsächlich nutzte Gerhard Schröder die Chance, ihn aus dem Amt zu entfernen. Cem Özdemir erklärte, als Konsequenz nicht erneut in den Bundestag einziehen zu wollen. Dass gegen ihn auch noch der Vorwurf erhoben wurde, dienstlich erworbene Bonusmeilen privat genutzt zu haben, bekam ich nicht mit. Eines Sonntags erhielt ich ein Fax mit Fragen der »Bild«-Zeitung zu meiner Nutzung von Bonusmeilen. Es traf mich völlig unvorbereitet, und ich musste erst den Sachverhalt rekapitulieren.

Der Bundestag finanziert die Dienstflüge seiner Abgeordneten. Dabei entstehen so genannte Bonusmeilen, mit denen dann Flüge kostenlos absolviert werden können. In langen Verhandlungen hatte der Bundestag versucht, die Lufthansa davon zu überzeugen, dass sie dem Bundestag diese Bonusmeilen gutschreibe. Darauf hat sie sich nicht eingelassen. Sie rechnete die Bonusmeilen den einzelnen Abgeordneten zu und begründete dies damit, dass nicht der Bundestag, sondern die Abgeordneten entscheiden, welche Fluglinie sie nutzen, und wenn sie die Lufthansa wählen, sollten ihnen die Bonusmeilen auch zugute kommen. Ich wusste nur, dass es um diese Frage jahrelang Streit gegeben hatte. Ich selbst hatte bis zum Sommer 2000 niemals eine einzige Bonusmeile genutzt. In dieser Zeit begann für mich ein neuer Lebensabschnitt, denn ich hatte mich entschieden, nicht wieder für den Fraktionsvorsitz zu kandidieren. Nur so kann ich mir im Nachhinein erklären, dass ich in dieser Hinsicht leichtfertig wurde und einen Fehler beging, nicht juristisch, aber politisch-moralisch.

Irgendwann bekam ich wieder eine solche Abrechnung von Bonusmeilen, und zufällig war eine Abgeordnetenkollegin in meinem Zimmer. Ich fragte sie, was man nun eigentlich mit diesen Bonusmeilen mache, und sie erklärte mir, es sei inzwischen erlaubt, sie privat zu nutzen, eben weil sich die Lufthansa mit ihrer Auffassung durchgesetzt hätte. Zu meiner Zeit als aktiver Fraktionsvorsitzender und auch später als Senator hätten meine Antennen mit Sicherheit funktioniert. Ich hätte die Frage schon wegen der Verantwortung für andere über die Verwaltung des Bundestages klären lassen und anschließend alle davor gewarnt, diese Meilen privat zu nutzen. Aber meine Antennen haben zu diesem Zeitpunkt nicht funktioniert. Irgendwie fand ich die Erklärung einleuchtend und war viel zu schnell bereit, dieser Fehlinformation zu glauben. Im Anschluss daran habe ich Bonusmeilen privat genutzt, zwar auch solche, die ich durch Privatflüge erworben hatte, die mir also ohnehin – auch politisch-moralisch – zustanden. Aber die meisten waren durch Dienstflüge entstanden. Als mich die Fragen erreichten, glaubte ich noch, die Information, die ich zwei Jahre zuvor erhalten hatte, sei zutreffend. Dies habe ich dann auch in einer Presseerklärung zum Ausdruck gebracht, gleichzeitig aber meine Bereitschaft signalisiert, den Betrag zurückzuzahlen, wenn damit irgendetwas nicht in Ordnung sein sollte. Ich bat dann Roland Claus, mich über die für Bundestagsabgeordnete geltende Regelung aufzuklären. Als er mir die entsprechenden Unterlagen an meinen Urlaubsort sandte, wurde mir klar, dass ich auf jeden Fall gegen einen Beschluss des Ältestenrates des Bundestages verstoßen hatte und dass ich im Übrigen hunderte Male auf Vordrucken unterzeichnet hatte, die Bonusmeilen nicht privat zu nutzen. Es klingt zwar nicht glaubwürdig, aber ich hatte die Vordrucke nie gelesen, ich musste sie nur zur Abrechnung der Flugtickets unterzeichnen. Ich erfuhr auch, dass entgegen meiner Annahme Bonusmeilen bei Bundestagsabgeordneten nicht verfielen. Mir war sofort klar, dass ich nicht nur einen schwerwiegenden Fehler begangen hatte, sondern diesen auch nicht ausreichend erklären könnte, zumindest nicht auf glaubwürdige Weise. Etwas, das man sich selbst nicht erklären kann, kann man auch nach außen schlecht vertreten, und es verlangt Konsequenzen. Mir war andererseits klar, dass es sich um eine Kampagne der »Bild« gegen Abgeordnete von SPD, Bündnis 90/Die Grünen und PDS handelte, während Abgeordnete von FDP, CDU und CSU in der Zeitung verschont blieben. Das entsprach mit Sicherheit nicht den realen Gegebenheiten, zeigte aber, in welche Richtung die Kampagne zielte. Kampagne hin oder her, nicht die »Bild«-Zeitung hatte den Fehler begangen, sondern ich. Ihn einzuräumen und das Geld zum Beispiel zu spenden, war eine Selbstverständlichkeit. Gerade wegen meines Angebots, das Geld an Amnesty International zu überweisen, bekam ich später allerdings viele böse Briefe, in denen darauf hingewiesen wurde, dass es sich schließlich um Geld der Steuerzahlerinnen und Steuerzahler handle und ich es deshalb dem Bundestag zur Verfügung zu stellen hätte. Dies sah ich ein und habe es dann auch so gemacht. Wenn im Übrigen der Verdacht von Untreue oder sogar Betrug geäußert wurde, so war dies von Anfang an abwegig, denn juristisch waren die Bonusmeilen mir und nicht dem Bundestag gutgeschrieben, und deshalb lag hier kein Rechtsfehler vor. Sie waren auch von der Lufthansa versteuert worden.

Das Eingestehen eines Fehlers und die Überweisung eines Betrages an den Bundestag waren jedoch keine ausreichenden Konsequenzen. Die Frage war nun, was ich tun sollte. Vielleicht hätte ich mich anders entschieden, wenn ich zu dieser Zeit nicht im Urlaub, sondern im Dienst gewesen wäre. Die vielen Termine, das Arbeitspensum hätten mich am vielen Nachdenken gehindert. So aber konnte ich den ganzen Tag grübeln, worin nun die richtige Konsequenz bestehen könnte. Natürlich habe ich mich auch beraten, mehr mit meiner Frau, meinem Sohn und mit Freunden als mit meinen politischen Mitstreiterinnen und Mitstreitern. Ich ahnte ja, wer wollte, dass ich bliebe, und wer nicht. Es gibt bekanntlich in der Politik, abgesehen von schweren Straftaten, keine objektiven Kriterien für einen Rücktritt. Sie hängen mit dem Image der jeweiligen Politikerin bzw. des jeweiligen Politikers zusammen. Franz Josef Strauß konnte sich immer ganz andere Dinge erlauben als etwa Wolfgang Schäuble. Das Image von Franz Josef Strauß bestand nie darin, besonders korrekt zu sein, das Image von Wolfgang Schäuble schon. Deshalb waren für ihn eine Bargeldspende von hunderttausend Mark und eine nicht korrekte Antwort im Bundestag verhängnisvoll. Beides hätte bei Franz Josef Strauß eher als typisch gegolten und sein Image kaum beschädigt. Bei Fehlern im politisch-moralischen Bereich müssen Politikerinnen und Politiker gehen, wenn sie dadurch ihr Image erheblich beeinträchtigt haben.

Ich dachte an jene, die mich in meinem Wahlkreis Berlin-Marzahn-Hellersdorf regelmäßig in den Bundestag gewählt hatten.

Die meisten von ihnen werden in ihrem gesamten Leben nicht einmal in die Nähe einer Bonusmeile geraten. Jene, die mich und die PDS wählen, haben an mir geschätzt, dass ich materiell unabhängig bin, als unkäuflich gelte, was ja auch stimmt. Zu diesem Ruf passte die Bonusmeilenaffäre nicht. Meine Wählerschaft war mir gegenüber übrigens wesentlich toleranter als gegenüber anderen PDS-Bundestagsabgeordneten. Niemand hat sich zum Beispiel darüber aufgeregt, dass ich einen Pilotenschein gemacht hatte und gelegentlich privat fliege. Ich glaube nicht, dass diejenigen, die politisch auf mich setzten, dies anderen PDS-Bundestagsabgeordneten gleichermaßen zugebilligt hätten. Das hängt damit zusammen, dass ich mich im Dezember 1989 für den politischen Weg entschieden hatte und viele von denen, die mich wählten, davon ausgingen, dass ich damals als Anwalt finanziell erfolgreicher hätte sein können. Aber hier war ich zu weit gegangen, und ich war davon überzeugt, dass gerade jene, die mich gewählt hatten, dafür kein Verständnis aufbringen würden.

Die Zeitungen berichteten in großer Aufmachung über den von mir eingeräumten Fehler. Wie immer in solchen Situationen meldete sich von der PDS Petra Pau schnell zu Wort, um von mir Aufklärung zu fordern und sich kritisch mit mir auseinander zu setzen. Auch in der Zeitung »Neues Deutschland« musste ich berechtigte Kritik entgegennehmen. Sibyll Klotz stellte wieder einmal fest, dass bei mir immer die anderen schuld seien, nur nicht ich selbst. Die Sprecherin des grünen Landesverbandes in Berlin, Regine Michalik, erklärte, Čem Özdemir habe im Gegensatz zu mir wenigstens »die richtigen Konsequenzen« gezogen. Dabei gab es natürlich zwischen Čem Özdemir und mir gravierende Unterschiede, denn ich hatte keine Kredite bei Moritz Hunzinger aufgenommen und mich also nicht in Abhängigkeit begeben. Die »Berliner Zeitung« kommentierte, dass ich mich künftig lächerlich machte, wenn ich eine Umverteilung von Reichtum in der Gesellschaft forderte. Ein schönes Beispiel für ideologisch gefärbte Berichterstattung bot die »B. Z.«. Am 30. Juli überschrieb sie ihren Kommentar: »Auch Gysi sollte gehen«. Am 31. Juli kommentierte ein Olaf Wedekind unter der Überschrift »Affäre Gysi:

Wowereit muss handeln«. Er erklärte, Wowereit könne sich in diesen wirtschaftlich schweren Zeiten »keinen Skandalsenator« leisten, und forderte meine Entlassung bzw. meinen Rücktritt. Das erwähne ich nur, um später zu zeigen, wie diese Zeitungen dann auf meinen tatsächlichen Rücktritt reagierten.

Den gesamten Montag und Dienstag verbrachte ich damit, über die notwendigen Konsequenzen nachzudenken. Schließlich habe ich mich für den Rücktritt entschieden, weil ich hoffte, so einen Teil meiner Glaubwürdigkeit wiedererlangen zu können. Ich war davon überzeugt, dass mir anderenfalls vorgeworfen werden würde, einen Fehler einfach nur aussitzen zu wollen, so wie man das halt von Politikerinnen und Politikern kenne. Ich wollte aber nicht, dass irgendwie Gras darüber wachse, was wahrscheinlich spätestens während der Flutkatastrophe geschehen wäre. Ich wusste, dass mein Image beschädigt war und ohne Konsequenz schien es mir auch nicht wiederherstellbar zu sein.

Ich habe auch über die Konsequenzen für den Berliner Senat und die PDS nachgedacht. Ich war mir sicher, dass die Koalition auch ohne mich fortgesetzt werden könnte. In den ersten Monaten war ich gewiss keine ganz unwichtige Hilfe gewesen, aber man darf sich selbst auch nicht für unersetzlich halten. Ich hatte mir überlegt, dass Harald Wolf mein Nachfolger werden könnte, weil er souverän und sachkompetent zugleich ist. Im Hinblick auf die PDS waren meine Überlegungen schwieriger. Ob ich bliebe oder ginge, beides würde der Partei schaden. Ich konnte nur spekulieren, in welchem Falle der Schaden größer wäre. Ich war davon überzeugt, er wäre im Falle meines Verbleibens im Amt gravierender. In meiner Haltung wurde ich auch von meiner Frau unterstützt, während sich mein Sohn eher gegen einen Rücktritt aussprach. Er hielt das Ganze für eine Bagatelle, ich nicht. Nachdem ich mich innerlich entschlossen hatte, telefonierte ich mit Klaus Wowereit, Peter Strieder und Michael Müller von der SPD und mit Harald Wolf, Stefan Liebich, dem parlamentarischen Geschäftsführer der PDS im Brandenburger Landtag, Heinz Vietze, und anderen von der PDS. Klaus Wowereit merkte sehr schnell, dass ich nicht mehr umzustimmen war, und wünschte mir alles

Gute für die Zukunft. Peter Strieder war regelrecht erzürnt und verlangte von mir, keine Konsequenz zu ziehen, bevor nicht der Koalitionsausschuss getagt habe. Harald Wolf war nicht minder erregt und forderte ebenfalls von mir, keine Entscheidung bekannt zu geben, bevor wir nicht ausführlich miteinander gesprochen hätten. Ich ließ mich aber auf all das nicht ein, dazu war ich inzwischen zu entschlossen.

Am Mittwoch, dem 31. Juli, unterbrach ich meinen Urlaub und traf mich zunächst mit Gabriele Zimmer, Roland Claus, Petra Pau, Dietmar Bartsch und Heinz Vietze. Natürlich versuchten sie, mich umzustimmen, wobei ich den Eindruck gewann, dass Dietmar Bartsch am vehementesten gegen meinen Rücktritt war. Danach fuhr ich in mein Senatorenbüro und sprach mit der Leiterin des Büros, meiner persönlichen Referentin, meinem persönlichen Referenten, meinem Pressesprecher, meiner Staatssekretärin und meinem Staatssekretär. Auch sie versuchten, mich von meinem Schritt abzubringen. Ich war aber innerlich viel zu fest entschlossen, als dass ich mich noch durch irgendwelche Argumente hätte umstimmen lassen. Das haben mir viele übel genommen, weil sie erwartet hätten, dass ich mich vor einer solchen Entscheidung länger und ausgiebiger mit ihnen beriete. Diese Kritik ist nicht unbegründet. Aber wenn in mir ein Entschluss gereift ist, dann bin ich nur noch schwer umzustimmen. Ich leide in einer solchen Situation vor allem darunter, dass ich zunächst durch Argumente – auch durch eigene – immer wieder hin und her gerissen werden kann. Deshalb bin ich dann einfach froh, wenn ich überhaupt etwas entschieden habe, und bleibe meistens dabei. Mir war klar, dass es keinen halben Rücktritt gibt. Es hätte eher lächerlich gewirkt, wenn ich zum Beispiel als Bürgermeister zurückgetreten wäre, nicht aber als Senator. Ebenso konnte ich unter diesen Umständen mein Mandat im Abgeordnetenhaus nicht behalten. Zu leicht wäre der Verdacht entstanden, ich hielte das Mandat nur, um mir regelmäßige monatliche Einkünfte zu sichern. Wenn, dann wollte ich vollständige Konsequenzen ziehen.

Also sandte ich gleichzeitig ein Schreiben an den Regierenden

Bürgermeister und an den Präsidenten des Abgeordnetenhauses. Ich legte mein Amt als Bürgermeister und Senator ebenso nieder wie mein Abgeordnetenmandat. Anschließend gab ich eine Erklärung für die Medien ab, in der ich meinen Rücktritt begründete. Ich schrieb, dieser Fehler sei nur dadurch zu erklären, dass ich mich in meiner Persönlichkeit zu meinem Nachteil verändert hätte. Das hätte ich schon gespürt, als ich mich entschied, nicht erneut für den Fraktionsvorsitz der PDS im Bundestag zu kandidieren. Die Zeit bis zur Berliner Kandidatur sei zur Rekonvaleszenz offensichtlich zu kurz gewesen. Im Nachhinein betrachte ich es als Fehler, so schnell in ein politisches Amt zurückgekehrt zu sein.

Anschließend fuhr ich an meinen Urlaubsort zurück, um über meine Zukunft, meine künftige Rolle in der PDS und anderes in Ruhe nachzudenken. Das war allerdings unrealistisch. Denn den Medien genügte meine Erklärung nicht. Sie wollten Originaltöne. Mein Wochenendgrundstück war am nächsten Tag belagert. Weder meine Frau noch meine Tochter trauten sich aus dem Haus. Ich selbst verließ es ebenfalls nicht. Für mich erfüllt so etwas den Tatbestand der Nötigung, aber was sollte ich tun? Ich verabredete daraufhin mit dem Pressesprecher Christoph Lang, dass ich am Freitag in Berlin eine Pressekonferenz geben würde. Ich hoffte, dadurch die Medienmeute loszuwerden. Tatsächlich war dann am nächsten Tag niemand mehr da, allerdings hatte ein Journalist schon für den folgenden Sonntag einen Rundflug gebucht, um mein Grundstück von oben fotografieren zu können. Auf der Pressekonferenz habe ich erneut meinen Schritt begründet und Fragen dazu beantwortet. Ich gab auch noch zwei Interviews, nämlich der Tageszeitung »Neues Deutschland« und dem »stern«. Weitere Interviews lehnte ich ab und zog mich noch für einen Tag an meinen Urlaubsort zurück.

Interessant war, wie mein Schritt kommentiert wurde. Sibyll Klotz und die Grünen, die gerade noch erklärt hatten, dass Čem Özdemir im Gegensatz zu mir die richtigen Konsequenzen gezogen habe und dass ich immer anderen die Schuld gäbe, erklärten nunmehr, dass die Bonusmeilenaffäre überhaupt kein Rücktrittsgrund sei und sicherlich andere Überlegungen dahinter stünden.

Entweder fürchtete ich die Veröffentlichung der Ergebnisse der Stasi-Überprüfung, oder aber der Job sei mir einfach zu schwierig gewesen, und ich hätte die Gelegenheit genutzt, ihn hinzuwerfen. Auch die »Berliner Zeitung«, die gerade noch der Meinung gewesen war, dass ich meine Glaubwürdigkeit verloren hätte und mich künftig mit sozialen Forderungen lächerlich machte, kommentierte nun, ich hätte offensichtlich keine Lust zu meinem Amt gehabt, und das sei »unverzeihlich«. Am heftigsten aber trieb es die »B. Z.« Nachdem sie am 30. und am 31. Juli meinen Rücktritt gefordert hatte, bezeichnete derselbe Olaf Wedekind am 1. August meinen Rücktritt als unredlich. Denn die Affäre um die Bonusmeilen sei »sicher nicht allein der Grund«. Auch er brachte die Stasi-Überprüfung als Motiv ins Spiel. Weiter schrieb er: »Ob der Senat weiterarbeiten kann, ist ihm offenbar schnuppe«, obwohl ich doch seiner Meinung vom Vortag nach eine unerträgliche Belastung für diesen Senat darstellte. Ideologische Prägung macht tatsächlich blind. Eine solche Zeitung scheut sich nicht, die eigene Glaubwürdigkeit aufs Spiel zu setzen.

Die Sache mit der Stasi-Überprüfung war von Anfang ein lächerliches Argument. Mit meiner Entscheidung, zum Senator zu kandidieren, wusste ich auch, dass eine erneute Überprüfung stattfinden würde. Ich hatte nicht die geringsten Zweifel hinsichtlich des Ergebnisses. Die Behörde von Marianne Birthler würde bei ihrer bisherigen Auffassung bleiben und der Wunsch, belastendes Material zu finden, nicht in Erfüllung gehen. Ich hatte mich ja schon im Wahlkampf mit solchen Behauptungen erfolgreich gerichtlich auseinander gesetzt. Zufällig am Tag meines Rücktritts, nämlich am 31. Juli, ging bei Klaus Wowereit das Überprüfungsergebnis der Birthler-Behörde ein. Auf seiner Pressekonferenz nach der Sondersitzung des Senats, die wegen meines Rücktritts einberufen worden war, erklärte er, es habe sich nicht ein einziger neuer Gesichtspunkt ergeben, und deshalb sei die Unterstellung, ich hätte meinen Rücktritt aus diesem Grunde eingereicht, absurd. Gegenüber Klaus Wowereit hatte ich schon deshalb ein schlechtes Gewissen, weil er meinetwegen seinen Urlaub unterbrach, den er sich redlich verdient hatte.

Schwieriger war für es mich, das Argument zu widerlegen, ich sei amtsmüde gewesen, der Job hätte mir keinen Spaß gemacht und ich hätte eine Gelegenheit genutzt, ihn aufzugeben. Falsch ist dieses Argument trotzdem. Ich war entschlossen gewesen, fünf Jahre als Bürgermeister und Senator zu arbeiten. Ich wollte ja auch beweisen, dass ich es bewältigen konnte. Ich hatte mir durchaus Anerkennung in Wirtschaftskreisen, bei den Gewerkschaften, im Senat, im Abgeordnetenhaus und partiell auch in den Medien erarbeitet. Ich wusste, dass bald wichtige Investitionsentscheidungen bekannt gegeben werden könnten. Eine solche Tätigkeit ist ja nicht nur mit Arbeit, sondern auch mit Anerkennung verbunden. Ich hätte dies auch meiner Partei nicht angetan, wenn ich einfach nur amtsmüde gewesen wäre. Außerdem gab ich auch soziale Sicherheit auf. Ich hatte keine anderen Gründe als die angegebenen. Aber offensichtlich reichte das vielen nicht aus, weil sie sich selbst in einer entsprechenden Situation anders verhalten hätten. Nur konnten diese Journalistinnen und Journalisten und die politischen Konkurrentinnen und Konkurrenten nicht mein Maßstab sein. Mein Maßstab mussten jene sein, die mich gewählt hatten, und ich war und bin davon überzeugt, dass ich ihnen diesen Schritt schuldig war. Durch die anschließenden Briefe und E-Mails, die ich hundertfach erhielt, bin ich in dieser Überzeugung auch bestärkt worden. Überwiegend kritisierten mich nämlich Leute, die mich nicht gewählt hatten, wegen meines Rücktritts. Viele der eigenen Anhängerinnen und Anhänger befürworteten meine Konsequenz. Nicht wenige von ihnen fanden allerdings meinen Schritt überzogen und meinten, ich hätte das durchstehen müssen. Häufig nehmen sich Menschen selbst zum Maßstab. Wer in einer solchen Situation ähnlich gehandelt hätte, tendiert dazu, meine Entscheidung zu respektieren. Wer eine solche Konsequenz nicht an den Tag gelegt hätte, empfindet sie eher als verantwortungslos.

Die »Bild«-Zeitung konnte mit Recht stolz darauf sein, ihren Beitrag zu meinem Rücktritt geleistet zu haben. Was ihr Jahre lang mit falschen Beschuldigungen nicht gelungen war, muss ihr plötzlich so einfach erschienen sein. Aber richtig schuld sein wollte sie auch nicht. Deshalb nutzte sie meinen Hinweis in der

Pressekonferenz, wonach nicht sie, sondern ich selbst schuld sei, für ihre eigene Werbung. Noch an meinem Urlaubsort konnte ich auf den Ständern vor Kiosken lesen: »Gysi: Ich bin schuld, nicht Bild!«. Schon am 9. August 2002 erhielt ich vom Redaktionsleiter der »Bild«-Zeitung für die neuen Bundesländer und Berlin einen Brief mit folgendem Wortlaut:

»Sehr geehrter Herr Gysi,
    spüren Sie es schon, dieses Vakuum? Kein Gysi, nirgendwo. Nachvollziehbar – eine Zeit lang.
    Wir möchten Ihnen ein Angebot machen: Eine Serie in BILD. Drei, vier Teile in Ihrem O-Ton. Aufgezeichnet von einer Frau, einem Mann, die/der Ihnen vertraut ist. Zum Beispiel von Vera Oelschlegel oder Klaus-Dieter Kimmel. Sie segnen jeden Teil bis auf das Semikolon ab.
    Eine Abrechnung mit der Politik in der Jetztzeit, über das Aufatmen in der Zeit ohne dieses Korsett.
    Genaues müsste man bei einem Glas Wein besprechen. In der Hoffnung auf eine Antwort mit Perspektive.«

Ich fand es ja ganz in Ordnung, dass sich die »Bild«-Zeitung über ihren Erfolg freute. Aber irgendwie missfiel es mir, von ihr auch noch verhöhnt zu werden. Meine Antwort vom 13. August 2002 lautete:

»Sehr geehrter Herr Vetterick,
    Ihr Hilferuf vom 9. 8. 2002 hat mich erreicht. Natürlich habe ich das Vakuum bei BILD ebenso registriert wie Sie.
    Gut finde ich, dass Sie mir gleich Ghostwriter vorschlagen, obwohl ich, was Sie nicht wissen können, trotz meiner ostdeutschen Herkunft des Schreibens kundig bin. Aber Frau Oelschlegel scheint mir viel zu intellektuell, und Herrn Kimmel kenne ich nicht.
    Ich wäre bereit, Chefredakteur von BILD zu werden und zur Vermeidung eines weiteren Vakuums Kai Diekmann zu meinem Ghostwriter zu berufen. Zusammen wären wir in der Lage, so

komplexe Themen wie die Jetztzeit, das Aufatmen, das Korsett und den Wein zu bearbeiten.

In der Hoffnung auf eine Perspektive für BILD verbleibe ich mit dem Ausdruck vorzüglicher Hochachtung«.

Die Berliner Koalition arbeitet stabil weiter. Die PDS musste dagegen bei der Bundestagswahl eine erhebliche Schlappe hinnehmen. Diese wird auch mir zugeschrieben. Sicherlich hat meine Rücktrittsentscheidung einen Anteil daran, aber die Ursachen für ihr Scheitern liegen tiefer.

Auf Wunsch von Gabriele Zimmer, Roland Claus, Petra Pau, Dietmar Bartsch und Heinz Vietze hatte ich aus meiner Rücktrittsbegründung den Satz herausgenommen, dass ich sämtliche Bundestagswahlkampfveranstaltungen absagen würde. Sie meinten, ich wäre gerade nach einem Rücktritt in der Lage, offensiv Wahlkampfveranstaltungen durchzuführen. Ich erklärte mich deshalb bereit, in angemessenem Umfang in den Bundeswahlkampf einzugreifen, was ich auch tat. Allerdings gestalteten sich Wahlkampfauftritte für mich schwierig, denn ich kandidierte ja nicht selbst. In Berlin war die Enttäuschung über meinen Rückritt sehr viel größer als in anderen Städten. Deshalb war der Wahlkampf in Berlin für mich auch besonders kompliziert.

Während des Wahlkampfes merkte ich in den neuen Bundesländern sehr rasch, dass es keine Stimmung zugunsten der PDS gab, wie ich sie früher erlebt hatte. Die Zahl der Teilnehmerinnen und Teilnehmer war wesentlich geringer, und sie schienen auch weniger motiviert. Anders war die Atmosphäre in den alten Bundesländern. Dort waren die Veranstaltungen sehr gut besucht, und es gab auch Zustimmung. Allerdings habe ich mich offensichtlich getäuscht. Die Leute trieb eher die Neugier zu solchen Veranstaltungen als die Bereitschaft, PDS zu wählen.

Mit André Brie beriet ich mitten im Wahlkampf, wie man in dieser Situation die PDS wieder inhaltlich ins Gespräch bringen und ihre Wahlchancen erhöhen könnte. Wir planten, einen offenen Brief an Oskar Lafontaine zu schreiben, in dem wir politische Positionen beschreiben und über Möglichkeiten der Zusammenarbeit mit ihm nachdenken wollten. Erstens gibt es ein reales Erfordernis, linke gesellschaftspolitische Debatten in Deutschland zu führen, und zwar nicht allein in der PDS. Zum anderen ging es uns aber auch darum, deutlich zu machen, dass die Lafontaine-Positionen in der regierenden SPD nicht mehr vertreten sind. Menschen, die bei der vorherigen Bundestagswahl die SPD gerade wegen der Politik Oskar Lafontaines gewählt hatten und inzwischen enttäuscht waren, wollten wir die PDS als Alternative anbieten. Es gab allerdings in der Partei keinen offenen Umgang mit diesem Brief, und die Deutungshoheit wurde innerhalb der PDS Sahra Wagenknecht von der kommunistischen Plattform und außerhalb der PDS den Medien überlassen. Sahra Wagenknecht sah in dem Brief einen Versuch der Anbiederung an die SPD. Offensichtlich hatte sie noch nicht mitbekommen, dass Oskar Lafontaine nicht mehr Vorsitzender der SPD war und dass ein Versuch der Anbiederung nur gegenüber Gerhard Schröder hätte erfolgen können. Gerade der Adressat machte ja deutlich, dass wir die Politik der regierenden SPD deutlich kritisieren wollten.

Alle solche Versuche konnten jedoch die Wahlniederlage der PDS nicht mehr abwenden. Es gab eine große Enttäuschung in der Partei, auch bei mir. Seitdem muss ich mit dem Vorwurf leben, auch durch meinen Rücktritt zur Wahlniederlage beigetragen zu haben. Ich würde es hingegen eher so formulieren, dass ich durch meinen Fehler bei den Bonusmeilen meinen Beitrag dazu geleistet habe, weniger durch den Rücktritt.

Man darf Personen in der Politik nicht unterschätzen, man sollte sie aber auch nicht überschätzen. Die PDS hat seit 1989 versucht, als linke Partei, als Friedenspartei und als Vertreterin ostdeutscher Interessen ihren gesellschaftlichen Stellenwert zu behaupten und auszubauen. Dies war über viele Jahre erfolgreich, hat aber im September 2002 nicht mehr ausgereicht. Das hatte auch damit zu tun, dass Gerhard Schröder überzeugend, emotional und definitiv eine deutsche Beteiligung an einem eventuellen Krieg der USA und anderer Länder gegen Irak ausschloss. Die Mehrheit der deutschen Bevölkerung lehnte diesen Krieg und eine deutsche Beteiligung ab. Die Ablehnung war in Ostdeutschland besonders stark ausgeprägt. Aber wozu noch PDS aus friedenspolitischen Gründen wählen, wenn Gerhard Schröder selbst garantierte, dass es eine deutsche Teilnahme nicht geben wird? Hinzu kam die Flutkatastrophe, bei der sich Gerhard Schröder als Macher im Interesse der Ostdeutschen profilierte. Die PDS engagierte sich zwar in diesem Zusammenhang, machte konkrete Vorschläge im Bundestag, half vor Ort, trat jedoch öffentlich so gut wie nicht in Erscheinung. Nur reicht das alles nicht aus, um das gesellschaftspolitische Defizit der PDS zu erklären. Die Vertretung ostdeutscher Interessen ist und bleibt eine wichtige Aufgabe der PDS. Nicht wenige Ostdeutsche haben mir hinterher erklärt, sie bedauerten, dass sie diesmal nicht PDS gewählt hätten, denn nun fehle eine für sie wichtige politische Kraft im Bundestag. Aber die höhere Differenziertheit im Osten hatte die PDS nicht berücksichtigt.

In der PDS verlief die Debatte über die eigene Wahlniederlage gänzlich anders. Weder die Haltung von Gerhard Schröder gegen den Irak-Krieg der USA noch die Flutkatastrophe im Osten noch mein Rücktritt oder Mängel im eigenen Wahlkampf spielten in den Diskussionen die ausschlaggebende Rolle. Ich hatte bereits im Jahr 2000 darauf hingewiesen, dass diejenigen, die die Verantwortung in der PDS übernähmen, miteinander kooperieren müssten. Sie sollten gegenseitig anerkennen, wozu sie besonders gut und wozu sie weniger befähigt sind, und dies zusammenführen und nutzen. Ich warnte auch davor, dass die PDS schwierigen Zeiten entgegenginge, wenn die Verantwortlichen zueinander in Konkurrenz gerieten. Genau dies ist aber geschehen, wobei sich Roland Claus als Fraktionsvorsitzender noch am meisten zurückgenommen hat. Meine schwache Hoffnung, dass wenigstens die Wahlniederlage sie zusammenführen könnte, war schnell zerschlagen. Im Gegenteil, jetzt brach ein regelrechter Machtkampf zwischen den verschiedenen Personen aus, wobei der Streit dann in eine gesellschaftspolitische Entscheidung umgemünzt wurde. Die Mitglieder der PDS und ihre Delegierten auf dem Parteitag in Gera zwei Wochen nach der Bundestagswahl hatten eine solch offene Schlacht zwischen Führungspersönlichkeiten noch nie er-

lebt, und insofern muss man es ihnen in gewisser Hinsicht nach-
sehen, dass sie Schwierigkeiten hatten, damit umzugehen. Der
Parteitag war eher Ausdruck von Ratlosigkeit.

Allerdings habe ich später Gabriele Zimmer dafür kritisiert
und bleibe auch bei dieser Kritik, dass sie sich damals mit dem
dogmatischen Teil in der PDS verbündet hat, um ihren Erfolg zu
sichern. Dabei spielten vor allem der damalige stellvertretende
Vorsitzende Diether Dehm und der neu gewählte und inzwischen
wieder ausgeschiedene Bundesgeschäftsführer Uwe Hiksch eine
Rolle. Es soll auf dem Parteitag zu heftigen Beschimpfungen gekommen sein. Auf den Besuchertribünen sollen organisierte Mitglieder einer bestimmten Richtung gesessen haben, die für den
nötigen Beifall an den richtigen Stellen ebenso sorgten wie für
das Ausrollen eines Plakats mit der Aufschrift »Sozialismus statt
Bartschismus«. Die PDS hatte bislang immer auf die Organisierung von Stimmungen verzichtet und bewusst mit dieser unse-
ligen SED-Tradition gebrochen. Ich war ziemlich entsetzt, dass
wieder mit solchen Methoden gearbeitet wurde.

Nach meiner Kenntnis wurden diese Begleiterscheinungen vornehmlich durch Diether Dehm organisiert, der im Jahre 1998 aus
der SPD zu uns gestoßen und wenige Wochen nach seinem Partei-
eintritt zum stellvertretenden Vorsitzenden gewählt worden war.
Er stand seit Jahren in scharfen Auseinandersetzungen mit Dietmar Bartsch und sah die Stunde gekommen, diesen loszuwerden.
Gleichzeitig glaubte er offenkundig, mit Gabriele Zimmer leichtes
Spiel zu haben. Da hatte er sich allerdings getäuscht. Gabriele
Zimmer erlangte auf dem Geraer Parteitag einen Pyrrhussieg, wie
sie inzwischen selbst gemerkt hat.

Nach dem Parteitag kamen Lothar Bisky, Dietmar Bartsch, André
Brie und ich in meiner Wohnung zusammen, um über die Zukunft
zu beraten. Da die Medien davon erfuhren, entstand der Eindruck,
als sollten dort Beschlüsse zum Austritt, zur Abspaltung oder Neu-
gründung einer Partei gefasst werden. Eine Journalistin und ein
Journalist warteten tatsächlich bis weit nach Mitternacht vor
meiner Wohnung, um Ergebnisse des Treffens zu erfahren. Dabei
wollten wir uns nur darüber austauschen, was in der Situation zu

tun sei. Niemand wollte eine neue Partei gründen, und auch Abspaltungen oder Austritte standen nicht zur Diskussion. In der Tageszeitung »Neues Deutschland« wurden wir wegen des Treffens kritisiert, es sei informell und undemokratisch. Zu meinem Freiheits- und Demokratieverständnis gehört allerdings, dass ich mich in meiner Wohnung treffen kann, mit wem ich will. Ich will diesbezüglich keiner Partei und auch keiner Zeitung gegenüber rechenschaftspflichtig sein.

Zu diesem Zeitpunkt war auch schon die so genannte Wachbuchaffäre bekannt. Offensichtlich war Folgendes geschehen: Diether Dehm fuhr vom Geraer Parteitag zurück nach Hause. Es erreichte ihn ein Anruf, dass Unterlagen aus dem Karl-Liebknecht-Haus getragen würden. Er fuhr hin und stellte fest, dass nur die Organisatorinnen und Organisatoren des Parteitages zurückgekehrt waren und Unterlagen zurückbrachten. Er hätte also einfach nach Hause gehen können. Stattdessen nutzte er die Gelegenheit in einem offenkundigen Gefühl von Machtrausch, das ihn nach dem Parteitag überkommen haben muss, und wies den Wachdienst an, dafür zu sorgen, dass Dietmar Bartsch keine Dokumente unbefugt aus dem Karl-Liebknecht-Haus entferne. Praktisch wäre das ja nur zu realisieren gewesen, indem man die Taschen von Dietmar Bartsch kontrolliert und wen auch immer befragt hätte, ob er befugt sei, diese oder jene Unterlage mitzunehmen. Hinterher hat Diether Dehm erkannt, dass dies ein großer Fehler war. Er hat versucht, den Sachverhalt zu vertuschen und zu leugnen. Ich selbst habe die veränderte Atmosphäre im Parteivorstand des Karl-Liebknecht-Hauses gespürt. Denn am Montag nach dem Parteitag war ich dort, um noch einige Parteibriefe zu beantworten. Die Mitarbeiterin des Parteivorstandes wurde anschließend von Uwe Hiksch zurechtgewiesen, es sei ihr in ihrer Dienstzeit nicht erlaubt, parteischädliche Dokumente zu schreiben. Er ging wie selbstverständlich davon aus, dass meine Briefe die Partei nur schädigen könnten.

Man darf Dietmar Bartsch kritisieren, gerade im Zusammenhang mit dem Wahlkampf. Aber ein solches Misstrauen in der PDS einzuführen, dazu hatte Diether Dehm nicht das geringste

Recht. Im Jahre 1990 – ich war Parteivorsitzender – durchlebte die Partei eine schwierige Krise im Zusammenhang mit einem Finanzskandal. Mein damaliger Stellvertreter und weitere Personen hatten versucht, im vermeintlichen Interesse der Partei hundert Millionen Mark im Ausland zu sichern. Dafür wurden sie sogar inhaftiert und erst Jahre später freigesprochen. 1990 sah es so aus, als ob die Partei diese Krise nicht überstünde. Niemand war daran interessiert, den Schleudersitz des Schatzmeisters zu übernehmen. Der Einzige, der sich dazu bereit fand, war Dietmar Bartsch. Er hat die Partei bravourös aus dieser Krise herausgeführt und ihre Finanz- und Vermögensverhältnisse geordnet. Es ist ihm auch gelungen, einen Vergleich mit der Treuhandanstalt und der »Unabhängigen Kommission zur Überprüfung des Vermögens der Parteien und Massenorganisationen der ehemaligen DDR« abzuschließen, um alle Fragen der Vergangenheit und der Zukunft zu klären. Nie wieder wurde ein Finanz- oder Vermögensbericht der PDS, der jährlich dem Bundestag zur Verfügung zu stellen ist, beanstandet. Es gab keinen Spendenskandal und keine anderen diesbezüglichen Vorwürfe gegenüber der PDS. Auch als Bundesgeschäftsführer hat er hervorragende Arbeit bei der Organisierung der Partei geleistet. Selbst wenn man ihn also für bestimmte Momente im Bundestagswahlkampf 2002 berechtigt kritisiert, selbst wenn man ihm vorwirft, zu sehr in Konkurrenz mit Gabriele Zimmer gestanden zu haben, selbst wenn man seine angekündigte und dann doch nicht realisierte Kandidatur für das Amt des Parteivorsitzenden für falsch hält, rechtfertigt all das nicht ein solches Misstrauen. Die Mehrheit in der Partei darf eine solche Verhaltensweise nicht dulden, sonst nähme sie dauerhaft und erheblich Schaden.

Nach der Wahlniederlage der PDS und dem Parteitag in Gera gab es ernsthafte Ersuchen führender Vertreter der SPD an bestimmte Leute in der PDS, die Partei zu wechseln. Man wandte sich an einige von uns, die es den anderen übermitteln sollten. Es wurde auch eine politische Begründung in den Raum gestellt. Die PDS sei historisch erledigt. Für Leute wie uns sei politische Aktivität lebenswichtig. Die SPD sei schon immer das Dach der Linken in Deutschland gewesen, und es sei wichtig, ihren linken Flügel zu stärken. Dieser sei im Augenblick personell kaum repräsentiert, was sich ändern müsse. Natürlich verspreche sich die SPD davon auch einen Zuwachs an Stimmen in Ostdeutschland und damit eine strukturelle Mehrheit über die CDU. Nach meiner Kenntnis haben alle Angesprochenen bzw. indirekt Angesprochenen bisher das Angebot abgelehnt. Ich selbst bin davon überzeugt, dass es eine starke Kraft links von der SPD geben sollte, und zwar als gesellschaftliches Regulativ. Für längere Zeit wird es auch erforderlich bleiben, dass eine Partei ihren Ursprung im Osten und nicht im Westen hat. Die Frage ist nur, ob die PDS diese Rolle in Zukunft noch spielen kann. Das wird sich 2006 bei der nächsten Bundestagswahl entscheiden. Auf ihrem Sonderparteitag Ende Juni 2003 hat sie die Weichen in Richtung Chance gestellt. Gabriele Zimmer hat in politischer Verantwortung die Notbremse gezogen.

Der SPD sollte es nicht gleichgültig sein, ob von ihr enttäuschte Wählerinnen und Wähler ausschließlich nach rechts gehen können oder auch eine linke Alternative haben. Vereinigte man SPD und PDS – ein Vorschlag, der ebenfalls an mich herangetragen wurde –, könnten sie auch keine Koalitionen mehr bilden. Die Folge in den neuen Bundesländern wären schwierigere Konstellationen für die SPD. Außerdem würden Mitglieder wie ich bei einem Übertritt von der PDS zur SPD wahrscheinlich entgegen den Erwartungen der SPD-Vertreter das PDS-Milieu nicht mitnehmen, sondern sich lediglich von ihm entfernen.

Nach der Bundestagswahl 2002 mussten sich auch die anderen Parteien mit dem Wahlergebnis auseinander setzen. Entgegen ursprünglichen Prognosen konnten SPD und Bündnis 90/Die Grünen erneut ihre Mehrheit sichern. CDU und CSU glaubten noch am Wahlabend, die Wahl gewonnen zu haben. Dies stellte sich jedoch als Irrtum heraus. Ein Kanzlerkandidat wie Edmund Stoiber ist in der Lage, in Süddeutschland einen Großteil der Wählerinnen und Wähler an sich zu binden. Er hat eher geringe Chancen, in Nord- und Ostdeutschland ein annähernd gleichwertiges Ergebnis zu erzielen. Angela Merkel hätte deutlich bessere Chancen in Ost- und Norddeutschland, dafür wären mit ihr als Kandidatin Einbußen in Süddeutschland nicht zu verhindern. Wie sollen sich CDU und CSU entscheiden? Doch sollte sich niemand täuschen. CDU und CSU sind in der Lage, wieder mehrheitsfähig zu werden. Dazu brauchen sie allerdings einen Koalitionspartner. Die FDP gibt zurzeit ein ebenso trauriges Bild ab wie die PDS noch vor kurzem, wenn auch aus ganz anderen Gründen.

Die FDP hat große Schwierigkeiten, ihre Rolle in der Gesellschaft zu definieren. Über viele Jahrzehnte spielte sie nicht nur eine funktionale Rolle als Mehrheitsbeschafferin von CDU/CSU oder SPD. Sie verband programmatisch den politischen Liberalismus mit dem Wirtschaftsliberalismus. Sie konnte es sich leisten, für gesellschaftliche Minderheiten einzutreten, was sich weder CDU und CSU noch die SPD ohne weiteres trauten. Zum Beispiel forderte die FDP als erste Partei, die Bestrafung Homosexueller einzustellen, und trat dann schrittweise für deren Gleichstellung ein. Damals galt homosexuelle Orientierung noch als »widernatürlich«, so dass die Volksparteien glaubten, sich eine solche Initiative nicht leisten zu können. Eine funktionale Fünfprozentpartei kann es sich leisten, Minderheitenthemen zu besetzen, weil sie ohnehin nicht für Mehrheiten wählbar ist. Sie kann aber auch auf diese Weise sichern, dass sie die Fünfprozenthürde überschreitet. Über Jahre wurde deshalb die FDP einerseits von politischen Minderheiten und andererseits von Unternehmerinnen und Unternehmern aus dem Mittelstand gewählt. Denn das zweite Standbein war immer der Wirtschaftsliberalismus, der zumindest theoretisch auch die Bereitschaft nach sich zog, kleinere Unternehmen gegen größere mit Monopolbestrebungen zu verteidigen. Unter Otto Graf Lambsdorff als langjährigem Vorsitzenden der FDP hat sie jedoch einen Kurswechsel vollzogen, der sie schrittweise auf den Wirtschaftsliberalismus reduzierte. Der politische Liberalismus spielte eine immer geringere Rolle, zumal inzwischen die Grünen etabliert waren und diesbezüglich mit Erfolg versuchten, der FDP den Rang abzulaufen. In den neuen Bundesländern war sie 1990 furios gestartet, dann aber fast in die Bedeutungslosigkeit verschwunden. Für Wirtschaftsliberalismus gab es in Anbetracht der ökonomischen Situation in den neuen Bundesländern kaum eine Klientel. Hinzu kam ihr striktes Eintreten für das Prinzip »Rückgabe vor Entschädigung«, das hunderttausende Grundstückseigentümerinnen und -eigentümer aus der DDR in ihren Rechten verletzte. Sie hat im Osten auch nicht versucht, bestimmte Minderheiteninteressen zu vertreten. Wenn sie gewollt hätte, hätte sie größere Teile der ehemaligen Eliten der DDR für sich gewinnen können. Gerade diese hatten sie nämlich 1990 gewählt. Sie verbanden mit der FDP die Vorstellung von politischer und wirtschaftlicher Freiheit auf der einen Seite, aber auch die Hoffnung auf Anerkennung ihrer Biografien auf der anderen Seite. Letzteres hat ihnen die FDP genauso verweigert wie CDU, CSU, SPD und Bündnis 90/Die Grünen.

Die FDP nahm einen Generationswechsel vor und setzte dabei nicht nur auf Guido Westerwelle, sondern auch auf das *enfant terrible* Jürgen W. Möllemann. Vor Jahren gab es in Deutschland einen kurzen kulturellen Wandel. Nicht mehr der Ralph-Siegel-Schlager setzte sich zum Beispiel beim Grand Prix in Deutschland durch, sondern Guildo Horn und später Stefan Raab. Beide persiflierten den Schlager, hatten aber auch kein verlogenes Verhältnis mehr zu den Zuschauerinnen und Zuschauern. Sie gaukelten ihnen nicht vor, ausschließlich etwas Freude in ihre Wohnzimmer bringen zu wollen, sondern unterstrichen den kommerziellen Charakter ihrer Tätigkeit und lehnten jede falsche Bescheidenheit ab. So war auch Jürgen W. Möllemann in Nordrhein-Westfalen vorgegangen. Er bot Unterhaltung und Show und sprach nicht mehr von Verantwortungsgefühl und ähnlichen Dingen, sondern davon, dass er Landtagsabgeordneter, Landesminister und später auch Bundeskanzlerkandidat werden wolle. Es war die Zeit der New Economy, in der junge Leute sehr erfolgreich nach oben strebten. Sie verachteten eher die Herangehensweise früherer Generationen, wollten von Parteien und Gewerkschaften nichts wissen, suchten ihren persönlichen Erfolg und standen dazu. Dazu passten die kulturellen Veränderungen und eben auch der Wahlkampfstil von Jürgen W. Möllemann. Guido Westerwelle und Jürgen W. Möllemann hatten nicht bemerkt, dass im Jahr 2002 die

Zeit der New Economy und der beschriebene kulturelle Wandel schon wieder Vergangenheit waren. Inzwischen suchten viele Menschen nach der Einheit von Visionen und Pragmatismus. Mit all dem stand die neue Wahlkampfform der FDP unter Guido Westerwelle nicht im Einklang. Die Medien disqualifizierten überzogen die FDP zu einer Spaßpartei und machten damit deutlich, dass sie nicht mehr in die Zeit passte. Hinzu kam, dass sich Jürgen W. Möllemann in der Auseinandersetzung mit dem Zentralrat der Juden in Deutschland und mit Israel vergaloppierte.

Die anschließende Debatte in Deutschland ist allerdings nie besonders sachlich geführt worden. Immer wieder wurde ich im Wahlkampf gefragt, ob es denn aufgrund der deutschen Vergangenheit wirklich illegitim sei, Michel Friedman oder Ariel Scharon zu kritisieren, ob man die gesamte Vorgehensweise Israels gegenüber Palästina kritiklos hinnehmen müsse. Das ist selbstverständlich nicht der Fall, und ich habe selbst ausreichend und deutlich die Politik Israels kritisiert, auch Michel Friedman. Die Ansicht von Jürgen W. Möllemann kann man teilen oder nicht, legitim ist sie auf jeden Fall. Das Problem bestand darin, dass er sowohl Ariel Scharon als auch Michel Friedman vorwarf, durch ihre Art von Politik und Auftreten selbst einen Beitrag zum Antisemitismus zu leisten. Nicht selten wurde ich gefragt, ob an diesem Vorwurf nicht etwas dran sei. Dieser Vorwurf von Jürgen W. Möllemann ist antisemitisch, ob ihm dies bewusst war oder nicht. Dahinter steckt die Forderung, dass Jüdinnen und Juden sympathisch zu sein haben, weil sie anderenfalls einen Beitrag zur Ablehnung ihres gesamten Volkes leisteten. Keine Christin und kein Christ, keine Atheistin und kein Atheist ist verpflichtet, sympathisch zu sein, und sie sind es genauso häufig und genauso selten wie Jüdinnen und Juden. Niemand käme im Ernst auf die Idee, einem ihm unsympathischen Christen, von dem er meint, er betreibe eine verfehlte Politik, vorzuwerfen, dass er einen Beitrag zum Christenhass leiste. Das Antisemitische bestand in der Forderung, Jüdinnen und Juden hätten nicht das Recht, sich politisch und moralisch so unterschiedlich zu verhalten wie die Angehörigen anderer Glaubensgemeinschaften oder wie Nichtgläubige. Sie hätten eine besondere Verpflichtung, ständig das Wohlverhalten ihrer Gemeinschaft im Blick zu haben, weil sie sonst ihr gesamtes Volk gefährdeten, indem sie bei Nichtjüdinnen und Nichtjuden den Antisemitismus schürten. Genau diese Forderung ist antisemitisch, weil sie an das jüdische Volk einen gänzlich anderen Maßstab stellt als an andere Völker. Am Antisemitismus sind ausschließlich die Antisemiten schuld, nicht die Angehörigen des jüdischen Volkes. Das gilt für jede Form von Rassismus und Ausländerfeindlichkeit. Erst wenn man das verinnerlicht hat, kann man scharfe Kritik äußern, auch an Jüdinnen und Juden, an Angehörigen dieses Volkes ebenso wie an Angehörigen anderer Völker, ohne antisemitischen oder rassistischen Zungenschlag.

Ich glaube, dass einige in der FDP-Führung mit dieser Differenzierung überfordert waren, ebenso wie viele Journalistinnen und Journalisten. Dadurch herrschte in dieser Debatte mehr Wirrwarr als Klarheit. Da zwischen der FDP und Bündnis 90/Die Grünen ein existenzieller Kampf tobt, hat die FDP meines Erachtens nur eine Chance, nämlich den von ihr verinnerlichten Wirtschaftsliberalismus, der sie prägt, aufs Neue mit politischer Liberalität zu verbinden. Gerade sie muss sich gegen jede Erscheinung von Antisemitismus und Rassismus, gegen jede Form von Ausländerfeindlichkeit wenden. Sie muss sich für gleichgeschlechtlich Liebende ebenso einsetzen wie für die Rechte von Angeklagten und Verurteilten. Sie müsste bewusst Minderheitspositionen besetzen, um neben dem Wirtschaftsliberalismus ein zweites politisches Standbein zu haben, unabhängig davon, dass sie damit zwei unterschiedliche, sich vielleicht sogar widersprechende Wählerschaften anspräche. Aber im Zusammenhang mit der damaligen Kampagne von Jürgen W. Möllemann wurde deutlich, dass politische Liberalität bei der FDP nicht mehr, zumindest nicht mehr ausreichend aufgehoben ist. Im Gegenteil, es war offenkundig, dass Jürgen W. Möllemann darauf hoffte, unzufriedene Wählerinnen und Wähler, die dazu tendieren, rechtsextreme Parteien zu wählen, für die FDP zu gewinnen. Und auch Guido Westerwelle soll in Journalistenkreisen geäußert haben, dass es dort ein beachtliches Potenzial für die FDP gäbe. Diese Herangehensweise wäre verwerflich, illusionär und für die FDP zerstörerisch. Verwerflich ist keinesfalls der Versuch, Menschen, die dazu neigen, rechtsextreme Parteien zu wählen, zu einer anderen Wahlentscheidung zu bewegen. Im Gegenteil, ich halte dies für eine permanente Aufgabe von Demokratinnen und Demokraten. Verwerflich ist es nur dann, wenn man dies versucht, indem man – auch nur partiell – ihre braunen Gedankengänge und Gefühle bedient. Für die Gewinnung solcher Wählerinnen und Wähler ist die FDP – und das ist das Illusionäre daran – schon deshalb völlig ungeeignet, weil sie aufgrund ihrer wirtschaftsliberalen Ausrichtung niemandem soziale Ängste nehmen kann. Eher sind Volksparteien und linke Parteien in der Lage, den Menschen zu erklären, dass soziale Unsicherheit aus den Verhältnissen von Reich und Arm, von Oben und Unten und nicht aus dem Verhältnis Inland/Ausland resultiert. Sie können versuchen, die berechtigten sozialen Forderungen solcher Wählerinnen und Wähler aufzugreifen, ohne rassistischen, ausländerfeindlichen oder antisemitischen Tendenzen nachzugeben. Ohne klare programmatische Orientierung wird es die FDP deshalb schwer haben, den Existenzkampf mit Bündnis 90/Die Grünen zu überstehen.

Inzwischen ist Jürgen W. Möllemann tot. Wahrscheinlich beging er Selbstmord. Das aber wird wohl in erster Linie mit den Auseinandersetzungen nach der Bundestagswahl zusammenhängen, als seine Parteiführung ihm plötzlich die alleinige Verantwortung für das schlechte Abschneiden der FDP übertrug und Ermittlungsverfahren gegen ihn wegen Verletzung des Parteiengesetzes, wegen Steuerhinterziehung und anderer möglicher Delikte eingeleitet wurden. In den Medien wurde immer wieder berichtet, dass es auch um Waffenlieferungen an arabische Länder und entsprechende Provisionszahlungen gegangen sein soll. Wenn es denn ein Suizid war, dann hat ihn Jürgen W. Möllemann so gewählt, dass er in dem Moment starb, in dem der Bundestag seine Immunität aufhob, damit seine Privat- und Büroräume durchsucht werden konnten. Dadurch war der Bundestag kurze Zeit nach der Aufhebung seiner Immunität gezwungen, sich ihm zu Ehren von den Plätzen zu erheben. So etwas einzukalkulieren wäre ihm zuzutrauen. Ich kann nicht beurteilen, was an den strafrechtlichen Vorwürfen dran ist. Aber ich weiß, dass es unredlich ist, wenn eine Parteiführung versucht, für eine Wahlniederlage einen einzigen Verantwortlichen zu benennen.

Sehr zügig waren SPD und Bündnis 90/Die Grünen in der Lage, nach der Wahl einen neuen Koalitionsvertrag zu schließen. Offensichtlich hatten aber beide Parteien nicht an den Wahlsieg geglaubt, anders lässt sich nicht erklären, weshalb sie auf die nächste Legislaturperiode nicht vorbereitet waren. Die neue Bundesregierung lieferte zunächst nur Stückwerk, wollte Steuern und Beiträge erhöhen, aber ohne ein sichtbares Konzept. In der Politik braucht man Ideen, für die es sich zu streiten lohnt. Da es in einer Gesellschaft unterschiedliche Interessen gibt, kommt man nicht umhin, die Interessen der einen zu verletzen, wenn man die Interessen der anderen wahrnimmt. Wer versucht, es allen recht zu machen, muss scheitern. Allerdings ist die Interessenlage der Menschen keineswegs immer homogen. Verständigte man sich zum Beispiel darauf, die gesetzliche Rentenversicherung unter anderem dadurch zukunftssicherer zu gestalten, dass sämtliche Einkommensbezieherinnen und -bezieher zur Einzahlung verpflichtet würden, könnte man den zu leistenden Prozentsatz für die abhängig Beschäftigten und die Unternehmen erheblich reduzieren. Das entspräche den Interessen der Arbeitnehmerinnen und Arbeitnehmer und widerspräche den Interessen derjenigen, die ihr Einkommen anders beziehen.

In einen inneren Interessenkonflikt kämen Unternehmerinnen und Unternehmer, weil sie einerseits erstmalig von ihren eigenen Einnahmen in die gesetzliche Rentenversicherung einzahlen müssten, andererseits aber davon profitierten, dass sich der Prozentsatz der Beiträge vom Bruttolohn für abhängig Beschäftigte reduzierte. Da sie die andere Hälfte der Beiträge für ihre Beschäftigten in die gesetzliche Rentenversicherung einzuzahlen haben, reduzierten sich also ihre Lohnnebenkosten. Eine solche Reform ermöglichte ihnen höhere Gewinne und höhere Investitionen. Es wäre also durchaus möglich, diesen Interessenskonflikt bei Unternehmerinnen und Unternehmern zur Durchsetzung einer solchen Reform zu nutzen. Bevor man eine Reform startet, muss man sich über die unterschiedlichen Interessenlagen völlig im Klaren sein.

In den ersten Monaten der neuen Amtszeit der Regierung Schröder war davon nichts zu erkennen. Im Wahlkampf hatten ihre Vertreterinnen und Vertreter die Lage eindeutig zu optimistisch dargestellt. Sie bestritten, dass die von der EU gesetzte Defizitgrenze überschritten würde, aber genau dies geschah. Sie versprachen, nach der Wahl keine Steuer- und Beitragserhöhungen vorzunehmen, aber genau das geschah. Die Haushaltsschieflage war so offensichtlich, dass relativ unkoordiniert verschiedene Maßnahmen beschlossen wurden. Irgendwie versuchte die Regierung, allen »etwas« wehzutun mit dem Ergebnis, dass sie es sich mit dem Großteil der Bevölkerung verscherzte. Vielleicht bestand ja die Hoffnung, die Missgunst in unserer Gesellschaft sei schon so ausgeprägt, dass die Freude darüber, dass es auch den Nachbarn erwischt, das Missvergnügen über die eigene Belastung reduziert. Aber wenn dies jemand geglaubt haben sollte, so hat es nicht funktioniert.

Die SPD fiel bei Umfragen ins Bodenlose, im Unterschied zu den Grünen. Davon profitierten vornehmlich CDU und CSU, nicht die PDS, die sich zu diesem Zeitpunkt aus ihrer desolaten Situation nicht befreien konnte. Gerhard Schröder selbst geriet ebenfalls in ein Umfragetief, wie er es noch nicht erlebt hatte.

Er versuchte dann mehrere Befreiungsschläge, die ihm zum Teil auch gelangen. Um die Diskussion über die von ihm abgelehnte Vermögenssteuer zu beenden, schlug er eine Zinsabgeltungssteuer vor. Zinserträge, die über einem bestimmten Freibetrag liegen, sollen künftig mit 25 Prozent versteuert werden. Er verband dies mit dem Vorschlag, dass Steuerhinterzieher, die ihr Geld illegal ins Ausland gebracht haben, amnestiert werden sollen. Die Amnestie soll aber nicht nur Straffreiheit gewähren. Vielmehr sollen die Betreffenden auch von ihrer früheren Steuerpflicht entbunden werden, vorausgesetzt, sie brächten das Geld zurück und zahlten die Abgeltungssteuer von 25 Prozent. Man stelle sich einmal vor, eine Amnestie garantierte Dieben nicht nur Straffreiheit, sondern übereignete ihnen auch das Diebesgut, vorausgesetzt, sie entrichteten 25 Prozent des Wertes als Gebühr an den Staat. Die Regierung hofft, dass dadurch viel Geld nach Deutschland und in den Staatshaushalt fließen wird. Man darf dies bezweifeln.

Wie dem auch sei, der Vorschlag Gerhard Schröders stieß überwiegend auf ein positives Echo. Das lässt sich leicht erklären. Was wie eine Zusatzsteuer aussieht, ist in Wirklichkeit eine Steuersenkung. Bisher wurden die den Freibetrag überschreitenden Zinserträge dem Einkommen zugerechnet. Wer also so viel verdient, dass er fast die Hälfte seiner Zinserträge als Steuern abzuführen hat, der ist ausgezeichnet bedient, wenn er nur noch 25 Prozent zu zahlen braucht. So erklärt sich der allgemeine Jubel, zumindest bei jenen Vermögenden und Besserverdienenden, die redlich ihrer Steuerpflicht nachkommen. Die Steuerhinterzieher hätten dagegen die Qual der Wahl. Für weniger gut Verdienende kann die Zinsabschlagsteuer eine zusätzliche Belastung bedeuten. Wer nämlich so wenig verdient, dass er bisher nicht an den 25-Prozent-Steuersatz bei der Einkommenssteuer herankam, soll diesen Satz nun für seine Zinserträge bezahlen, soweit diese den Freibetrag überschreiten.

In den ersten Wochen seiner zweiten Amtszeit galt Gerhard Schröder als Mann der Gewerkschaften. Der »Spiegel« veröffentlichte ein Titelblatt mit Gerhard Schröder, in der Hand die rote Fahne. Tatsächlich hatte er sich in den letzten Monaten des Wahlkampfes überwiegend auf die Gewerkschaften gestützt, nachdem ihm klar geworden war, dass er trotz Steuer- und Rentenreform in der letzten Legislaturperiode das Wohlwollen der »Bosse« nicht erreicht hatte. Diese riefen nämlich zur Wahl von CDU/CSU auf, und ich glaube, dass dies Gerhard Schröder auch persönlich verletzte. Nach einigen Wochen seiner Amtszeit aber setzten sich seine neoliberalen Überlegungen wieder durch. Gerhard Schröder ist wieder auf dem Kurs, den er in seinem gemeinsamen Papier mit dem britischen Premier Tony Blair vorgestellt hatte. Also wächst auch wieder die Zufriedenheit der »Bosse«. Steuerreformen, die den großen Unternehmen, insbesondere den Aktiengesellschaften, den ohnehin Vermögenden zugute kommen, wie wir sie in den letzten Jahren erlebt haben, verletzen jedoch nicht nur das Gerechtigkeitsempfinden vieler Menschen. Sie haben auch finanzielle Folgen. Obwohl das Geldvermögen in Deutschland lange Zeit zugenommen hatte, wurden Bund, Länder und Kommunen immer ärmer. Das Geldvermögen wuchs nur bei zehn Prozent der Haushalte in Deutschland, und genau diese zehn Prozent werden immer stärker entlastet. Während in der alten Bundesrepublik wachsendes Geldvermögen mit wachsenden Einnahmen für Bund, Länder und Kommunen verbunden war, ist dieser Zusammenhang inzwischen in sein Gegenteil verkehrt worden. Damit wird der Staat immer unfähiger, seine sozialen, kulturellen, sicherheitspolitischen und ökologischen Aufgaben zu erfüllen. In den herrschenden Kreisen wird so gut wie gar nicht darüber diskutiert, wie die Einnahmesituation des Staates verbessert werden kann, sondern vorwiegend darüber, wie sich die Ausgaben reduzieren lassen. Deshalb wird unter Reformen in erster Linie verstanden, dass Sozialleistungen abgebaut werden. Insofern ist es logisch, dass SPD und Bündnis 90/Die Grünen eine Kommission einsetzten, die so genannte Rürup-Kommission, die die sozialen Sicherungssysteme Deutschlands untersuchen soll. Sie soll auf ihrem Gebiet ähnliche Ergebnisse hervorbringen, wie sie die so genannte Hartz-Kommission für den Arbeitsmarkt hervorgebracht hat. Beide Kommissionen haben von vornherein den Mangel, dass sie kaum einen Beitrag dazu leisten können, Arbeitsplätze zu schaffen oder soziale Gerechtigkeit herzustellen. Solche Gremien entlasten Bundestag, Bundesrat und Bundesregierung von einem Teil ihrer Aufgaben, diskreditieren aber auch die parlamentarische Demokratie.

Zwei weitere Fragen, die eher außenpolitischer Natur sind, werden unsere Gesellschaft in den nächsten Jahren beschäftigen. Zum einen geht es um die weitere Entwicklung der Europäischen Union und hier insbesondere um die Aufnahme der Türkei. Die Verhältnisse in der Türkei im Hinblick auf Menschenrechte und Demokratie sind zweifellos nicht so, dass man ihrem EU-Beitritt ohne weiteres zustimmen könnte. Aber wenn die CSU einen EU-Beitritt der Türkei ablehnt und die CDU diesem Beispiel folgt, dann nicht wegen der Menschenrechte oder wegen Defiziten an Demokratie. Sie fürchten vor allem die Freizügigkeit für Arbeitnehmerinnen und Arbeitnehmer, die mit der EU-Mitgliedschaft verbundene Niederlassungsfreiheit. Sie wollen nicht mehr Türkinnen und Türken in Deutschland. Außerdem haben sie eine kulturelle Abneigung gegen den Islam, das heißt, sie wollen eine christlich geprägte kulturelle Hoheit in der Gesellschaft sichern. Ich kann mir vorstellen, dass es solche Überlegungen auch in der SPD gibt. Aber dort wäre dies niemals die einheitliche Auffassung. Selbst jene, die die Bedenken von CDU und CSU teilen, würden dies offen nie so sagen.

Ich bin sicher, in dieser Frage werden wir noch harte Auseinandersetzungen in Deutschland erleben, bei denen Vorbehalte genutzt und Ängste geschürt werden. Dabei kann man die Erfahrungen der Deutschen nutzen. Obwohl viele Türkinnen und Türken schon Jahrzehnte in Deutschland leben, wurden sie in den Städten häufig isoliert, zum Teil sogar gettoisiert und viel zu wenig integriert. Auch die Linken haben zum Beispiel viel zu spät begriffen, dass das Erlernen der deutschen Sprache eine wichtige Integrationsvoraussetzung ist. Kinder und Jugendliche türkischer Abstammung, die in Deutschland geboren und aufgewachsen sind, aber die deutsche Sprache nicht beherrschen, haben in Schule und Ausbildung von vornherein kaum eine Chance. Viele Linke waren früher der Meinung, dass dies Ausdruck ihrer kulturellen Identität und deshalb nicht zu kritisieren sei. In Wirklichkeit hat man dadurch ihre soziale Situation erheblich verschlechtert. Statistiken weisen zum Beispiel darauf hin, dass türkische Jugendliche häufiger kriminell werden als deutsche Jugendliche. Diese Aussage ist aber dann falsch, wenn man das soziale Milieu vergleicht. Innerhalb des gleichen sozialen Milieus werden türkische Jugendliche nämlich keineswegs häufiger straffällig als deutsche Jugendliche. Nur gibt es mehr türkische Jugendliche im unteren sozialen Milieu als deutsche. Also muss daran etwas geändert werden. Als ich als Bürgermeister vor dem Türkischen

Bund sprach, sagte ich, dass ich die Verweigerung der türkischen Eltern gegenüber Kindertagesstätten nicht nachvollziehen könne. Nicht bei allen, aber bei vielen stieß ich mit meiner Auffassung auf Verständnis, und die Repräsentanten des Türkischen Bundes sicherten mir auch zu, darüber eine intensive Debatte führen zu wollen. Ebenso kritisierte ich die Stellung von türkischen Frauen, die der allgemeinen gesellschaftlichen Entwicklung nicht angemessen sei. Beifall konnte ich dafür nur von den etwa fünf anwesenden Frauen erwarten, die noch weniger als eine Minderheit darstellten.

Vornehmlich in den neuen Bundesländern wird es voraussichtlich zu heftigen Debatten nach der bevorstehenden Mitgliedschaft osteuropäischer Länder in der Europäischen Union kommen. Diese Mitgliedschaft erhöht die Friedenschancen, hebt die frühere Spaltung Europas auf und erschließt eine Vielzahl ökonomischer, sozialer und kultureller Möglichkeiten. Deutschland insgesamt wird ökonomisch durch diese Beitritte eher profitieren. Da bisher in der EU nur völlig unzureichend Steuer- und Lohnangleichungen vorgenommen und soziale und ökologische Standards verabredet worden sind, wird es in den neuen Bundesländern aber auch zu Verwerfungen kommen. Das, was die FDP Lohnwettbewerb nennt, ist in Wirklichkeit Lohndumping. Denn die Lebenshaltungskosten in Polen und in Deutschland unterscheiden sich nach wie vor erheblich. Unter diesen Umständen hinkt jeder Lohnvergleich, und es ist zu befürchten, dass sowohl polnische Arbeitnehmerinnen und Arbeitnehmer als auch polnische Unternehmen einen erfolgreichen Verdrängungswettbewerb in den neuen Bundesländern durchführen können. Gleicher Lohn für gleiche Arbeit am gleichen Ort muss sich deshalb als Prinzip durchsetzen, damit es vornehmlich einen Qualitätswettbewerb gibt, aber kein Lohndumping, anderenfalls würden sich die politischen Gewichte deutlich nach rechts verschieben.

In außenpolitischer Hinsicht werden darüber hinaus die Folgen des Irak-Krieges eine wichtige Rolle spielen. Zweifellos war es ein imperialer Krieg. Es ging nicht um Massenvernichtungswaffen, sondern um eine politische Neuordnung des Nahen Ostens, um eine dauerhafte militärische Präsenz und auch um die reichen Ölquellen Iraks. In früheren Jahrhunderten wurden Kriege um Stahl und Steinkohle geführt, das interessiert die industrialisierten Gesellschaften heute nicht mehr. Erdöl ist zu einer der wichtigsten Ressourcen geworden. Diese liegen überwiegend im Nahen Osten und in Lateinamerika, nicht in den Industriegesellschaften selbst. Die USA verbrauchen 25 Prozent der Erdölressourcen. In der Erdölkrise der siebziger Jahre mussten die Industriegesellschaften erfahren, wie abhängig sie von den Erdöl produzierenden Ländern sind. Eine solche Abhängigkeit gefährdet ihre Machtstellung. Nachdem das Gleichgewicht der Kräfte durch den Zusammenbruch der Sowjetunion nicht mehr existiert, hat das Militärische im Leben der Weltgemeinschaft wieder deutlich an Bedeutung gewonnen. Es ist viel weniger tabuisiert als früher. Schon 1990 formulierte die Nato, dass militärische Interventionen auch im Interesse des Zugangs zu Rohstoffressourcen erforderlich werden könnten. Damals hat das kaum jemand ernst genommen, ebenso wenig, als der frühere Generalinspekteur der Bundeswehr, Klaus Naumann, in Richtlinien formulierte, militärische Interventionen könnten auch der Sicherung des »freien Welthandels« dienen. In beiden Dokumenten wurde wieder offen der Bezug zwischen ökonomischen und militärischen Interessen hergestellt.

Die Bundesregierung hatte sich durch ihre Ablehnung des Krieges gegen den Irak diplomatisch und argumentativ in eine schwierige Situation manövriert. Es gehört zu den historischen Wahrheiten, dass die USA zunächst nicht besonders interessiert daran waren, einen Krieg gegen Jugoslawien zu führen. Dort hatten sie keine strategischen Interessen, erst recht keine ökonomischen. Es waren die Europäer – allen voran Deutschland unter Gerhard Schröder und Außenminister Joseph Fischer –, die diesen Krieg wollten, um eine einheitliche Ordnung in Europa zu sichern, auch im Interesse der Entwicklung der Europäischen Union. Sicherlich wollten sie auch Flüchtlingsströme aus dem Kosovo nach Deutschland und die Vertreibung und Ermordung von Albanern verhindern. Es mag eine Reihe von Motiven gegeben haben. Aber offiziell lautete die Argumentation so: Slobodan Milošević sei ein Diktator und verletze Menschenrechte. Die kosovo-albanische Minderheit würde verfolgt, täglich kämen Unschuldige ums Leben und würden vertrieben, so dass ein militärisches Eingreifen aus humanitären Gründen zwingend erforderlich sei. Nun argumentierten die USA in Bezug auf den Irak ähnlich. Sie können darauf verweisen, dass Saddam Hussein ein Diktator ist, was niemand ernsthaft bestreiten kann. Auch dort wurden und werden Minderheiten verfolgt, früher insbesondere Kurdinnen und Kurden. Vertreibungen gab es auch, und Menschenrechte wurden täglich verletzt. Zudem wurde Saddam Hussein unterstellt, erneut Massenvernichtungswaffen zu besitzen, auch um Israel anzugreifen. Er hatte schon zuvor welche besessen und eingesetzt. Gegen Slobodan Milošević wurde dagegen zu keinem Zeitpunkt der Vorwurf erhoben, er strebe den Besitz von Massenvernichtungswaffen an. Wenn man den jeweiligen offiziellen Argumentationen folgt, ist es aus Sicht der US-Administration nicht nachvollziehbar, weshalb Deutschland so sehr auf die Bombardierung Jugoslawiens drängte und nunmehr einen Krieg gegen den Irak ablehnte. Das ist die Folge davon, wenn man sich einmal auf die Kriegslogik eingelassen hat. Den Krieg gegen Jugoslawien haben die USA im Interesse Europas und speziell Deutschlands geführt, und sie vermögen nicht einzusehen, weshalb ihnen die Unterstützung versagt wird, wenn sie nunmehr ein Interesse an einem Krieg gegen den Irak haben.

Mit dieser Frage hat sich die öffentliche Diskussion nicht beschäftigt. In den Medien ging es zum Teil um den Sinn oder Unsinn dieses Krieges, es wurde auch über die wahren Hintergründe berichtet. Lügen wurden entlarvt. Häufig interessierte das Verhältnis Deutschlands zu den USA. Und genau dort setzte auch die konservative Opposition mit ihrer Kritik an Gerhard Schröder an. Zweifellos sind die Beziehungen zwischen den USA und Deutschland in besonderer Weise historisch geprägt durch den Anteil der USA an der Befreiung von der Nazidiktatur und durch ihr Wirken in der alten Bundesrepublik und in Westberlin nach 1945. Die USA waren der Garant der Existenz der Bundesrepublik Deutschland und Westberlins. Viele Beobachterinnen und Beobachter verstehen nicht, weshalb das gute Verhältnis zu den USA gefährdet worden ist. Die Herangehensweise von Gerhard Schröder scheint ja auch seiner Politik der »uneingeschränkten Solidarität« mit den USA, die er noch im September 2001 verkündet hatte, widersprochen zu haben. Offenbar ist aber seinen Kritikerinnen und Kritikern nicht aufgefallen, dass man doch nicht im Ernst einem Krieg zustimmen kann, nur um dieses Verhältnis nicht zu gefährden, völlig unabhängig davon, ob dieser Krieg nun völkerrechtlich legitim und moralisch gerechtfertigt ist oder nicht. Aber genau so wurde in Deutschland vielfach argumentiert.

Durch den Krieg gegen den Irak ist weltweit das Bewusstsein dafür gewachsen, dass eine Welt, in der die USA allein die Rolle des »Weltpolizisten« spielen, nicht erstrebenswert ist. Europa stand und steht vor der Frage, gegenüber den USA eine eigenständige Rolle zu finden oder aber den USA blindlings zu folgen. Die Zeit zur Beantwortung dieser Frage scheint herangereift. In der Nato und in der Europäischen Union brachen in bis dahin nicht gekanntem Maße Widersprüche auf, als es um den Irak-Krieg ging. Es ist das Verdienst von Gerhard Schröder, diese Frage als Erster und verschärft im atlantischen Bündnis und in der EU gestellt zu haben. Die Opposition aus CDU, CSU und FDP warf ihm deshalb vor, einen deutschen Sonderweg zu beschreiten und Deutschland zu isolieren. Aber der Wunsch nach Souveränität eines Landes und nach Frieden sollte kein Sonderweg, sondern eine Selbstverständlichkeit sein. Niemand kann heute einschätzen, welche Folgen die Konflikte in der Nato und in der EU haben werden. Aber klar ist, dass ein Prozess ausgelöst wurde, der nicht mehr ohne weiteres rückgängig zu machen sein wird. Die USA werden daraus ebenso ihre Schlussfolgerungen ziehen wie die Mitgliedsländer der Europäischen Union. Aber von einer europäischen Einigung scheinen wir weiter entfernt zu sein denn je, trotz der realistischer werdenden europäischen Verfassung. Inzwischen scheinen Frankreich und Deutschland zwar ihren »Mut« gegenüber den USA aufgebraucht zu haben und sich wieder ein- und unterzuordnen. Die EU hat mit Zustimmung beider

Länder sogar die völkerrechtswidrige Möglichkeit zum Präventivkrieg eröffnet. Joseph Fischer verwandte im Bundestag im Zusammenhang mit dem militärischen Engagement im Kongo die US-amerikanische Formulierung von der »Koalition der Willigen«, die er sich gewünscht hätte. Dennoch – das Beispiel bleibt und wirkt.

## 6. Kapitel
# Die dogmatische und die undogmatische Linke – Hat die PDS eine Zukunft?

Inzwischen gibt es immer mehr politische Stimmen, die der PDS historische Verdienste zubilligen. Meistens wird argumentiert, die PDS habe eine wichtige Rolle bei der Vertretung der Interessen derjenigen Bürgerinnen und Bürger der DDR gespielt, die durch die Einheit benachteiligt worden seien. Viele dieser Menschen hätten sich innerlich vollständig auf die DDR eingelassen und deshalb große Schwierigkeiten gehabt, ein Leben in der Bundesrepublik Deutschland zu akzeptieren. Die PDS wird deshalb auch als Milieupartei betrachtet. Diese These legt nahe, dass die PDS irgendwann ihren gesellschaftlichen Gebrauchswert verlieren muss. Diejenigen, die diese These vertreten, gestehen der PDS, wenn sie ihr noch wohlwollender gesonnen sind, sogar zu, einen beachtlichen Beitrag zur Eindämmung von Rechtsextremismus in Ostdeutschland geleistet zu haben. Sie akzeptieren auch, dass die PDS Interessen und Probleme artikuliert hat, die dringend einer Lösung bedurften. Sie unterstellen aber zugleich, dass sie von den Mängeln der Einheit, von der noch vorhandenen Spaltung der Gesellschaft in Ost und West lebt und mithin verschwinden wird, wenn diese Mängel beseitigt und die Spaltung aufgehoben sein werden. Nach dieser These hätte es dann auch eine gewisse Logik, dass die PDS zunächst von Wahl zu Wahl ihren Stimmenanteil im Osten Deutschlands vergrößern, im Jahre 2002 aber gestoppt und zurückgedrängt werden konnte. Als Symbol für die allmähliche Überflüssigkeit der PDS wurde die westliche Solidarität mit den Opfern der Flutkatastrophe im Osten im Sommer 2002 gesehen, die eine Weiterentwicklung der inneren Einheit widergespiegelt habe.

Die These stimmt insofern, als die Vertretung ostdeutscher Interessen ein wichtiges Standbein der PDS war und ist. Aber sie hatte und hat eine darüber hinausgehende politische Orientierung. Sie will eine sozialistische Partei sein und verbindet damit bestimmte programmatische Vorstellungen. Wegen der Vertretung ostdeutscher Interessen lag es nahe, dass sie sich als sozialistische Partei organisierte, weil dadurch Erfahrungen, aber auch enttäuschte Hoffnungen aus dem Leben in der DDR aufgenommen werden konnten. Andererseits ergeben sich aus diesem Doppelcharakter auch Widersprüche. Mit dem früheren Verständnis sozialistischer Politik lässt sich das Werben um die Ansiedlung von Konzernen, um eine aktive Bankentätigkeit und anderes nicht so ohne weiteres verbinden. Zur Vertretung ostdeutscher Interessen und zur Lösung sozialer Probleme in den neuen Bundesländern war dies jedoch dringend geboten. Wenn andererseits die PDS aus Überzeugung für eine Reduzierung der Streitkräfte eintritt, legt sie sich mit Kommunen in den neuen Bundesländern an, die ausschließlich oder überwiegend von Bundeswehrstandorten leben. Hitzige Debatten gab es zum Beispiel, als sich in der PDS schrittweise ökologische Positionen durchsetzten, so dass sie für die Schließung der Atomkraftwerke auch in den neuen Bundesländern eintrat. Für andere stellten sie noch technische Errungenschaften der DDR dar, und überdies hingen zahlreiche Arbeitsplätze daran. Die PDS musste lernen, mit solchen Widersprüchen zu leben, sie auszutragen und zu einer einheitlichen Politik zu gelangen. Wenn die PDS sich als Koalitionspartner an Landesregierungen beteiligt, kann sie unter den gegebenen europäischen und bundesdeutschen Rahmenbedingungen versuchen, eine vernünftige, kaum aber eine sozialistische Politik zu machen. Historisch betrachtet ist es nichts Besonderes, wenn sich sozialistische Parteien in kapitalistischen Gesellschaften an Regierungen beteiligen und versuchen, eine sozialere Politik zu betreiben, ohne in der Lage zu sein, sozialistische Gesellschaftsstrukturen aufzu-bauen.

In der PDS gibt es vielleicht ein Gefühl für das, was man sozialis-tisch nennen könnte, aber keine feste Theorie und keine Definition. In der Geschichte der sozialistischen Bewegungen ist eine Vielzahl von Theorien entstanden, wobei der Marxismus zweifellos die am weitesten verbreitete und wichtigste war, später ergänzt um den Le-ninismus, aus dem dann der Marxismus-Leninismus wurde. In der Geschichte der Linken kann man viele Unterscheidungen treffen, für mich ist hier die zwischen ihrem dogmatischen und undogma-tischen, das heißt demokratischen Teil die entscheidende. Eine sol-che Unterscheidung ist auch bei rechten und anderen politischen Strömungen möglich, auf die hier nicht eingegangen wird.

Die Arbeiterbewegung kennt viele Niederlagen und Erfolge. Sie kennt Spaltungen und Abspaltungen, sie kennt unterschied-lichste theoretische Konzepte, aber ohne sie sähe die Gesellschaft heute anders aus. Karl Marx und Friedrich Engels nahmen an, der Kapitalismus werde die Produktivität in der Wirtschaft und die Industrialisierung in einem Maße vorantreiben, dass ein zu verteilender Überschuss unter veränderten gesellschaftlichen Rahmenbedingungen Wohlfahrt für alle Mitglieder der Gesell-schaft ermöglichen würde. Sie prognostizierten, dass in den am weitesten entwickelten kapitalistischen Ländern Revolutionen stattfinden werden, die die Herrschaftsverhältnisse umstürzen würden. An die Stelle des privatkapitalistischen Eigentums sollte Gemeineigentum treten. Dadurch sollte gesichert werden, dass nicht mehr eine Minderheit über eine Mehrheit herrsche. Sie unterschieden zwei Etappen. Nach der sozialistischen Revolution würde bereits eine Mehrheit über die Minderheit herrschen. Die Arbeiterklasse würde die Macht erobert haben, müsste aber ihre ehemaligen Unterdrücker und Ausbeuter ihrerseits unterdrü-cken. Sie nannten dies »Diktatur des Proletariats«. Das privatka-pitalistische Eigentum würde Gemeineigentum werden und da-durch den Interessen einer Mehrheit dienen. In einer zweiten Stufe der Entwicklung würde eine kommunistische Gesellschaft entstehen, in der Macht und Eigentumsverhältnisse gleich verteilt wären, also auch niemand mehr unterdrückt werden müsste und der Staat selbst überflüssig würde. Diese – sehr vereinfacht ausgedrückte – Befreiungsideologie hat Millionen Menschen erfasst und vorangetrieben. Aber die Geschichte dieser Ideologie und der Organisationen, die sich ihr verschrieben, verlief sehr widersprüchlich. Von Anfang an lassen sich Tendenzen zu einer demokratischen und einer dogmatischen Linken unterscheiden. In unterschiedlichen historischen Etappen war mal die demokratische, mal die dogmatische Linke für eine größere Zahl von Menschen attraktiv.

Die große bürgerliche Revolution in Frankreich stand unter dem Motto »Freiheit, Gleichheit, Brüderlichkeit«. Der Begriff der Gleichheit kann sehr unterschiedlich definiert werden. Die Linke hat darunter immer verstanden, das Ziel der Entwicklung müsse darin bestehen, dass alle nicht nur gleiche Rechte und Pflichten haben, sondern auch über gleiche materielle Ressourcen verfügen sollten. Wenn jede und jeder das Gleiche besäße – so ihre Vorstellung –, kann niemand mehr über die andere und den anderen herrschen. Dinge, die man individuell benötigt, besitzt danach jeder Einzelne und jede Einzelne, und Dinge, die man gemeinsam nutzen kann, gehören allen und werden gleichermaßen von allen genutzt. Dieses Prinzip liegt auch dem Genossenschafts- und dem Kibbuzgedanken zugrunde, beschränkt auf eine größere Gruppe von Menschen.

Die dogmatische Linke glaubt, dass unter solchen Voraussetzungen die Menschen gleich denken, gleich fühlen, über gleiche Bedürfnisse verfügen sollten und müssten. Wenn man aber will, dass Menschen gleich denken und gleich fühlen, dass sie gleiche Bedürfnisse entwickeln und gleichermaßen bestimmte andere Bedürfnisse ablehnen, nimmt man ihnen, ob man es will oder nicht, ihre Vielfalt und Einmaligkeit. Zu welchem Zeitpunkt auch immer man versucht, eine solche Entwicklung einzuleiten, man findet zunächst Menschen mit höchst unterschiedlichen materiellen und kulturellen Bedürfnissen vor, die erst einmal angeglichen werden müssten. Um dies zu erreichen, braucht man Herrschaftsverhältnisse, die die Entindividualisierung vorantreiben. Die logische Konsequenz davon ist, anzustreben, dass Menschen einheitlich organisiert sind, dass sie möglichst uniform auftreten. Das wiederum setzt gleiches Wissen bei allen voraus, und dies wiederum erzwingt einen gleichen Informationsstand.

Die erste Verletzung einer solchen Gleichheit besteht immer darin, dass es irgendjemanden geben muss, der entscheidet, was die »richtigen« und die »falschen« Bedürfnisse, die »richtigen« und die »falschen« Gedanken, die »richtigen« und die »falschen« Gefühle sind. Irgendjemand muss dann auch anordnen, welches Wissen alle haben sollen und welches nicht. In der DDR gab es ein Abzeichen für »gutes Wissen«, was die Existenz von »bösem Wissen« unterstellt. In allen staatssozialistischen Ländern gab es eine Tendenz zur Entindividualisierung, zur Vereinheitlichung der Gedanken- und Gefühlswelt, der kulturellen und materiellen Bedürfnisse. Wenn es Menschen gibt, die für andere solche Rahmenbedingungen festzulegen haben, sind sie nicht mehr gleich. Sie haben nicht nur mehr Einfluss und damit mehr Rechte, sondern auch das Recht auf andere Bedürfnisse und bessere Chancen zur Befriedigung dieser Bedürfnisse.

Ein zweites Problem dieses Gleichheitsgedankens besteht in der Frage, wie gesellschaftliche Entwicklung ermöglicht werden soll, wenn eine solche Gleichheit jemals erreicht wäre.

In den staatssozialistischen Ländern war der Druck zur Entindividualisierung unterschiedlich ausgeprägt, aber Tendenzen dazu gab es regelmäßig. Es sei nur daran erinnert, wie zu Zeiten der Kulturrevolution in China angestrebt wurde, dass möglichst alle Menschen gleich gekleidet sind. In dieser Zeit wurden nicht nur die Medien völlig vereinheitlicht, sondern man versuchte auch mit allen Mitteln, die Vielfalt der Kultur zu beschränken. Bach und Beethoven wurden zum Beispiel verboten. Wer solche Musik hören wollte, hatte demnach ein »falsches« kulturelles Bedürfnis. Noch schlimmer waren die Zustände unter Pol Pot in Kambodscha, als selbst die Entscheidung zu Eheschließungen entindividualisiert wurde. In Gesellschaften, in denen dies versucht wurde bzw. wird, bedarf es immer der Autorität eines Einzelnen, um die

Maßstäbe für das, was richtig und falsch sein soll, festlegen zu lassen. Namen wie Josef Wissarjonowitsch Stalin, Mao Zedong, Kim Il-Sung, Kim Jong-Il oder Nicolae Ceauşescu seien hier nur stellvertretend genannt. Die jeweiligen kommunistischen Parteien sorgten dafür, dass diese Personen gottähnlich behandelt wurden. Ihre Autorität galt – solange sie die Macht in den Händen hielten – als unumstößlich. In Nordkorea ist es noch heute so, dass alle Menschen, denen man begegnet, das gleiche Abzeichen tragen. Das Bildnis zeigt den Führer Kim Jong-Il. Im Kern ist dies eine Art Ersatz für die Forderung aus dem Alten Testament, man habe keinen anderen als den wahren Gott anzubeten.

Für die demokratische Linke bietet ein so verstandener Gleichheitsgedanke zunächst einmal keine ausreichenden Entwicklungschancen für die Gesellschaft. Die demokratische Linke wehrt sich aber ohnehin gegen jeden Versuch, Menschen zu entindividualisieren. Sie strebt deshalb im Unterschied zu einer faktischen Gleichheit die Chancengleichheit für Menschen an, respektiert aber, dass die Einzelnen sie unterschiedlich und für verschiedene Zwecke nutzen. Das ist für sie so lange akzeptabel, wie dadurch nicht Rechte anderer beeinträchtigt werden. Die Vereinheitlichung der Bedürfnisse ist für sie nie ein Ziel gewesen. Die dagegen angestrebte Chancengleichheit ist bislang auch noch in keiner Gesellschaft realisiert worden. Wer Chancengleichheit anstrebt, muss gesellschaftliche Verhältnisse radikal verändern, wer Gleichheit im Sinne der dogmatischen Linken anstrebt, muss den Menschen verändern, ihn letztlich entmenschlichen. Auch die Chancengleichheit kann nur ein Ziel sein, dem man sich nähert. Für mich ist sie ein lohnendes Ziel, während Gleichheit im Sinne von Entindividualisierung für mich nicht nur nicht erstrebenswert ist, sondern bekämpft werden sollte. Sie muss zur Unterdrückung, zu einer Diktatur führen, die über den Gleichheitsgedanken eine Scheinlegitimität zu erlangen versucht. Die demokratische Linke kann sich dabei auch auf Karl Marx und Friedrich Engels stützen, die im Kommunistischen Manifest feststellten, dass die Freiheit des Einzelnen Voraussetzung für die Freiheit aller ist.

Dieser Unterschied zwischen dem Gleichheitsverständnis der dogmatischen und undogmatischen Linken hat auch mentale Folgen. Die demokratische Linke strahlt Lebenslust aus. Wer Chancengleichheit mit einem Höchstmaß an Individualität verbinden will, strebt kein generalisiertes, sondern individuelles Glück für sich und andere an. Das Leben soll Freude machen, befriedigen, Erfüllung ermöglichen, und deshalb suchen die Vertreterinnen und Vertreter dieser Ansicht auch selbst nach Lebensfreude. Sie streben sie nur nicht für sich allein, sondern möglichst für alle an. Sie sind deshalb mit ihrem Leben nicht zufrieden, solange andere weit davon entfernt sind, individuelles Glück zu erreichen.

Bei der Art von Gleichheit, die die dogmatische Linke anstrebt, wissen ihre Vertreterinnen und Vertreter, dass sie vornehmlich Bedürfnisse beschränken müssen. Sie wollen deshalb keine Lebenslust vermitteln und strahlen sie in der Regel auch nicht aus. Es ist kein Zufall, dass dogmatische Linke häufig humorlos sind. Es spiegelt sich in ihrem Gesicht, in ihrer Sprache und in ihrer Körperhaltung wider. Natürlich gibt es auch Anhängerinnen und Anhänger der dogmatischen Linken, die für sich selbst Lebenslust anstreben und auch in Anspruch nehmen. Aber sie werden immer dazu tendieren, dies zu kaschieren, dies möglichst nicht öffentlich werden zu lassen. Die Politbüromitglieder in den staatssozialistischen Ländern haben in den ersten Jahren häufig wenig materielle Bedürfnisse gehabt oder sie unterdrückt. Im Laufe der Zeit haben sie sie in einem immer höheren Maße entwickelt und befriedigt, aber kaum dazu gestanden. Ihre Bedürfnisbefriedigung wurde zu einer Art Staatsgeheimnis. Noch heute beobachte ich eine gewisse Verlogenheit bei führenden Vertreterinnen und Vertretern der dogmatischen Linken. Ich weiß selbst sehr gut, wie Bundestagsabgeordnete leben, habe aber festgestellt, dass dogmatische Linke auf Kundgebungen so auftreten, als wären sie selbst Sozialhilfeempfangende.

Wer als dogmatischer Linker eine Revolution anstrebt und erfolgreich an ihr mitwirken kann, wird unmittelbar danach vorwiegend die Sicherung neuer Machtverhältnisse im Auge haben.

Das gilt politisch wie ökonomisch. Er wird zur Machtsicherung alle Mittel und Methoden einsetzen, die er für erforderlich hält. Er hat zu solchen Methoden und Mitteln kein prinzipiell befürwortendes oder ablehnendes Verhältnis. Für ihn ist nur entscheidend, wer sie gegen wen anwendet. Vertreter der dogmatischen Linken haben nicht selten versucht, die Todesstrafe in den USA zu verurteilen, aber ihre Anwendung in der früheren Sowjetunion und der früheren DDR zu rechtfertigen. Politische Verfolgungen in kapitalistischen Staaten sind danach zweifellos reaktionär, weil sie Fortschritt behindern, während politische Verfolgungen in den sozialistischen Ländern als legitim empfunden werden, weil sie der Sicherung der Macht der »Richtigen« dienen. Die dogmatische Linke wird in einer Partei den Pluralismus nur so lange anstreben, wie sie selbst nicht die Mehrheit hat und durch den Pluralismus geschützt wird. Sie wird ihn ablehnen, sobald sie über eine ausreichende Mehrheit verfügt. Wenn die dogmatische Linke einmal die Macht in einer Gesellschaft erobert hat, wird sie stets versuchen, einen Machtwechsel zu verhindern. Sie wird vielleicht von einer Mehrheit der Gesellschaft zur Macht getragen, aber sie würde es dieser Mehrheit nie freiwillig zubilligen, ihr die Macht zu entziehen. Deshalb schließt sie in ihrer Machtausübung bestimmte demokratische Strukturen von vornherein aus.

Die demokratische Linke hat zur Macht ein völlig anderes Verhältnis. Die Veränderung der Gesellschaft hin zur Chancengleichheit ist ihr Hauptziel, unabhängig davon, ob sie dabei die Macht ausübt oder nicht. Wenn sie die Macht erobert, wird sie versuchen, eine Mehrheit in der Gesellschaft davon zu überzeugen, dass es bei diesen Machtverhältnissen bleiben soll. Sie wird es aber akzeptieren, wenn die Mehrheit in der Gesellschaft ihr die Macht wieder entziehen will. Sie wird deshalb nicht die gleichen Mittel und Methoden anwenden, die sie während ihrer eigenen Unterdrückung erfahren hat. Und sie ist auch nicht bereit, bestimmte Methoden gegen die dogmatische Linke anzuwenden, die diese ihr gegenüber immer anwenden würde.

Ich habe einmal eine Art Experiment mit einer Gruppe von PDS-Bundestagsabgeordneten durchgeführt. Nach einer Veranstaltung, auf der auch Vertreterinnen und Vertreter der Marxistisch-Leninistischen Partei Deutschlands (MLPD) auftraten, waren wir ziemlich geschockt. Verbiesterte Gestalten waren uns begegnet, die in ihren Redebeiträgen so weit gingen, den Stalinismus zu rechtfertigen. In ihrer Zeitung habe ich einmal gelesen, dass die Todesstrafen in den Moskauer Schauprozessen gerechtfertigt gewesen seien, man müsse nur einmal die Geständnisse der Angeklagten nachlesen. Inzwischen weiß nun jeder, wie es zu diesen Geständnissen gekommen ist, und im Übrigen rechtfertigten nicht einmal diese Geständnisse die Todesstrafe. Ich habe dann in diesem kleinen PDS-Kreis gefragt, was sie eigentlich machten, wenn sie nur eine einzige Wahl hätten, nämlich entweder allein von der MLPD oder allein von der FDP regiert zu werden. Relativ spontan entschieden sich alle Anwesenden für die FDP. Das spricht zweifellos nicht für die FDP, sondern nur gegen die MLPD. Denn so sehr ich die unsozialen Verhältnisse unter einer FDP-Alleinherrschaft kritisieren müsste und so sehr ich unter ihnen auch litte, immerhin könnte ich mich relativ frei bewegen, müsste keine Rechenschaft darüber ablegen, wenn ich ein Restaurant besuchte, an einer Versammlung nicht teilnähme, müsste mir nicht vorschreiben lassen, welche Filme ich sehen, welche Bücher ich lesen darf und welche nicht. Ich bliebe wenigstens ein Individuum, wenn auch in sozial ungerechten Verhältnissen. Vielleicht wäre es unter der MLPD in einem formalen Sinne auf niedrigstem Niveau sogar sozial gerechter, aber als Individuum würde man so gut wie gar nicht geduldet werden.

Es gab immer wieder Phasen in der Geschichte, in der die dogmatische Linke mehr Einfluss gewann als die demokratische. Regelmäßig war das dann der Fall, wenn in kapitalistischen Gesellschaften Not und Elend ein solches Ausmaß erreichten, dass dadurch für die Masse individuelles Glück unerreichbar schien. In solchen Situationen träumen viele Menschen kaum noch von der Entfaltung ihrer Individualität, sondern vornehmlich von der Sicherheit, ihre Grundbedürfnisse befriedigen zu können. Diese Sicherheit verspricht die dogmatische Linke, und sie hat sie in der Regel dort, wo sie die Macht hatte, auch einigermaßen gewährleistet. Hinzu kommt, dass nach einer längeren Phase der Unterdrückung von Menschen Hass entsteht. Die dogmatische Linke bietet die viel größere Gewähr dafür, dass der Wunsch nach Vergeltung, der in solchen Phasen aufkeimt, befriedigt wird. Aber immer dann, wenn die dogmatische Linke an die Macht kam, hat sie Schritt für Schritt eine ursprünglich mehrheitliche Zustimmung, wenn sie diese überhaupt hatte erlangen können, verspielt. Denn spätestens in dem Moment, da die materiellen Bedürfnisse auf einem bestimmten Niveau gesichert sind, streben die Menschen nach Höherem, auch nach mehr Individualität und individuellem Glück. Hier beginnen dann die Widersprüche und deren Unterdrückung. Kurt Hager, früher Mitglied des Politbüros des Zentralkomitees der SED, soll bei seinem letzten Besuch in Italien den DDR-Botschafter gefragt haben, weshalb die Leute in der DDR eigentlich so unzufrieden seien. Schließlich hätten alle eine warme Wohnung, zu essen und zu trinken und ausreichend Kleidung. Als mir der Botschafter dies 1990 erzählte, wurde mir einiges klar. Kurt Hager hatte die Bedürfnisse der Arbeiterbewegung aus den zwanziger Jahren artikuliert. Er hatte die veränderte Bedürfnisstruktur, den Wunsch nach individuellem Glück nicht nachvollzogen, sondern glaubte, die Macht der SED sei dadurch ausreichend legitimiert, dass man jene Bedürfnisse befriedigt hatte, die ihm selbst in seiner Jugend als die grundlegenden Wünsche der Arbeiterinnen und Arbeiter begegnet waren.

Wenn die demokratische Linke in der Auseinandersetzung mit der dogmatischen Linken die Entwicklung der Individualität betont, bedeutet das keinesfalls eine Unterschätzung des Umstands, dass der Mensch nicht nur ein Individuum, sondern auch ein gesellschaftliches Wesen ist. Ihr Ziel ist nicht Individualismus, Vereinzelung oder gar Vereinsamung. Das sich einordnende Leben in Kollektiven ist und bleibt in verschiedenen Momenten wichtig. Jede und jeder hat nicht nur Verantwortung für sich selbst, sondern auch für andere und die Gesellschaft als Ganzes. Nur dürfen diese Erkenntnisse und Anforderungen nicht zu einer Schleifung von Individualität führen.

Die Geschichte der Sozialdemokratischen Partei Deutschlands und der Kommunistischen Partei Deutschlands, auch ihrer vielen Abspaltungen, ist zugleich eine Geschichte der demokratischen und der dogmatischen Linken. Die SPD gründete sich, stark beeinflusst von Karl Marx, Friedrich Engels, Wilhelm Liebknecht und August Bebel, als revolutionäre Partei. Sie besaß sowohl demokratische als auch dogmatische Züge. Sie war auch durch die Methoden geprägt, mit denen sie verfolgt wurde. Ihre Mitglieder wussten aber, dass sie für die Überwindung von Elend und Not in der Arbeiterschaft eintraten, und waren sich deshalb sicher, eine neue, eine höhere Gerechtigkeit anzustreben. Die Abspaltung des Spartakusbundes und die Bildung der Kommunistischen Partei Deutschlands aus der SPD heraus hatten ihre Ursachen darin, dass die SPD nationalistische Züge bekam und danach strebte, akzeptierter Teil der kapitalistischen Gesellschaft zu werden. Sie wollte die bestehende Gesellschaft sozialer organisieren, aber nicht mehr überwinden. Nachdem die Abgeordneten der SPD im Reichstag auch noch den entscheidenden Fehler begingen, den Krediten für den Ersten Weltkrieg zuzustimmen, musste es zu heftigen Auseinandersetzungen innerhalb der SPD kommen. Sie war einerseits Trägerin der Novemberrevolution von 1918 gewesen und hatte sie andererseits abgedrosselt. Die SPD versuchte, nicht nur die Arbeiterschaft, sondern auch das Kleinbürgertum für sich zu gewinnen, was Folgen für ihre Entwicklung und ihre Kultur hatte. Die KPD musste bei ihrer Gründung sehr viel konsequenter auf die Massen wirken. Ihre Gründung war aber nicht nur Ausdruck der Widersprüche innerhalb der SPD. Sie war auch ein Ergebnis der Oktoberrevolution in Russland. Im Unterschied zur SPD war die KPD bereit, der Kommunistischen Internationale beizutreten und sich damit der Kommunistischen Partei der Sowjetunion unterzuordnen. Für sie entschied das jeweilige Verhältnis zur UdSSR über den wahren revolutionären Charakter einer Partei.

Die Fehler beider Parteien sind historisch. Es war ein Innenminister der SPD, der an einem 1. Mai auf Arbeiter schießen ließ. Man kann auch daran erinnern, welche Chancen reaktionäre

Kräfte in Deutschland unter sozialdemokratischer Führung bekamen, nachdem der so genannte Kapp-Putsch niedergeschlagen
war. Auch der Kampf der SPD gegen die NSDAP und ihre Machtergreifung war nicht besonders überzeugend. Letzteres gilt aber
auch für die KPD, für die die SPD mindestens ein gleich großer,
wenn nicht sogar größerer politischer Gegner war als die NSDAP.
Das böse, von der KPD geprägte und auf die Sozialdemokratie ge-
münzte Wort vom »Sozialfaschismus« bringt dies klar zum Ausdruck. Die KPD unterwarf sich allen Beschlüssen der Kommunistischen Internationale, unabhängig davon, ob sie für die Situation
in Deutschland passend waren oder nicht. Sie hat immer wieder
irgendwelche Abweichlerinnen und Abweichler gesucht und gefunden und ihnen die politische Heimat entzogen. Erinnert sei an
die Ablehnung des »Luxemburgismus«. Der Kampf gegen die
Trotzkistinnen und Trotzkisten wurde mit einer Leidenschaft geführt, als ob es sich bei ihnen um die Feinde der Menschheit
schlechthin handelte. Die KPD hat die Moskauer Schauprozesse
und die Unterdrückungen und Verfolgungen in der Sowjetunion
gerechtfertigt und auch zugesehen, wenn eigene Mitglieder, die in
der Zeit des Nationalsozialismus dorthin emigriert waren, verfolgt, gefoltert, verurteilt und hingerichtet wurden.

Bei allen Vorwürfen, die man gegen die SPD wegen ihres Verhaltens in diesen Jahrzehnten erheben kann, Vergleichbares hat es
bei ihr nicht gegeben. Es ist und bleibt eine Tatsache, dass Sozialdemokratinnen und Sozialdemokraten von an der Macht befind-
lichen kommunistischen Parteien sehr viel schärfer verfolgt und
unterdrückt wurden, als dies umgekehrt je der Fall war. Das heißt
nicht, dass es das Umgekehrte nicht gegeben hätte, nur eben nicht
in gleichem Ausmaß. Als der letzte demokratisch gewählte
Reichstag zusammentrat, fehlten bereits die Abgeordneten der
KPD. Es gab kein Wort des Protestes seitens der sozialdemokratischen Fraktion, obwohl ihre Mitglieder wussten, dass die kommunistischen Abgeordneten nicht erschienen waren, weil sie bereits in Gefängnissen saßen, einige von ihnen schon erschossen,
andere ins Ausland geflohen waren. Es dauerte nicht lange, und
die Mitglieder der sozialdemokratischen Fraktion erlitten ein

ähnliches Schicksal. Auch als die Regierung unter Konrad Adenauer das Verbot der Kommunistischen Partei Deutschlands vor dem Bundesverfassungsgericht beantragte, wurden kaum Proteste der SPD laut. Das galt auch, als anschließend die Mitglieder der KPD verfolgt und eingesperrt wurden, bis das Bundesverfassungsgericht die rückwirkende Anwendung des eigenen Verbotsbeschlusses und damit die Strafverfolgung wegen früherer Mitgliedschaft in der KPD als verfassungswidrig untersagte. Aus der jüngeren Geschichte der Bundesrepublik ist bekannt, dass die Berufsverbote von der SPD eingeführt wurden, nicht von der CDU, die sie dann allerdings aufrechterhielt und nutzte.

Aber die Verfolgungen von Sozialdemokratinnen und Sozialdemokraten in der DDR waren viel schlimmer und in ihren Konsequenzen unvergleichlich härter. Das war schon deshalb besonders verwerflich, weil die SED einen Zusammenschluss von KPD und SPD darstellte und sich damit eigentlich zur Fortsetzung auch sozialdemokratischer Traditionen verpflichtet hatte. Es gibt in der SPD nicht nur demokratische Linke, sondern auch dogmatische. Einige derjenigen, die von der SPD zur PDS gewechselt sind, beweisen dies anschaulich. Umgekehrt gab und gibt es in kommunistischen Parteien stets auch undogmatische, demokratische Linke, die die Konsequenz der kommunistischen Bewegung schätzten und schätzen. Gerade diese Konsequenz, die Radikalität der Vorstellungen von der Veränderung gesellschaftlicher Verhältnisse, war es, die die kommunistischen Parteien auch für viele Intellektuelle in bestimmten Phasen ihrer Entwicklung anziehend machte. Nach dem Niedergang der nationalsozialistischen Herrschaft und des Faschismus gab es in vielen europäischen Ländern einen großen Respekt vor den Opfern, die gerade auch die Mitglieder kommunistischer Parteien im Kampf gegen Naziherrschaft und Faschismus erbracht hatten. Viele bedeutende linke Intellektuelle Italiens und Frankreichs waren zumindest vorübergehend Mitglieder der kommunistischen Parteien ihrer Länder. Aber immer dann, wenn sich Schritt für Schritt der Dogmatismus durchsetzte, zogen sich Intellektuelle, aber auch viele andere Menschen aus solchen Parteien zurück.

Die Geschichte der deutschen Sozialdemokratie kann sich bei aller berechtigten Kritik demokratisch nennen, die des deutschen Kommunismus nicht.

Nach 1945 wuchsen die Widersprüche zwischen den kommunistischen Parteien. Die kommunistische Internationale war aufgelöst worden. Später entstand zum Beispiel der so genannte Eurokommunismus, ein Bündnis der kommunistischen Parteien Italiens, Frankreichs und Spaniens. Sie kritisierten die Art und Weise der Herrschaftsausübung in den staatssozialistischen Ländern, demokratisierten sich selbst und strebten sozialistische Verhältnisse unter demokratischen Bedingungen an. Solche Entwicklungen wurden auch immer wieder zurückgeworfen. So wie es 1968 der Sowjetunion egal war, dass sie durch die Art ihrer Machtsicherung in der tschechoslowakischen Republik die Achtundsechzigerbewegung in der Bundesrepublik Deutschland, in Frankreich und anderswo mit kaputtmachte, so war es den USA egal, dass sie mit ihrer Beteiligung am Putsch gegen den demokratisch gewählten sozialistischen Präsidenten Salvador Allende in Chile der demokratischer werdenden Linken zum Beispiel in Italien, Frankreich und Spanien einen schweren Schlag versetzten. Der dogmatischen Linken galt der Putsch gegen Salvador Allende als Beweis dafür, dass die Feinde des Sozialismus eine demokratische Machtausübung nutzten, um die Verhältnisse gewaltsam zurückzudrehen. Sie konnten in diesem Falle darauf verweisen, dass es richtiger gewesen wäre, wenn Salvador Allende Augusto Pinochet und andere eingesperrt, wenn er einen funktionierenden Geheimdienst und Gewaltapparat gehabt hätte. Schon Karl Marx und Friedrich Engels mussten sich mit dieser Problematik auseinander setzen, nachdem die Pariser Kommune gescheitert war. Damals entwickelte Karl Marx seine Vorstellung, dass nach einer erfolgreichen sozialistischen Revolution der Staatsapparat zerschlagen werden müsse, um die Macht zu sichern. Als Rosa Luxemburg in Haft saß und die Entwicklung in der Sowjetunion nach der Oktoberrevolution beobachtete, schrieb sie ihre berühmten Briefe aus dem Gefängnis. Ihre Kritik an den Zuständen in der Sowjetunion sind in jeder Hinsicht bemerkenswert. Sie hat nicht etwa generell jede Unterdrückung der ehemals Herrschenden abgelehnt. Auch sie kannte die Erfahrungen der Pariser Kommune, und sie wusste, welchen Repressalien sie selbst ausgesetzt war. Aber sie verlangte, dass solche Methoden nicht nur befristet würden, sondern dass sie gegebenenfalls als notwendig, aber antisozialistisch zu charakterisieren seien. Es störte sie am meisten, dass die Unterdrückung auch noch gepriesen wurde, anstatt sie zu bedauern.

Mir selbst fiel dies nach dem 13. August 1961 auf. Zunächst wurde der Mauerbau als bedauerlich, aber notwendig dargestellt. Später wurden die Jahrestage des Mauerbaus in der DDR gefeiert. Ich habe nie verstanden, weshalb man nicht wenigstens versuchte, die Errichtung der Mauer als von außen aufgezwungen, aber innerlich unerwünscht darzustellen, sondern meinte, ihn als besonders erfolgreiche »sozialistische« Maßnahme preisen zu müssen. Das änderte zwar nichts an den Methoden, sagte aber viel über diejenigen aus, die die Methoden anwandten, und über die Chancen, solche Methoden zu überwinden.

Die demokratische Linke wird Gewalt nur anwenden, wenn sie sich gegen Gewalt wehren muss. Sie wird aber ihre demokratische Auswechslung akzeptieren. Wenn sie eine Mehrheit der Gesellschaft von ihren Ideen nicht mehr überzeugen kann, so ist ihr klar, dass sie nicht berechtigt ist, dieser Mehrheit ihren Willen aufzuzwingen, auch wenn sie noch so sehr davon überzeugt ist, im Recht zu sein. Für die dogmatische Linke gibt es eine solche Unterscheidung nicht. Eine einmal gewonnene Macht wird sie in jedem Fall zu sichern suchen, unabhängig davon, ob sie legal oder illegal, demokratisch oder undemokratisch, friedlich oder mit Gewalt angegriffen wird. Sie denkt und handelt in anderen Kategorien. In ihren Theorien ist die Voraussetzung der Machtübernahme nicht die Zustimmung durch eine Mehrheit der Gesellschaft, sondern eine revolutionäre Situation. Es müssen demnach bestimmte Bedingungen in einer Gesellschaft existieren, die eine Machtübernahme ermöglichen. Ob dies von einer Mehrheit in der Gesellschaft gewünscht ist oder nicht, spielt in solchen Betrachtungen keine Rolle. Dann ist es auch logisch, dass man den

Willen der Gesellschaft nach der Machtübernahme kaum noch erforscht, geschweige denn sich davon hinsichtlich der Machtausübung beeinträchtigen lässt. Die demokratische Linke wird stets dazu tendieren, viel Kraft in die Überzeugungsarbeit zu investieren. Die dogmatische Linke geht diesen Weg auch, aber nur, solange sie keine Macht hat. Danach spielt das Mittel der Überzeugungsarbeit bei ihr immer noch eine Rolle, im Vergleich zur Anordnung und zur doktrinären Vorgabe aber eher eine untergeordnete.

Um Missverständnissen vorzubeugen: Die DDR war eine höchst differenzierte Gesellschaft. In ihr wirkten sowohl dogmatische als auch undogmatische Linke und viele, die sich in keine dieser Kategorien einordnen lassen. Es gab ein deutlich höheres Maß an Individualität und Freiheit als in der Sowjetunion unter Stalin, in China unter Mao Zedong oder in Rumänien unter Nicolae Ceaușescu und andererseits weniger Individualität und Freiheit als zum Beispiel in Jugoslawien unter Josip Broz Tito, in Ungarn unter János Kádár oder in dem System, wie es unter Alexander Dubček in der Tschechoslowakei angestrebt wurde. Die Verhältnisse in der DDR waren auch nicht zu allen Zeiten gleich. Das galt sowohl für die Befriedigung materieller als auch kultureller Bedürfnisse. Während Anfang der sechziger Jahre noch Menschen verurteilt wurden, die einen zusätzlichen Decoder erwarben, um das Zweite Deutsche Fernsehen empfangen zu können, verkaufte die DDR Ende der achtziger Jahre selbst Fernsehgeräte, die mit dem Pal-System ausgestattet waren. Das Pal-System konnte nur einem Zweck dienen, nämlich das Westfernsehen auch in Farbe zu empfangen.

In diese komplizierte Geschichte der dogmatischen und der demokratischen Linken trat die PDS ein, als sie im Dezember 1989 aus der SED hervorging. Es war offenkundig, dass nach dem Niedergang der DDR, nach dem Scheitern des so genannten real existierenden Sozialismus, nachdem überdeutlich war, dass eine Mehrheit in der Gesellschaft diesen Sozialismus ablehnte, jene Kräfte in der PDS die Oberhand gewannen, die man als demokratische Linke bezeichnen kann und die keinen Staatssozialismus anstreben. Diesem Umstand verdankt sie ihren Namen, Partei des Demokratischen Sozialismus. Aber von Anfang an war auch die dogmatische Linke in der PDS vertreten. Wenn man eine Alternative zu dem in der Bundesrepublik Deutschland relativ demokratisch organisierten Kapitalismus aufzeigen wollte, ging das nie und nimmer unter der Voraussetzung, dass man sozialere Verhältnisse unter weniger demokratischen Zuständen anbot. Im Gegenteil, man musste nicht nur mehr soziale Gerechtigkeit, sondern auch mehr Demokratie anstreben. Das aber konnte nur dann glaubwürdig gelingen, wenn demokratische Linke das Sagen in der PDS hatten. Von Anfang an gab es gegen diese Entwicklung auch Widerstände. Sie wurden auf unterschiedlichen Feldern ausgetragen.

Ein Grund für innerparteiliche Spannungen war die unterschiedliche Bewertung der Verhältnisse in der DDR. Die Glaubwürdigkeit der demokratischen Linken hing davon ab, dass sie alles Undemokratische in der DDR verwarfen. Die dogmatischen Linken versuchten dagegen, die DDR so weit wie möglich zu rechtfertigen, auch ihre undemokratischen Strukturen. Ihre Auseinandersetzung mit der DDR war keine Strukturkritik, sondern Kritik an subjektiven Fehleinschätzungen verantwortlicher SED-Führer. So schneidet Walter Ulbricht zum Beispiel bei Sahra Wagenknecht wesentlich besser ab als Erich Honecker. Vielleicht hatte Walter Ulbricht tatsächlich weiter reichende ökonomische Vorstellungen als Erich Honecker, da er frühzeitig auf Eigenständigkeit der Betriebe, Automatisierung und Elektronik setzte. Aber andererseits steht fest, dass Walter Ulbricht noch viel stärker als Erich Honecker zu undemokratischen, dogmatischen und die Individualität unterdrückenden Methoden neigte. Zweifellos regierte er in einer anderen Zeit, aber das rechtfertigte diese Methoden niemals.

Das zweite Auseinandersetzungsfeld bestand in der Frage, ob und inwieweit man sich auf gegebene gesellschaftliche Verhältnisse einlässt. Will man sie »nur« verändern oder aber überwinden? Recht zügig begannen die Vertreterinnen und Vertreter der dogmatischen Linken innerhalb der PDS nach 1990, der demokratischen Linken zu unterstellen, sie habe sich mit dem Kapitalismus abgefunden, wolle ihn höchstens noch verändern, nicht aber überwinden. Wieder kam der alte Vorwurf des »Sozialdemokratismus«. Er wurde nicht so aggressiv formuliert wie früher. Es genügte der Hinweis darauf, dass Deutschland keine zweite Sozialdemokratie benötige. Es fehlte der Hinweis, dass es auch keiner zweiten Deutschen Kommunistischen Partei (DKP) bedürfe. Die Auseinandersetzung wurde vor allem darüber geführt, ob sich die PDS an Landesregierungen und gegebenenfalls auch an einer Bundesregierung beteiligen dürfe oder sogar solle. Es gibt viele Argumente dafür und dagegen. Aber die dogmatischen Linken befürchteten vor allem, dass Regierungsbeteiligungen zur Akzeptanz kapitalistischer Verhältnisse durch die PDS führen könnten. Tatsächlich ist es so, dass in Landesregierungen die Rahmenbedingungen nicht oder kaum verändert werden können. Mehr soziale Gerechtigkeit muss finanziert werden, und wenn diese Mittel nicht zur Verfügung stehen, ist sie auch bei einer Regierungsbeteiligung der PDS nicht – zumindest nicht in gewünschtem Umfang – zu realisieren. Von Anfang an haben deshalb die Vertreterinnen und Vertreter der dogmatischen Linken in der PDS versucht, die Regierungsbeteiligungen zu denunzieren. Es gab von ihrer Seite kaum Solidarität, sondern überwiegend eine Anhäufung von Vorwürfen, mal mit, mal ohne Sachkenntnis.

Die Kritik an Verantwortlichen der PDS in Landesregierungen aus der eigenen Partei heraus ist völlig legitim und auch notwendig. Sie ist in meinen Augen ein Beitrag zu einer erfolgreichen Regierungsbeteiligung, wenn sie solidarisch ist. Die Kritikerinnen und Kritiker aus den Reihen der dogmatischen Linken nutzen aber jede Gelegenheit, um die Regierungsbeteiligung an sich zu denunzieren.

Die Positionen der dogmatischen Linken gewannen im Jahr 2002 in der PDS an Bedeutung und haben sich – zumindest vorübergehend – auf dem Parteitag von Gera, der zwei Wochen nach der Bundestagswahl stattfand, durchgesetzt. Dabei muss bedacht werden, dass die PDS bis zum Jahr 2002 keine ernsthafte Wahlschlappe erlebt und den Umgang damit nicht gelernt hatte. Die

Delegierten des Parteitages waren zutiefst verunsichert. Die so genannten Reformerinnen und Reformer unterlagen in jeder Frage. Sie hatten sich miserabel vorbereitet, kein eigenes Konzept entwickelt. Sie reagierten aber relativ konsequent, indem sie sich nicht mehr zur Wahl stellten. Vertreterinnen und Vertreter der kommunistischen Plattform und des marxistischen Forums konnten auf früheren Parteitagen noch so deutlich inhaltlich unterliegen, sie versuchten immer, einzelne Leute in Funktionen zu hieven, um für spätere Zeiten vorbereitet zu sein. Auch als sie in Vorbereitung des für Juni 2003 anberaumten Sonderparteitages den Rückgang ihres Einflusses spürten, riefen sie sofort nach Pluralismus, um wenigstens im neuen Vorstand vertreten zu sein. Vertreterinnen und Vertreter der demokratischen Linken haben auch dazu eine andere Einstellung. Wenn ihr politischer Kurs bestätigt wird, sind sie bereit, Verantwortung zu übernehmen. Sie stellen sich aber nicht zur Wahl, um eine Politik mit zu verantworten, von der sie nicht überzeugt sind. Ich bin der Meinung, dass ein Parteitag konsequent sein soll. Wenn er eine bestimmte politische Richtung festlegt, muss er auch das entsprechende Personal wählen. Alles andere ist nicht nur inkonsequent, sondern beschwört die ständige Wiederholung alter Konflikte herauf. So war dies in früheren Jahren, in denen sich die so genannten Reformerinnen und Reformer in der PDS inhaltlich durchsetzen konnten, die Personalentscheidungen dem aber partiell widersprachen.

Um einen Kurswechsel zu erreichen, muss man dem Gefühl von Delegierten nachgeben. Dazu gehören dann markige, scheinbar sozialistische Sprüche, um die Eigenständigkeit der PDS gegenüber der SPD zu betonen. Jeder Satz, der in diese Richtung ging, wurde in Gera mit großem Beifall bedacht, ob es sich um die Forderung nach der Verstaatlichung von Banken oder um andere Thesen handelte, die den Delegierten aus früherer Zeit bekannt waren und mithin auch der Bestätigung des in der DDR gelebten Lebens dienten. Es ist immer leichter, auf ein bekanntes, einmal verinnerlichtes ideologisches Rüstzeug zurückzugreifen, als dieses in Frage zu stellen. Die Entwicklungen in Deutschland nach 1990 scheinen ja auch vieles von den früheren ideologischen Prämissen zu bestätigen. Das alles kann man nutzen, wenn man einen Kurswechsel herbeiführen will. Man fordert von den Delegierten nicht mehr, sich mit sich selbst und der eigenen Politik auseinander zu setzen, sondern bedient ein »ungutes Gefühl« und versucht, sich seine eigene autonome Welt zu schaffen. Leuten wie Diether Dehm und Uwe Hiksch kommt es darauf an, den Saal zu gewinnen, der mehrheitlichen Gefühlslage zu entsprechen. Relativ unerheblich ist es für sie, welche Wirkungen nach außen erzielt werden, ob der gesellschaftliche Einfluss der PDS zu- oder abnimmt. Demokratische Linke haben es diesbezüglich sehr viel schwerer. Sie müssen in der PDS immer verlangen, dass sich Delegierte neuen Herausforderungen stellen, selbstkritisch mit dem eigenen Leben umgehen, nicht auf alte Antworten zurückgreifen, sondern nach neuen suchen. Sie dulden also keine intellektuelle Bequemlichkeit, die die dogmatische Linke geradezu voraussetzt.

Ein Reiz der PDS bestand früher darin, dass sie auf ihren Parteitagen und Veranstaltungen eine familiäre Atmosphäre entwickelte und ausstrahlte. Wie in allen Familien gab es auch mal Streit, aber der familiäre Zusammenhalt war immer gegeben. In solchen Momenten wirkte die PDS sympathisch, liebenswürdig. Roland Claus hat zu Recht einmal darauf hingewiesen, dass von dieser Art PDS eine gewisse Erotik ausgehe. Die PDS hat in Gera ihre Erotik verloren. Damit löst sie die emotionalen Bindungen zu einem größeren Teil ihrer potenziellen Wählerschaft. Die PDS wirkte nicht mehr wie eine Partei, die um Antworten ringt, die nach Akzeptanz sucht, die kritisch mit ihrer eigenen Geschichte, solidarisch mit den Sorgen der Menschen umgeht, sondern wie eine Partei, die als Einzige genau weiß, wo es langgehen muss, und die dabei in Kauf nimmt, dass ihr niemand folgt. Sie weiß es ohnehin besser. Mangelnde Anziehungskraft ist durch Ideologie nie zu ersetzen.

Wenn man erklärt, man wolle »keinen Frieden mit dieser Gesellschaft«, dann gibt man auch kund, dass man mit dieser Gesellschaft nichts zu tun haben will. Das aber ist Ausdruck einer selbst gewählten Isolierung und nur für solche Menschen interessant, die sich selbst in hohem Maße in der Gesellschaft isoliert fühlen. Es ist eine Voraussetzung für die erfolgreiche Bildung einer Sekte, bedeutet aber zugleich, gesellschaftlichen Einfluss aufzugeben. Die Menschen suchen Orientierung, Visionen, aber auch praktische Veränderungen, die ihren Lebensalltag verbessern. Die PDS wirkte nach Gera wie eine Partei, die sich mit sich selbst beschäftigt und die sich für Dinge zuständig fühlt, die mit dem Alltagsleben der Menschen nichts oder wenig zu tun haben. Nur so lässt sich erklären, dass der demoskopische Niedergang der SPD keinen Aufschwung der PDS zur Folge hat.

Gabriele Zimmer hat zügig begriffen, dass mit der Kursänderung von Gera, die sie verteidigen muss, eine erfolgreiche Politikentwicklung für die PDS nicht zu realisieren ist. Deshalb versuchte sie, Korrekturen anzubringen, setzte sich mit Diether Dehm und Uwe Hiksch auseinander, ging auf André Brie, mich und andere zu. Sie bemühte sich, einen Weg zu finden, der die PDS ausreichend von der SPD unterscheidet, der aber nicht auf das ideologische Rüstzeug früherer Jahrzehnte zurückgreift. Sie berief André Brie zum Wahlkampfleiter der PDS für die Europawahl. Das war ein deutliches personelles Signal in Richtung der so genannten Reformerinnen und Reformer. Ende Februar 2003 legte sie einen Entwurf zu einem neuen Parteiprogramm der PDS vor, an dem André Brie, Michael Brie und Dieter Klein maßgeblich mitgewirkt hatten. Auch Formulierungsvorschläge von mir hat sie berücksichtigt. Unverzüglich entstanden wieder die alten Fronten, diesmal wandten sich die kommunistische Plattform und das marxistische Forum gegen Gabriele Zimmer. Mit der Vorlage des Programmentwurfs hatte sie die Entscheidung getroffen, die PDS wieder in Richtung Gesellschaft zu öffnen. Im Rahmen der Programmdebatte werden sich die bisherigen Auseinandersetzungen widerspiegeln. Noch kann niemand einschätzen, ob dieser Entwurf – zumindest im Wesentlichen – auf dem Parteitag der PDS im Herbst angenommen wird. Ich bin weit davon entfernt, die Bedeutung eines Programmentwurfs zu überschätzen. Dennoch könnte die Debatte bis dahin und die Annahme dieses Programms eine Chance für die PDS bedeuten, sich wieder verstärkt in der Gesellschaft zu etablieren.

Die Achtundsechzigerbewegung in der alten Bundesrepublik

hat die Gesellschaft erheblich verändert, und zwar zu ihrem Vorteil. Nur darf man sich keine Illusionen machen. Ihre Akteure waren häufig intolerant und dogmatisch. Ein kleiner Teil ging in den Terrorismus, andere gründeten die Grünen, wieder andere gingen zur SPD, und nicht wenige organisierten sich in den unterschiedlichsten kommunistischen Gruppen, von denen keine einzige nennenswerten Einfluss in der Gesellschaft gewann. Unter den kommunistischen Organisationen war die DKP sicherlich die einflussreichste. Nur spiegelte sie die Achtundsechzigerbewegung nicht wider, schon weil ihr jeder Hang zur Anarchie fehlte. Sie war zwar in der Folge der Ost-West-Entspannung und der Achtundsechzigerbewegung zugelassen worden, war aber ein Anhängsel der SED und hatte mit den Vorstellungen der Achtundsechziger nichts am Hut. In den kleineren kommunistischen Gruppen gab es alle Züge, die man von Sekten kennt. Sie spielen in der Gesellschaft keine Rolle, werden aber vom Staat geheimdienstlich bekämpft und nehmen sich schon deshalb sehr wichtig. Sie suchen vor allem die Auseinandersetzung mit jenen, die ihnen noch zuhören, und das sind in der Regel andere kommunistische Gruppen. Wer in solchen Strukturen politisch erwachsen wird, muss davon keinesfalls sein Leben lang gekennzeichnet bleiben. Aber manche sind von diesen Strukturen so geprägt, dass sie die Gedankenwelt und Methoden einer Sekte in jede politische Organisation hineinzutragen versuchen, der sie im Laufe ihres Lebens angehören. Ihr Wirken hat immer ein zerstörerisches Element. Ihnen ist es in der Regel immer wichtiger, Erster in einer kleinen und unbedeutenden Organisation zu sein als Zweiter oder Dritter in einer einflussreichen Organisation. Der Erfolg nach innen ist für sie der Maßstab, nicht die Veränderung der Gesellschaft, obwohl sie diese besonders deutlich auf ihre Fahne schreiben. Ich kann mit dieser politischen Kultur nichts anfangen, und deshalb musste es zwischen einem Teil der Mitglieder aus den alten Bundesländern und mir zu Konflikten kommen. Ihr Einfluss innerhalb der PDS konnte über die Jahre immer begrenzt werden. Auf dem Parteitag in Gera war er aber deutlich gewachsen, zumindest vorübergehend.

Nach dem Geraer Parteitag wurde schnell klar, dass die PDS so, wie sie inzwischen aufgestellt war, weiter an gesellschaftlichem Einfluss verlor. Es kam dann innerhalb des Parteivorstandes zu Machtkämpfen, wobei Diether Dehm und Uwe Hiksch versuchten, Gabriele Zimmer eine Niederlage nach der anderen beizubringen. Dies gelang immer häufiger, bis Gabriele Zimmer den verantwortungsvollen und mutigen Schritt ging, einen Sonderparteitag zu fordern und sich selbst zur Disposition zu stellen. Sie hat getan, was man in einer solchen Situation tun kann: sich an die eigene Partei zu wenden und die ihr verliehene Macht zurückzugeben.

In den Wochen danach war für mich bemerkenswert, dass jene, die vorher gegen die so genannten Reformerinnen und Reformer eine knallharte Ausgrenzungspolitik betrieben, die darauf hofften, dass bestimmte Leute die PDS verließen, die selbst bei einem Ausschluss schweigend zusahen, nun plötzlich den Pluralismus zu ihrem Hauptschlagwort werden ließen. Sie vermuteten, inzwischen wieder in eine Minderheitenposition geraten zu sein.

Die PDS hat sich auf ihrem Sonderparteitag in Berlin korrigiert. Mit Lothar Bisky als Vorsitzendem und einem politikfähigeren Vorstand, einem Vorstand ohne Diether Dehm und Uwe Hiksch, kann sie ein in der Gesellschaft entstandenes Vakuum auszufüllen versuchen. Die PDS darf sich von ihrem dogmatischen Teil nicht in eine gesellschaftliche Isolation drängen lassen, die ihr die Möglichkeit zur gesellschaftlichen Verankerung nähme.

Dauerhaft wird sie es nicht verkraften, zwei Parteien unter einem Dach zu beherbergen. Die Unterschiede zwischen dogmatischer und undogmatischer Linken sind zu groß, zu unverträglich, progammatisch, politisch, kulturell und mental.

Die PDS hat im Juni 2003 bewiesen, dass ihre demokratische Erneuerung verfestigter ist, als es nach dem Parteitag in Gera aussah. Sie hat eine Chance – mehr noch nicht – zurückgewonnen.

## 7. Kapitel
# Demokratischer Sozialismus

Die Versuchung, auf staatssozialistische Modelle zurückzugreifen oder den Marxismus-Leninismus heranzuziehen, ist für Sozialistinnen und Sozialisten aus der DDR groß. Das eine war millionenfach praktiziert, das andere eine ausgearbeitete Theorie. Allerdings ist der Staatssozialismus gescheitert und damit auch der Marxismus-Leninismus diskreditiert. Dabei findet man bei Karl Marx und Friedrich Engels eine Methode zur Analyse gesellschaftlicher Verhältnisse, die meines Erachtens noch heute große Bedeutung besitzt. Man darf sich nur nicht der Illusion hingeben, dass man sich die Analyse sparen und bei Marx und Engels schlüssige Antworten für die heutige Zeit finden kann. Der Kapitalismus hat sich weiterentwickelt, seit die beiden ihre Schriften verfassten. Er hat so extreme Fehlentwicklungen wie den Faschismus und die nationalsozialistische Herrschaft hervorgebracht, andererseits aber als so genannter rheinischer Kapitalismus auch den Weg zum Kompromiss des Sozialstaats beschritten und so den ökonomischen und politischen Wettbewerb mit dem Staatssozialismus erfolgreich überstanden.

Im 20. Jahrhundert ist eine weitere Komponente hinzugetreten, die Ökologie. Die Gattungsfrage stellt sich heute völlig anders als im 19. Jahrhundert. Weder Kriege noch Seuchen noch Katastrophen anderer Art konnten damals die Menschheit als Ganzes gefährden. Das sieht heute anders aus. Interessant ist, dass die Ökologie in den Frühschriften von Karl Marx eine Rolle spielte, in seinen Spätschriften kaum noch. Die Frage der Gleichstellung der Geschlechter wurde über lange Zeit von Linken als so genannter Nebenwiderspruch behandelt. Sie hat in den letzten Jahrzehnten einen völlig neuen Stellenwert bekommen, wobei August Bebel schon gegen Ende des 19. Jahrhunderts dieser Frage sein Buch »Die Frau und der Sozialismus« widmete. Zu Zeiten von Karl Marx und Friedrich Engels spielten Menschen- und Bürgerrechte schon eine wichtige Rolle, aber die Ökonomie und die soziale Frage dominierten alle anderen Themen. Das ist leicht nachvollziehbar. Für Menschen, die darum ringen müssen, das tägliche Überleben ihrer Familien zu sichern, ist dieser Aspekt der wichtigste.

Seit Jahrtausenden steht die Frage des Eigentums im Mittelpunkt gesellschaftspolitischer Debatten. Das gilt auch für die Schriften von Karl Marx und Friedrich Engels. Ihre Vision war die einer kommunistischen Gesellschaft nach einem hochproduktiven Kapitalismus, der ausreichend Reichtum für die Menschheit erwirtschaftet hat. Gemeineigentum in Form von Staatseigentum – das war die Grundidee aller staatssozialistischen Länder. Nur sind sie mit ihrem ökonomischen und politischen Konzept gescheitert, woraus es Schlussfolgerungen zu ziehen gilt. Zunächst könnten es sich demokratische Sozialistinnen und Sozialisten einfach machen, indem sie darauf verwiesen, dass es zwar schon Staaten mit überwiegendem Staatseigentum gegeben habe, diese aber nicht demokratisch strukturiert gewesen seien. Die These könnte also lauten, man müsste den ganzen Sozialismusversuch wiederholen, nur mit einem demokratischen Staat. Aber ökonomische Entwicklung bedarf wie die gesellschaftliche starker Triebkräfte. Die Frage ist immer, wie diese Triebkräfte bei Staatseigentum entstehen sollen. Die Menschen müssten sich selbst unter Druck setzen und würden dazu neigen, ihn zu unterlaufen. In allen staatssozialistischen Ländern gab es die Tendenz, die Betriebsergebnisse zu beschönigen, um das Ansehen der Betriebsleiter bei der Partei zu erhöhen und um von mehr oder weniger ausgefeilten Bonussystemen zu profitieren. Der Hauptmangel der Idee »demokratischer Staat plus Staatseigentum« besteht darin, dass eine solche Eigentumsstruktur demokratische Strukturen immer wieder in Frage stellte und zum Zentralismus tendierte. Letztlich kann es nur wenige geben, die eine reale Verfügungsgewalt über das Eigentum haben und sich wie Eigentümer fühlen. Ein demokratischer Sozialismus, der die Wiederholung des gescheiterten Sozialismusversuchs mit einem demokratischen Staat darstellte, würde regelmäßig der Gefahr unterliegen, die demokratischen Strukturen einzuschränken oder aufzugeben. Der

Staat ist auch etwas anderes als das Gemeinwesen. In den Visionen von Karl Marx und Friedrich Engels war deshalb auch weniger vom Staatseigentum und mehr vom Gemeineigentum die Rede. Beim Gemeineigentum kann es sich um eine kleinere oder um eine größere Gruppe von Menschen handeln, die die Eigentümerfunktion wahrnehmen. Genossenschaftliches Eigentum ist eine Art Gemeineigentum, und diese Eigentumsart hat sich auch in den staatssozialistischen Ländern im Vergleich zum Staatseigentum als effektiver erwiesen. Je größer allerdings die Zahl von »Miteigentümerinnen« und »Miteigentümern« wird, desto anonymer wird die Eigentumsstruktur. Wenn man die Angelegenheit derart abstrakt diskutiert, könnte man auch zu der Auffassung gelangen, dass Aktiengesellschaften eine Form von Gemeineigentum zumindest dann sein können, wenn es eine Vielzahl von Aktionären und damit auch eine Vielzahl von Eigentümerinnen und Eigentümern gibt. Natürlich spielen in solchen Aktiengesellschaften die Großaktionäre eine andere Rolle als die Kleinaktionäre. Die Frage bleibt, ob der Charakter wirklich ein gänzlich anderer wäre, wenn man die Aktien gleichmäßig verteilte.

Ich bin davon überzeugt, dass die Idee der Umverteilung des Eigentums in der Form, dass man lediglich seine Inhaberin oder seinen Inhaber auswechselt, heute zu kurz greift. Ich bin ebenso davon überzeugt, dass es auch in Zukunft verschiedene Eigentumsformen geben kann und soll. Die Bundesrepublik wäre allerdings besser beraten, unterschiedliche Eigentumsformen gleichwertiger zu behandeln. Die Frage lautet, welche Eigentumsform für das Allgemeinwohl der Gesellschaft die besten Ergebnisse sichert. Darauf gibt es keine generalisierende Antwort.

Staatseigentum ist dann eine geeignete Eigentumsform, wenn anderenfalls ein privates Monopol entstünde. Wettbewerbsbedingungen herrschen bei einem Monopol ohnehin nicht. Durch politische Wahlentscheidungen ist auf die Art des Einsatzes von Staatseigentum leichter Einfluss zu nehmen als bei einem privaten Monopol. Soziale und ökologische Komponenten lassen sich einfacher berücksichtigen. Staatseigentum ist auch bei Rüstungsproduktion – solange es diese noch gibt – erforderlich, um wenigstens den privaten Gewinn an Rüstung und damit auch an Krieg zu verhindern. Staatseigentum kommt auch dann in Frage, wenn sich die Gesellschaft bewusst entscheidet, einen Bereich dauerhaft aus ökologischen und sozialen Gründen zu subventionieren, und eine rein betriebswirtschaftliche Betrachtung ausschließt. Das sollte zum Beispiel beim öffentlichen Nah- und Fernverkehr gelten. Eine rein betriebswirtschaftliche Sicht muss zu Streckenstilllegungen, zur Abschaffung des Nachtbusses und zu weiteren Einsparungen führen. So kann diese Verkehrsstruktur keine soziale und ökologische Alternative zum Personen- und Gütertransport mit Autos werden. Staatliches Eigentum schließt weder Wettbewerbsmodelle noch den Kampf um effiziente Strukturen aus, es kann aber anderen Interessen den Vorrang geben. Bei Einrichtungen, die aus ökologischen und sozialen Gründen nicht rein betriebswirtschaftlich organisiert werden sollen, besteht bei Privateigentum immer die Gefahr, dass die Gewinne privatisiert und die Schulden sozialisiert werden. Die Gesellschaft sollte sich auch unabhängig von der Eigentumsform darauf verständigen, fünf Bereiche der Marktwirtschaft ganz oder teilweise zu entziehen. Neben dem Personen- und Güterverkehr sind das Bildung, Kultur, Gesundheit und Wohnen.

Genossenschaftliches Eigentum kann dem Gemeinwohl dann am ehesten entsprechen, wenn eine Gruppe von Menschen besonders geeignet ist, ökonomische Effizienz mit sozialer Verantwortung zu verbinden.

Kommunales Eigentum kommt in Frage, wenn eine Kommune nur darüber die Lebensqualität und die spezifische Art des Standortes sichern kann.

Privateigentum ist am geeignetsten, wenn es im Interesse des Gemeinwohls höchste Effizienz verspricht.

Solche Debatten gibt es in allen kapitaldominierten Gesellschaften. Die demokratischen Sozialistinnen und Sozialisten vertreten dabei andere Standpunkte als beispielsweise sozialdemokratische oder liberale Politikerinnen und Politiker, aber das ist nicht der wesentliche Unterschied.

Wenn die Frage des Eigentums in Zukunft nicht mehr die Kernfrage ist, welche ist es dann? Meines Erachtens muss der Vergesellschaftungsgedanke neu formuliert werden. Es geht nicht darum, eine anonyme Allgemeinheit oder gar den Staat zum wesentlichen Eigentümer in einer Gesellschaft zu erklären. Dies garantiert – wie die Praxis bewiesen hat – weder Demokratie noch ökologischen Umbau, nicht einmal soziale Gerechtigkeit, und wenn, dann eher auf einem niedrigen Niveau.

Die Frage für demokratische Sozialistinnen und Sozialisten ist deshalb nicht vornehmlich, wer Eigentümerin bzw. Eigentümer von wie viel Eigentum ist, sondern wie viel Einfluss die Allgemeinheit, die Gesellschaft auf die Verwertung von Eigentum hat. Wenn man betrachtet, welche Verfügungsgewalt ein Fabrikant im 19. Jahrhundert über seine Maschinen hatte, und diese Verfügungsgewalt mit der heutigen vergleicht, stellt man fest, dass ein nicht geringer Teil seiner Befugnisse inzwischen vergesellschaftet worden ist, durch Arbeits- und Gesundheitsvorschriften ebenso wie durch soziale und ökologische Gesetzgebungsakte. Der Einsatz einer Maschine ist heute wesentlich stärker reguliert als vor hundert Jahren. Die Gesellschaft hat Bedingungen festgelegt, die im Interesse Einzelner oder einer Vielzahl von Menschen die Art des Einsatzes dieses Eigentums bestimmen oder einschränken. Der Gedanke des Grundgesetzes, wonach Eigentum zugleich dem Allgemeinwohl dienen soll, ist insofern ein sozialistischer, als er die Verwendung von Eigentum in einen gesamtgesellschaftlichen Bezug stellt. Nach dem Zusammenbruch des Staatssozialismus erleben wir eine verstärkte Tendenz zur Deregulierung, das heißt, den Versuch, den gesellschaftlichen Einfluss auf die Verwendung und Verwertung von Eigentum wieder zu reduzieren. Demokratische Sozialistinnen und Sozialisten werden im Unterschied zur dogmatischen Linken nicht vornehmlich für den Wechsel der Eigentümerin bzw. des Eigentümers streiten, sondern für die Veränderung des Umgangs mit Eigentum. Es wird ihnen dabei um die Frage gehen, in welchem Umfang die Gesellschaft Einfluss auf die Verwertung von Eigentum nehmen kann und nehmen soll. Dabei muss man Strukturen finden, bei denen unterschiedliche, aber legitime Interessen so ausgeglichen werden, dass sich Lösungen im Sinne des Gemeinwohls ergeben. Die Befugnisse der Eigentümerin bzw. des Eigentümers müssen so gestaltet sein, dass sie bzw. er das Interesse an der Verwertung seines Eigentums nicht verliert. Das gilt für Privateigentum, für genossenschaftliches, für kommunales und für Staatseigentum. In dem Moment zum Beispiel, da der Einsatz von Eigentum der Eigentümerin bzw. dem Eigentümer selbst keinen Nutzen mehr bringt, verliert sie bzw. er jedes Interesse an der Verwertung, fühlt sich enteignet, was auch dem Allgemeinwohl schadet. Das gilt vornehmlich für das Privateigentum an Produktionsmitteln. Beim persönlichen Eigentum würde eine solche Beschneidung auch die Beschränkung von Individualität bedeuten und wäre schon deshalb nicht akzeptabel. Andererseits müsste bei Produktionsmitteln gesichert werden, dass die Interessen der Belegschaften Berücksichtigung finden. Nur wenn sie ausreichend an den Ergebnissen der Verwertung des Eigentums beteiligt sind, haben sie ein Interesse an dessen effizientem Einsatz und werden ihre sozialen Belange mitberücksichtigt.

Aber diese beiden Komponenten, die in der Geschichte eine große Rolle spielten, reichen heute nicht mehr aus. So muss künftig sichergestellt werden, dass auch die Kommune Einfluss auf die Verwertung des privaten Eigentums an Produktionsmitteln bekommt. In dem Moment, da die Belegschaft an Betriebsergebnissen beteiligt wird, sieht ihre Interessenstruktur im Kern nicht anders aus als die der privaten Eigentümerin bzw. des privaten Eigentümers, außer bei der Frage ihres Anteils an den Betriebsergebnissen und der Sicherung ihrer Arbeitsplätze. Im Übrigen wird auch sie auf einen effizienten Einsatz des Eigentums drängen, gewinnorientiert handeln. Aber sowohl bei einer Privateigentümerin bzw. bei einem Privateigentümer als auch bei der Belegschaft sind ökologische Interessenvertretung, Interessenvertretung für Arbeitslose und die Wahrung von Standortinteressen der Kommunen nicht zwingend gesichert. Die Kommunen sind an effizient arbeitenden Unternehmen interessiert wie auch an Gewinnen, die ihnen Steuereinnahmen bringen. Sie wollen jedoch zusätzlich eine hohe Lebensqualität und werden deshalb darauf drängen, dass die

Herstellung von Waren und die Ausführung von Dienstleistungen in ihrer Region das ökologische Gleichgewicht nicht gefährden, die Gesundheit der Bewohnerinnen und Bewohner nicht beeinträchtigen und die Anziehungskraft für Touristinnen und Touristen nicht verringern. Die Kommune ist in besonderer Weise durch hohe Arbeitslosigkeit belastet und legt deshalb nicht nur auf die Sicherung von Arbeitsplätzen, sondern auch auf ihren Ausbau Wert. Es geht auch um den Einfluss der Zivilgesellschaft. Frauenorganisationen drängen auf die Chancengleichheit von Frauen in Unternehmen und eine genügende Anzahl von Arbeitsplätzen für sie. Behindertenvertretungen werden auf eine ausreichende Zahl von Arbeitsplätzen für Menschen mit Behinderungen bestehen.

Der Weg der Vergesellschaftung sollte künftig dadurch beschritten werden, dass die Mitsprache der Gesellschaft in der Wirtschaft zunimmt, und nicht in erster Linie dadurch, dass man die Eigentümerin bzw. den Eigentümer wechselt, aber ihre bzw. seine Befugnisse unverändert lässt. Demokratischer Sozialismus ist deshalb keine Gesellschaftsentwicklung, in der es vornehmlich um Enteignungen ginge, sondern eine, in der die Zivilgesellschaft einen deutlich größeren Einfluss auf den Einsatz und die Verwertung von Eigentum bekäme. Das müsste für alle Eigentumsformen gelten.

Ich habe auch einmal die Vorstellung einer Drittelparität in Aufsichtsräten entwickelt, um neben den Privateigentümerinnen und Privateigentümern und den Belegschaften die Kommunen und andere gesellschaftliche Gruppen zu beteiligen. Das klingt heute alles eher fremd, unwahrscheinlich, utopisch. Reale Probleme gäbe es auch, weil damit mehr Bürokratie verbunden wäre. Aber eine solche gesellschaftliche Einflussnahme sollte auf jeden Fall das Ziel demokratischer Sozialistinnen und Sozialisten sein, ohne dabei die Interessen der Belegschaften und der Eigentümerinnen und Eigentümer zu vernachlässigen oder auch nur gering zu schätzen.

Demokratischen Sozialismus darf man sich nicht als ein festes Modell vorstellen, das sich nach irgendeiner Revolution von einem auf den anderen Tag einführen ließe. Vielmehr handelt es sich um einen Prozess, der aus den kapitaldominierten Gesellschaften heraus eingeleitet werden kann, wenn es genügend Anhängerinnen und Anhänger einer solchen Entwicklungsrichtung gibt. Diesen Weg zu beschreiten ist keinesfalls leicht, aber er scheint mir nicht nur politisch und sozial zwingend, sondern auch im Interesse der Erhaltung der Gattung Mensch.

Die politische Organisation muss einer solchen veränderten wirtschaftlichen Struktur entsprechen. Deshalb geht es darum, Elemente der unmittelbaren Demokratie und damit den Einfluss der Zivilgesellschaft deutlich zu erhöhen. Nötig ist eine Balance zwischen repräsentativer und unmittelbarer Demokratie. Ich könnte mir sehr gut vorstellen, dass zum Beispiel Wahlen damit verbunden werden, bestimmte Fragen von der Bevölkerung verbindlich entscheiden zu lassen. Das Parlament wäre an diese Entscheidungen gebunden. Die Bevölkerung könnte durch die Auswahl bestimmter Projekte über einen Teil des Haushalts mitentscheiden. Je nach Stimmenverhältnissen hätten diese Projekte Anspruch auf staatliche Zuwendungen in einem bestimmten Umfang. Der größere Teil des Haushalts sollte jedoch nach wie vor den Parlamenten zur Entscheidung vorbehalten bleiben. In den Parlamenten selbst könnten die Rechte von Bürgerinnen und Bürgern erweitert werden. So könnte man ihren Initiativen und Vereinigungen Antragsrechte in Kommunalparlamenten, in bestimmten Fällen auch in Landesparlamenten und im Bundestag einräumen. Das Parlament könnte verpflichtet werden, ein bestimmtes Thema zu erörtern oder eine bestimmte Frage zu entscheiden.

Schon an diesen wenigen Ideen wird deutlich, dass für mich demokratischer Sozialismus ein Prozess ist, der an Voraussetzungen knüpft und zugleich Bedingungen schafft. Dabei spielt die Chancengleichheit, zum Beispiel hinsichtlich der Mobilität, beim Zugang zu Bildung und Kultur, in der Gesundheitsvor- und -fürsorge, bei der Gestaltung von Freizeit und auf dem Arbeitsmarkt, eine große Rolle. Eine chancengleich strukturierte Gesellschaft könnte gewährleisten, dass jede und jeder nach ihren bzw. seinen Fähigkeiten eine sinnvolle Tätigkeit verrichtete, die ihr und ihm nicht nur ausreichende Möglichkeiten gäbe, den eigenen Lebensunterhalt und den der Kinder zu gewährleisten, sondern auch Erfüllung zu finden.

Eine solche Gesellschaft tendierte nicht zur Gleichmacherei. Die Menschen entwickelten ihre Individualität. Sie würden gleiche Chancen verschieden nutzen. Sie hätten unterschiedliche Bedürfnisse, und der Wunsch nach deren Befriedigung bliebe ihre Haupttriebkraft. Trotzdem verstünden die Menschen sich auch als Wesen in gesellschaftlicher Verantwortung, nicht als Individualisten.

So, wie ich demokratischen Sozialismus verstehe, schließt er weder Marktwirtschaft noch Kapitalverwertungsinteressen aus. Er schränkt aber dort Marktwirtschaft ein, wo sie nicht dem Allgemeinwohl dient, wo sie die Chancengleichheit von Menschen aufhebt. Umgekehrt fördert er marktwirtschaftliche Strukturen, wenn ihr Fehlen zu einem Effizienz- und Qualitätsmangel führte, das dem Allgemeinwohl schadete. Zu einer Marktwirtschaft gehören auch Kapitalverwertungsinteressen. Die Frage ist jedoch, ob diese – wie heute – das gesellschaftliche Geschehen dominieren sollen. Demokratische Sozialistinnen und Sozialisten treten dafür ein, dass die sozialen Interessen der Menschen, und zwar im weitesten Sinne, das heißt einschließlich ökologischer, bildungspolitischer und kultureller Interessen, das Geschehen in einer Gesellschaft dominieren. Dies schließt Kapitalverwertungsinteressen nicht aus, gibt ihnen aber einen anderen Stellenwert.

Gesellschaftspolitische Fragen haben durch die Globalisierung eine neue Dimension erfahren. Das Primat der Politik lässt sich heute nicht mehr ohne weiteres durchsetzen, weil die großen Konzerne und Banken im Unterschied zur Politik weltweit agieren. Durch die Auflösung des Staatssozialismus in der Sowjetunion und anderen Ländern ist das Gleichgewicht in der Welt entfallen. Indirekt hat der Staatssozialismus seine positivsten Wirkungen in den führenden kapitalistischen Gesellschaften erzeugt. Der Kompromiss des Sozialstaats war auch eine Folge des Staatssozialismus. Die heutige Tendenz, unter Reformen ausschließlich Deregulierung und Sozialabbau zu verstehen, ist eine Entfernung vom rheinischen Kapitalismus zurück zum Turbokapitalismus. Gesellschaftlich diffamiert werden heute die sozial Schwachen und zunehmend die Gewerkschaften. Immer wieder kann man lesen und hören, dass es massenhaften »sozialen Missbrauch« gebe, dass Arbeitslose viel zu hohe Sozialleistungen empfingen etc. Die Maßlosigkeit im Anstieg von Managergehältern wird dagegen hingenommen. Diese Tendenz hängt mit der mangelnden Regulierung der Finanzmärkte, dem völlig unbegrenzten Agieren internationaler Konzerne und Banken zusammen. Aber nicht selten war es in der Geschichte so, dass etwas, das sich besonders schnell und in besonders reiner Form entwickeln konnte, dadurch auch besonders zügig den eigenen Untergang beförderte. Der Kapitalismus kann sich zu Tode siegen. Gesellschaftliche Prozesse können unbeherrschbar werden, wenn der Weltwirtschaft keine Weltpolitik gegenübergestellt wird.

Das G7-, später G8-Treffen ist ein erster Versuch, dafür ein politisches Gremium zu schaffen. Dieses ist aber weder demokratisch legitimiert noch in der Lage, den weltweiten Herausforderungen wirksam zu begegnen. Die herrschenden Kreise in den führenden Industriegesellschaften haben im Übrigen ihren eigenen Beitrag dazu geleistet, das Primat der Politik partiell aufzuheben und den international agierenden Finanzjongleuren eine ungeheure Machtstellung einzuräumen. Inzwischen hat sich eine gewisse Besinnung eingestellt, vielleicht nur dadurch, dass auch der internationale Terrorismus diese Finanzwelt für sich nutzt. Wir müssen begreifen, dass wir nur eine Erde besitzen und die Menschheit sich unabhängig davon, an welcher Stelle des Planeten Zerstörungen stattfinden, in Gefahr bringt. Wir müssen begreifen, dass Kriege, aber auch die permanente Zunahme der Weltbevölkerung die Existenz der Gattung gefährden. Also müssen wir globale, zivile, ökologische und soziale Lösungen suchen. Wenn Wirtschaft und Finanzwelt in wachsendem Maße weltweit agieren, dann zwingt dies zu einem politischen Pendant. Dieses Pendant darf aber nicht darin bestehen, dass eine Supermacht stellvertretend für alle anderen weltweite Entscheidungen trifft. Wirtschaftlich und politisch herrschende Kreise in den USA stellen sich das zurzeit so vor. Ich bin davon überzeugt, dass dies in der Konsequenz die USA nicht stärken, sondern schwächen wird. Es gibt auch Widerspruch dagegen, gelegentlich auch seitens der deutschen und französischen Regierung. Obwohl ich die Politik der gegenwärtigen US-Administration ablehne, räume ich ein, dass schlimmere Varianten einer einzig verbliebenen Supermacht denkbar wären als die USA. Aber das Konstrukt an sich ist nicht zukunftsträchtig und auch gefährlich. Die Gegenkräfte, die dabei entstehen, sind nicht zu unterschätzen und müssen keineswegs in eine höhere Form von Zivilisation münden. Meines Erachtens wird nichts anderes übrig bleiben, als die Organisation der Vereinten Nationen (UNO) zu einem politischen Anwalt in weltweiten sozialen, ökologischen, kulturellen und ökonomischen Fragen zu entwickeln, wobei sie diese Rolle nur wahrnehmen kann, wenn sie sich selbst demokratisch reformiert, deutlich wirksamer wird und über stärkere eigene Ressourcen verfügt. Die Zusammensetzung der UNO müsste auch stärker die Weltbevölkerung und nicht nur die Zahl der Staaten widerspiegeln. Für eine solche Rolle der UNO muss die demokratische Linke streiten.

## 8. Kapitel
# Politik und Medien

Mit Blick auf die Entwicklung der Medien wird häufig von einer vierten Gewalt in der Gesellschaft gesprochen. Tatsächlich hat im 20. Jahrhundert die Bedeutung der Medien für das politische und übrige gesellschaftliche Leben enorm zugenommen. Die Kommunikation lief über Jahrtausende vornehmlich mündlich ab, und wen man mit der eigenen Stimme nicht erreichen konnte, der war auch nicht zu erreichen. Mit der Erfindung der Schriftzeichen änderte sich zunächst nicht viel, da es sehr mühevoll war, Dinge aufzuschreiben und zu verbreiten. Wer konnte damals auch lesen und schreiben? Literatur gab es zum Beispiel überwiegend in Reimform, weil man sich die Texte für die Überlieferung merken musste. Der Reim erleichterte das. Die Erfindung des Buchdrucks führte zu einer völlig neuen Form der Verbreitung von Ideen. Aber diese Verbreitung fand nur unter den Eliten statt, da im Übrigen Analphabetentum herrschte. Erst mit dem Aufkommen des Kapitalismus und der damit verbundenen Notwendigkeit, die arbeitende Klasse zu qualifizieren, wurde in den Industriegesellschaften das Analphabetentum überwunden. Spätestens zu dieser Zeit gewannen Zeitungen eine völlig neue Bedeutung. Die Geschichte dieses Mediums ist auch eine Geschichte von Verboten, von Strafverfolgungen. Herrschende sind immer bemüht, das Denken ihrer Untertanen zu beeinflussen. Pressefreiheit ist ein hohes Gut, das es zu verteidigen gilt, und sie ist auch heute weltweit keine Selbstverständlichkeit. In Diktaturen wird in besonderem Maße darauf geachtet, dass Medien gleichgeschaltet sind. Die Bevölkerung wird nur dosiert, zum Teil falsch informiert. Das geschieht auch unter den Bedingungen von Pressefreiheit, aber nie so systematisch. In Diktaturen legt man größten Wert auf die Unterscheidung zwischen Herrschaftswissen und dem Wissen der Allgemeinheit.

Der Bedeutungszuwachs der Medien hing auch mit der Erfindung von Rundfunk, Fernsehen und Internet zusammen. In der zweiten Hälfte des vergangenen Jahrhunderts begannen Rundfunk und Fernsehen die Medienwelt zu dominieren. Auch hier gibt es Versuche der Einflussnahme, um die Freiheit der Medien zu beschneiden.

Als die Medien aufkamen, wurde auch die Zensur eingeführt, das heißt, staatliche Vertreter entschieden, was in Zeitungen stehen durfte und was nicht. Spätestens seit der zweiten Hälfte des 20. Jahrhunderts galt die Zensur als undemokratisch. Das führte aber nicht dazu, dass sie in Diktaturen abgeschafft wurde. Sie verfeinerten nur die Methoden, mittels derer Presse zensiert wurde. In Kriegs- und Krisenzeiten neigen alle Staaten zur Zensur und zur Fehlinformation.

Die Bundesrepublik Deutschland kennt keine Zensur, aber bei der Bekämpfung der »Roten Armee Fraktion«, im Antikommunismus oder während des Jugoslawien-Kriegs entstand der fatale Eindruck einer Gleichschaltung von Medien. Das war nur dadurch möglich, dass auch Journalistinnen und Journalisten sich bestimmten Ideologien und Situationen anpassen, sich dem Zeitgeist und einem gesellschaftlichen Taumel nicht entziehen.

Journalistinnen und Journalisten haben in der Geschichte der Medien vieles geleistet. Es gab unter ihnen immer entschlossene, mutige Kämpferinnen und Kämpfer für Wahrheit und Gerechtigkeit, die große Risiken eingegangen sind. Nicht wenige haben das sogar mit ihrem Leben bezahlt, und noch in unserer Zeit werden in einigen Ländern Journalistinnen und Journalisten wegen ihres Engagements verschleppt und ermordet. Wer also versucht, die Pressefreiheit anzugreifen, der will eine Möglichkeit demokratischer Kontrolle in der Gesellschaft beseitigen oder zumindest einschränken.

Politische Parteien und Vereinigungen, Gewerkschaften und Kirchen haben den Bedeutungszuwachs der Medien registriert und deshalb immer wieder versucht, mit eigenen Medien ihre Weltanschauung, ihre Forderungen zu propagieren. Daran hat sich bis heute wenig verändert, wenngleich man in der Regel mit solchen Medien nur jene erreicht, die man ohnehin schon gewonnen hat. Sie dienen mehr der Diskussion innerhalb der jeweiligen Organisation. Medien, die unparteiisch sind oder sich zumindest unparteiisch geben, die zu keiner bestimmten Partei, Organisation, Gewerkschaft oder Kirche gehören, haben deshalb zunehmend an Bedeutung gewonnen. Die Folge davon ist, dass politische Parteien und andere Organisationen versuchen, ihren Einfluss auf solche Medien auszudehnen, die »eigenen« genügen ihnen nicht, zumindest nicht mehr.

Wenn man sich die Frage stellt, wie unabhängig die »unabhängigen« Medien sind, dann kommt man nicht umhin, sich mit dem Verhältnis von Wirtschaft und Medien auseinander zu setzen. Um Medien zu produzieren, braucht man Geld, also müssen Medien auch Geld einspielen. Dies geschieht in einer demokratischen Gesellschaft auf unterschiedliche Art und Weise. Öffentlich-rechtliche Medien in Deutschland leben zu einem Großteil von den Gebühren, die die Zuschauerinnen und Zuschauer, die Zuhörerinnen und

Zuhörer bezahlen müssen. Sie sind deshalb weniger von der Wirtschaft abhängig als private Medien. Private Fernseh- und Rundfunkanstalten dürfen keine Gebühren erheben. Sie leben von der Werbung. Dies hat zwei Folgen. Private Zeitungen, Fernseh- und Rundfunkanstalten müssen der Wirtschaft nachweisen, dass sie von vielen Bürgerinnen und Bürgern gelesen, gesehen oder gehört werden, damit es sich für die Wirtschaft lohnt, in ihnen kostenträchtig zu werben. Dabei geht es nicht nur um die Zahl der Konsumentinnen und Konsumenten, sondern auch um deren Alter, weil die Wirtschaft an bestimmten Altersgruppen mehr interessiert ist als an anderen. Dadurch entsteht die Jagd auf Quoten. Sendungen mit hohen Einschaltquoten ziehen besonders viel Werbung an. Vor allem Intellektuelle bedauern häufig diese Quotenjagd, weil sie wenig Raum für bestimmte Sendungen lässt, die ihre Berechtigung haben, aber nur kleinere Kreise von Zuschauerinnen und Zuschauern, Zuhörerinnen und Zuhörern ansprechen. Keine Lesung, kein Kammerkonzert kann es mit »Wetten, dass?« aufnehmen. Die Kritikerinnen und Kritiker der Quotenjagd unterschätzen allerdings das demokratische Element, das darin enthalten ist. In der Demokratie richtet sich vieles nach dem Verhältnis von Mehrheit und Minderheit, und es ist legitim, auch mit Sendungen möglichst viele Menschen erreichen zu wollen. Das aber setzt voraus, dass man deren Bedürfnisse und Interessen respektiert. Andererseits lebt eine Demokratie auch vom »Minderheitenschutz«. Deshalb hat der Gesetzgeber versucht, eine bestimmte Ausgewogenheit auch bei privaten Fernseh- und Rundfunkanstalten zu garantieren. Dies gelingt keinesfalls immer, aber der Ansatz scheint mir richtig zu sein.

Die Abhängigkeit privater Medien von der Wirtschaft hat aber auch eine Kehrseite. Die Akteure in der Wirtschaft – zumal in der deutschen – sind stark ideologisch geprägt. Ich könnte mir vorstellen, dass sie Werbeaufträge nicht erteilten bzw. zurückzögen, wenn ihnen ein Sender oder eine Sendung politisch nicht genehm ist. Die Tageszeitung »Neues Deutschland« hat zum Beispiel sehr viel weniger Anzeigen, als sie nach rein kommerziellen Gesichtspunkten haben müsste, denn sie ist immer noch die am weitesten verbreitete überregionale Tageszeitung in den neuen Bundesländern. Auch die »Tageszeitung« (»taz«) wurde anfänglich von der Wirtschaft geschnitten.

Die Wirtschaft kann also indirekt versuchen, Einfluss auf die politische Ausrichtung von Medien zu nehmen. Allerdings sprechen sich die Unternehmen untereinander kaum ab, sind in dieser Hinsicht schlecht organisiert. Was einem Unternehmen nicht passt, ist dem anderen gleichgültig. Man sollte diesen Zusammenhang deshalb nicht überbetonen.

Bei den privaten Zeitungsverlagen ist die Situation insoweit anders, als sie nicht nur von Werbung leben, sondern auch vom Verkauf, dessen Bedeutung aber im Vergleich zu den Werbeeinnahmen immer weiter zurückgegangen ist. Die Verkaufszahlen sind heute weniger relevant für die Höhe der erzielten Einnahmen, sondern eher für die Bereitschaft der Wirtschaft, Anzeigen zu schalten. Von den Verkaufszahlen hängt es auch ab, welche Preise ein Verlag für eine Anzeige verlangen kann.

In diesem Zusammenhang gibt es eine zusätzliche Abhängigkeit privater Medien von der Wirtschaft. Man stelle sich einmal vor, ein privater Fernseh- oder Rundfunksender bzw. eine Zeitung recherchierte einen Skandal in einem bestimmten Unternehmen und wollte diesen veröffentlichen. Aber gerade dieses Unternehmen schaltete in dem Medium regelmäßig Anzeigen, und diese Anzeigen wären eine wichtige Einnahmequelle für das Medium. Da entstünden Interessenkonflikte, die je nach dem Grad der Abhängigkeit Folgen für die Veröffentlichung haben könnten.

Bei den öffentlich-rechtlichen Fernseh- und Rundfunkanstalten ist die Situation anders, obgleich auch bei ihnen die Abhängigkeit von Werbeeinnahmen zunimmt. Da ihre Haupteinnahmequelle die Gebühren sind, macht sie das stärker von der Politik abhängig, da die Landesparlamente über die Höhe der Gebühren entscheiden. Der Gesetzgeber regelt ohnehin die Zusammensetzung von Rundfunkbeiräten, die Intendanten und Chefredakteure bestimmen. Diese Beiräte sind ein politischer Tummelplatz. Parteien und andere Organisationen versuchen, Vertreterinnen und Vertreter in diese Gremien zu entsenden, um Einfluss auf die Programmgestaltung und das Leitungspersonal zu nehmen. Typischerweise versucht man seit 1990, PDS-Vertreterinnen und -Vertreter aus solchen Gremien herauszuhalten, während die PDS ihrerseits immer bemüht war, in sie einzuziehen. Über Jahrzehnte waren darin überwiegend CDU, CSU und SPD vertreten. Deshalb wird in den öffentlich-rechtlichen Medien unter Ausgewogenheit verstanden, dass es hinsichtlich dieser beiden politischen Richtungen ausgewogen zugeht, wobei im CSU-dominierten Bayern die Ausrichtung des Bayerischen Rundfunks entsprechend anders aussieht als beim SPD-dominierten Westdeutschen Rundfunk. Andere politische Richtungen oder Gruppen spielen eine untergeordnetere Rolle. Deshalb gab es schon immer Debatten darüber, wie man die öffentlich-rechtlichen Fernseh- und Rundfunkanstalten stärker von der Politik lösen könne. Ich glaube allerdings nicht, dass dies in absehbarer Zeit gelingen wird. Politikerinnen und Politiker haben inzwischen erkannt, dass ihr Einfluss auf öffentlich-rechtliche Medien allein nicht ausreicht. Deshalb gibt es ein kompliziertes Beziehungsgeflecht zu Verantwortlichen in den privaten Medien. Ich glaube, dass insbesondere Helmut Kohl ein Meister darin war, solche Beziehungsgeflechte aufzubauen. Einer seiner engeren Freunde ist Leo Kirch, der über ein ganzes Medienimperium herrschte. Irgendwie hat es für mich eine symbolische Bedeutung, dass nach dem Abgang von Helmut Kohl auch der Kirch-Konzern auseinander brach.

Wenn man über das Verhältnis von Medien und Wirtschaft nachdenkt, darf man nicht unterschätzen, dass die Medien selbst ein Wirtschaftszweig sind. Deshalb ist es unter politischen, aber auch unter marktwirtschaftlichen Gesichtspunkten von großer Bedeutung, niemals eine Konzentration von Medien in wenigen Händen zuzulassen. Um diese Frage tobt in Italien gerade eine Schlacht. Der italienische Ministerpräsident Silvio Berlusconi ist Inhaber eines Medienkonzerns, der sich ständig ausweitet. Er versucht, immer mehr Medien aufzukaufen oder Konkurrenten vom Markt zu verdrängen. Hier besteht die große Gefahr, dass der Hauptverantwortliche in der Politik zugleich der Hauptverantwortliche für Medien ist und damit die Medien ihre Funktion, nämlich die Politik und damit auch den Ministerpräsidenten zu kontrollieren, nicht mehr wahrnehmen können. Silvio Berlusconi betreibt dies mit Konsequenz. Für mich hat diese Entwicklung stark autoritäre, partiell sogar diktatorische Züge, weil es eben ein Merkmal von Diktaturen ist, Medien gleichzuschalten. Dazu passt auch, dass er Gesetze durchsetzt, die die Justiz in ihrem Handlungsspielraum ihm gegenüber knebeln.

Erstaunlich ist in Deutschland, dass gerade die bedeutendsten Vertreterinnen und Vertreter der Wirtschaft Medienauftritte scheuen. Es sind eher Verbandsfunktionäre der Wirtschaft, die dort auftreten. Vorstandsvorsitzende der Deutschen Bank, der Allianz-Versicherung oder anderer großer Konzerne erlebt man nur selten in Medien. Sie machen Öffentlichkeitsarbeit über ihre Pressesprecherinnen und -sprecher, scheuen selbst jedoch in aller Regel das Licht der Öffentlichkeit. Ich glaube, dass es dafür mehrere Gründe gibt. Zum einen wird ihr Erfolg nicht daran gemessen, wie ihre öffentliche Ausstrahlung ist. Sie müssen für ein Unternehmen Ergebnisse erbringen, und nur an diesen werden sie gemessen. Vieles, das sie bewegen, können sie nicht öffentlich tun, wenn sie erfolgreich sein wollen. Das gilt für Lobbyarbeit bei Politikerinnen und Politikern ebenso wie für Verhandlungen mit anderen Banken und Unternehmen. Wird davon etwas bekannt, ist die Verhandlung in der Regel schon gescheitert. Konzernleitungen haben kein Interesse daran, dass Fusions- oder Investitionspläne, der geplante Abbau von Arbeitsplätzen oder andere wichtige Entscheidungen vorzeitig an die Öffentlichkeit dringen.

Politische Mehrheiten brauchen für Entscheidungen die Akzeptanz der Öffentlichkeit. Verbandsfunktionäre haben den Auftrag, diese Akzeptanz herzustellen. Zum Beispiel würde es der Mehrheit der Bevölkerung kaum einleuchten, wenn man forderte, Steuern für Konzerne und Banken zu senken. Verbandsfunktionäre üben in den Medien Druck auf Politikerinnen und Politiker in dieser Richtung aus und leisten dabei Überzeugungsarbeit. So werden sie in einer solchen Frage argumentieren, dass die Unternehmen gerne investierten, um Arbeitsplätze zu schaffen, wenn sie die Mittel dafür hätten. Solange sie aber zu hohe Steuern zahlen müssten, fehlten ihnen die Investitionsmittel. Zu hohe Steuern führten auch dazu, dass ausländische Unternehmen in Deutschland nicht investierten und deutsche Unternehmen das Land verließen. Je öfter dies erklärt wird, desto einleuchtender erscheint es. Irgendwann schaffen sie so für eine Parlamentsmehrheit und die Regierung die ausreichende Akzeptanz in der Bevölkerung, um Steuersenkungen für Konzerne und Banken durchzusetzen. Vorstandsvorsitzende werden hingegen selten mit solchen Thesen an die Öffentlichkeit treten. Das lassen sie ihre Verbandsfunktionäre und jene Politikerinnen und Politiker erledigen, die ohnehin ihre Auffassungen teilen.

Für die so genannten Normalbürgerinnen und -bürger ist ein Zugang zu Medien wesentlich schwerer, in der Regel gar nicht gegeben. Das schränkt den demokratischen Charakter von Medien ein. Dem wird geringfügig entgegenwirkt, indem man in Rundfunkbeiräte Vertreterinnen und Vertreter einer Vielzahl von gesellschaftlichen Organisationen einbezieht, Zuschauerinnen- und Zuschauerbefragungen durchführt, das Publikum an Sendungen teilnehmen lässt.

Die Entwicklung und Veränderung der Medienwelt hatte bedeutenden Einfluss auf die Politik, auch auf den Typus von Politikerinnen und Politikern. Solange Medien überwiegend schreibend agierten, waren Politikerinnen und Politiker dann häufig in ihnen vertreten, wenn sie die Schreibkunst beherrschten oder Mitarbeiterinnen und Mitarbeiter hatten, die exzellent für sie schreiben konnten. Nur bei Kundgebungen, die aber immer nur einen begrenzten Kreis von Menschen erreichten, kam es auf die Stimme, die Rhetorik an. Mit der Erfindung von Rundfunk und Fernsehen hat sich dies grundlegend geändert. Rhetorische Fähigkeiten gewannen an Bedeutung, mit dem Fernsehen auch die Ausstrahlung einer Person. Heute liest und hört man von Kriterien für oder gegen eine Politikerin bzw. einen Politiker, die es vor einigen Jahrzehnten nicht gegeben hat. Diese Entwicklung wird überwiegend negativ bewertet. Sie hat aber, wie das meiste im Leben, zwei Seiten. Parteien sind zum Beispiel gezwungen, solche Fähigkeiten zu berücksichtigen, und dies wird letztlich dazu führen, dass die Zahl jener Politikerinnen und Politiker wächst, denen man zuhören kann und will. Auf der anderen Seite ist tatsächlich zu befürchten, dass die äußere Wirkung einer Politikerin bzw. eines Politikers die Frage ihrer oder seiner inhaltlichen Substanz Schritt für Schritt in den Hintergrund drängt. Ich bin davon überzeugt, dass es sich letztlich einpegeln wird, weil äußere Wirkung ohne inhaltliche Substanz dauerhaft keinen Bestand hat, auch nicht in der Politik.

Das Verhältnis von Journalistinnen und Journalisten zur Politik ist ebenso ambivalent wie das Verhältnis von Politikerinnen und Politikern zu den Medien. Man braucht sich gegenseitig, aber man mag sich nicht wirklich. Politische Journalistinnen und Journalisten können das Handeln von Politikerinnen und Politikern eher als andere nachvollziehen, weil sie sich beruflich mit der Materie beschäftigen. Gelegentlich zeigen sie Achtung, Respekt. Häufig mischt sich aber auch ein Stück Verachtung und Missgunst in ihre Einstellung. Umgekehrt freuen sich Politikerinnen und Politiker, wenn sie von Medien verstanden, zutreffend interpretiert und dadurch ihre Ansichten verbreitet werden. Sie entwickeln auch Respekt, wenn Journalistinnen und Journalisten in der Lage sind, politische Vorgänge auch dann mediengerecht zu übersetzen, wenn ihnen das selbst schwer fällt. Sie können geradezu hasserfüllt reagieren, wenn sie den Eindruck haben, von Medien gejagt zu werden, wenn sie sich missverstanden oder unterbewertet fühlen. Nicht wenige freuen sich allerdings, wenn ein ähnliches Schicksal politischen Gegnerinnen oder Gegnern zuteil wird.

Zwischen beiden Berufsgruppen gibt es wenig Austausch. Nur selten wechseln Politikerinnen und Politiker zu den Medien. Noch seltener ist der umgekehrte Vorgang. Ich habe mich immer gefragt, woran das liegt. Es gibt so viele Kommentatorinnen und Kommentatoren, die den Eindruck vermitteln, dass sie alles oder doch zumindest fast alles besser wüssten und sich Politikerinnen und Politikern permanent überlegen fühlten. Man fragt sich gelegentlich, weshalb sie nicht selbst eine politische Karriere anstreben, um das umzusetzen, was sie für richtig halten. Eine Ausnahme bildet die Arbeit von Pressesprecherinnen und Pressesprechern. Sie wird gern von Journalistinnen und Journalisten angenommen, weil sie ein Bindeglied zwischen Politik und Medien darstellt. Aber sonst ist dies äußerst selten. Für hochkarätige Journalistinnen und Journalisten gäbe es eine einfache Erklärung. Diese verdienen, was weithin unbekannt ist, wesentlich besser als Politikerinnen und Politiker. Gerade solche Journalistinnen und Journalisten hätten aber die besten Chancen, eine politische Karriere anzutreten. Für die anderen wäre das ebenso schwierig wie eine Medienkarriere selbst. Außerdem beobachten politische Journalistinnen und Journalisten Politikerinnen und Politiker sehr genau. Offenkundig kommen sie dabei zu der Überzeugung, dass die Ausübung dieses Berufs für sie nicht besonders reizvoll ist. Sie wissen, dass es leichter ist, Politik zu bewerten, als sie zu erarbeiten und zu praktizieren. Ein gewisser Hang zur Bequemlichkeit, eine Scheu vor Verantwortung mögen also auch eine Rolle spielen. Vielleicht kennen sie auch ihre eigenen Kolleginnen und Kollegen gut genug, um zu wissen, was von ihnen übrig bliebe, wenn sie den Weg einer Politikerin oder eines Politikers beschritten. Wenn man die Medienwelt von innen kennt, ist man vielleicht froh dazuzugehören, ihr Objekt möchte man nicht werden.

Viele der politischen Journalistinnen und Journalisten nehmen – wahrscheinlich sogar zu Recht – an, dass sie mehr Macht haben als Politikerinnen und Politiker, zumindest bis zu einer bestimmten Ebene.

Medien spiegeln etwas Reales wider. Dies kann mehr oder weniger verzerrt geschehen. Es gibt natürlich auch Erfindungen, denen jede Grundlage fehlt. Aber selbst Erfindungen müssen den Anschein von Glaubwürdigkeit besitzen, also wenigstens wahrscheinlich sein. Die Möglichkeiten der Medien haben zugenommen, ich bin aber nicht sicher, ob in gleichem Maße auch das Verantwortungsbewusstsein gewachsen ist. Medien können heute Stimmungen nicht nur wiedergeben, sondern auch erzeugen. Dazu bedarf es zwar immer einer Grundlage, aber ob daraus ein Zwerg oder ein Riese wird, das können Medien schon beeinflussen.

Die Situation in Deutschland nach Beginn der zweiten Legislaturperiode von SPD und Bündnis 90/Die Grünen in Regierungsverantwortung hatte zweifellos desolate Züge. Es herrschte Chaos und Konzeptionslosigkeit. Trotzdem war die Situation für die Bevölkerung auch nicht wesentlich dramatischer als einige Monate zuvor. Sie wurde jedoch in den Medien wesentlich dramatischer dargestellt, was Folgen für die Stimmungslage in der Bevölkerung hatte. Eine Ursache dafür war, dass die Wirtschaftskrise inzwischen auch die Medien erfasst hat. Journalistinnen und Journalisten berichten also nicht mehr nur über Krisen anderer, sondern auch über eine, die sie selbst betrifft. Eine andere Ursache lag darin, dass Journalistinnen und Journalisten disziplinierter werden, wenn es in ihren Medien wirtschaftlich eng wird. Sie kämpfen um ihre Jobs, und mehr oder weniger bewusst fangen auch sie an, das von ihren Chefredaktionen Gewünschte zu Papier oder auf den Sender zu bringen. Es darf auch ein weiteres Gesetz in den Medien nicht vergessen werden. Skandale, Verbrechen, Katastrophen lassen sich leichter verkaufen. Und bevor man sich als Außenstehender darüber beschwert, sollte man einmal überlegen, wie man selbst auf solche Nachrichten reagiert. Es interessiert einen mehr, wenn man erfährt, dass ein Prominenter betrunken Auto gefahren und dabei erwischt worden ist, als zu hören, dass ein Unbekannter dieses Vergehen begangen hat. Etwa hundertmal habe ich den kurzen Filmausschnitt gesehen, der zeigt, wie der damalige Bundesverteidigungsminister Volker Rühe in der Wüste stolperte, und man schaut bei einer solchen Sequenz anders hin, als wenn sie nur wiedergäbe, wie er normal liefe. Darum geraten Medien immer in Versuchung, Missgeschicke, Skandale, vermeintlich oder wirklich unmoralisches Verhalten von Prominenten aufzubauschen, gelegentlich sogar zu erfinden. Deshalb gibt es seit Jahren eine Diskussion über Grenzen und Geschmack in Medien, über ihre Verantwortung, ihre Rechte und Pflichten.

Als die meisten bürgerlichen Verfassungen verabschiedet wurden, stellten die Medien noch keine vierte Gewalt dar oder waren dem Staat ohnehin untergeordnet. Damals spielte die Gewaltenteilung zwischen Parlament, Regierung und Justiz die entscheidende Rolle, und es war Charles Montesquieu, der die Teilung dieser drei Gewalten forderte.

Die Anerkennung der Unabhängigkeit der Gerichte hat jedoch nicht dazu geführt, dass Richterinnen und Richter ihre Regeln selbst festlegen. Die Gerichte sind an das Gesetz gebunden, sollen es zumindest sein. Die Gesetze machen nicht Richterinnen und Richter, sondern Parlamente. Der Gesetzgeber bestimmt in jedem Staat, welche Handlungen strafbar sind, und damit auch, welche Handlungen nicht strafbar sind. Er legt auch den Strafrahmen fest. Die Gerichte sind zwar unabhängig in ihren Entscheidungen, aber an diesen Willen des Gesetzgebers gebunden. Der Gesetzgeber bestimmt auch die Verfahrensregeln. Er legt die Rechte des Gerichts, der Klägerinnen und Kläger, der Beklagten fest. Er bestimmt den Umfang des Rechts auf Verteidigung und damit auch die Rechte von Angeschuldigten und Angeklagten, von Verteidigerinnen und Verteidigern, von Staatsanwältinnen und Staatsanwälten, von Nebenklägerinnen und Nebenklägern. All das hat ein Gericht zu respektieren.

Eine ähnliche umfangreiche Diskussion über gesetzliche Grundlagen und Regeln für die Tätigkeit von Medien hat es in der Bundesrepublik Deutschland kaum gegeben. Erst in den letzten Jahren hat eine verstärkte Debatte darüber eingesetzt. Sie kommt spät und hat es schwer. Denn wenn Menschen – in diesem Falle Journalistinnen und Journalisten – erst einmal in einem relativ freien Raum agieren können, sind sie von der Notwendigkeit einengender Regeln kaum noch zu überzeugen. Da besteht ein erheblicher Unterschied zur Justiz. Medien wehren sich vehement gegen jeden Versuch des Gesetzgebers, Regeln für sie festzulegen.

Gegenwärtig haben wir Staatsverträge für das öffentlich-rechtliche Fernsehen, die meines Erachtens sogar zu viel politischen Einfluss festlegen. Für private Medien gibt es nichts Vergleichbares. Jedes Bundesland hat allerdings ein Pressegesetz. Darin ist zum Beispiel das Recht auf Gegendarstellung und Widerruf geregelt. Intern haben sich Medien darüber hinaus selbst bestimmte Maßstäbe gesetzt, und der Medienrat kann bei Verletzungen Rügen erteilen, was gelegentlich auch geschieht. Aber für Medien gibt es nichts, was einem Zivilgesetz entspräche. In dem Maße aber, in dem die Bedeutung und damit auch die Verantwortung von Medien wächst, wird man um eine Medienordnung nicht umhin kommen. Sie müsste Rechte und Pflichten von Journalistinnen und Journalisten ebenso regeln wie Rechte von Personen, über die in Medien berichtet wird. Wenn es einmal eine solche Medienordnung gibt, lernen alle sehr schnell, damit umzugehen. Willkürliche Eingriffe durch den Gesetzgeber sind dann eher unwahrscheinlich. Denn eine zur Gewohnheit gewordene Medienordnung kann nur dann verändert werden, wenn es dafür eine entsprechende gesellschaftliche Akzeptanz gibt. Eine relative »Rechtlosigkeit« führt dagegen zu mehr Unsicherheit bei allen Beteiligten. Das Presserecht ist im Laufe der Zeit stärker durch Rechtsprechung als durch den Gesetzgeber entwickelt worden.

Die damit verbundenen Fragen sind allerdings nicht so ohne weiteres zu beantworten. Eine solche Medienordnung zu entwickeln wäre verhältnismäßig schwierig. Mehrere Verfassungsgrundsätze wären tangiert, und ein entsprechendes Gesetz müsste praktikabel und fair sein. Die Möglichkeiten und der Auftrag von Medien wären ebenso zu beachten wie die Persönlichkeitsrechte Betroffener. Da gibt es auf der einen Seite das Grundrecht auf Meinungsfreiheit. Es ist allerdings ein großer Unterschied, ob eine Meinung vor einem begrenzten Publikum geäußert oder Millionen Menschen mitgeteilt wird. Wenn ich meine Vermutung, dass ein Politiker ein außereheliches Verhältnis habe, in kleiner Runde erzähle, hat das eine geringfügigere Wirkung, als wenn die »Tagesschau«-Redaktion so von ihrer »Meinungsfreiheit« Gebrauch machte und dieselbe Vermutung äußerte. Diesbezüglich ist die »Tagesschau« glücklicherweise ziemlich unverdächtig. Ist also bei Meinungsäußerungen in Medien eine höhere Sorgfaltspflicht anzulegen als im privaten Bereich? Wie ist es mit dem Recht auf Verdachtsberichterstattung? Medien haben eine Aufklärungs- und Informationspflicht. Wenn sich ein bestimmter Verdacht gegen Personen und Einrichtungen verdichtet, müssen sie auch darüber berichten können, damit die Öffentlichkeit in die Lage versetzt wird, die weitere Aufklärung zu verfolgen, um notwendige Schlussfolgerungen zu ziehen. Eine Verdachtsberichterstattung sollte aber nicht ohne Beachtung bestimmter Regeln erfolgen. Zunächst einmal muss es wenigstens Anhaltspunkte für einen Verdacht geben. Man darf ihn sich nicht aus der Luft greifen. Es reicht auch das berühmte Fragezeichen nicht aus, um eine Verdachtsberichterstattung ohne Anhaltspunkte zu legitimieren. Als zum Beispiel Gerhard Schröder Verhältnisse mit anderen Frauen unterstellt wurden, war dies keine zulässige Verdachtsberichterstattung, weil es nicht den geringsten Anhaltspunkt dafür gab außer dem, dass andere Medien eine solche Behauptung aufgestellt hatten. Es gibt einen Unterschied zwischen einer Verdachtsberichterstattung und dem Produzieren von verleumderischen Gerüchten.

In diesen Zusammenhang gehört auch die Frage, inwiefern Prominente und Personen der Zeitgeschichte ein Recht auf Privatsphäre haben. Kann man dafür Regeln aufstellen? Es gäbe zunächst einen einfachen Bezug. Das Privatleben auch einer öffentlichen Person ist eben eine private und keine öffentliche Angelegenheit. Aber so einfach ist es dann doch nicht. Wenn zum Beispiel ein Abgeordneter im Bundestag für ein strenges Abtreibungsverbot einträte, seine Freundin aber zur Abtreibung drängte, wäre dies keine rein private Angelegenheit mehr. Denn die Glaubwürdigkeit seiner politischen Forderungen würde durch sein eigenes Handeln stark beeinträchtigt werden, und seine potenziellen Wählerinnen und Wähler hätten Anspruch darauf, dies zu erfahren. Prominente haben eine bestimmte Vorbildfunktion. Man sollte sie nicht überbetonen. Moralische Maßstäbe für Politikerinnen und Politiker können nicht jenseits der gesellschaftlichen Realitäten liegen. Wenn aber ihr Privatleben dieser Vorbildfunktion klar widerspricht, hat die Öffentlichkeit einen Anspruch auf Information, weil dies für ihre Meinungsbildung in der Sache selbst und zur Person bedeutsam sein kann. Aber auch hier müssen Grenzen gezogen werden. Nicht jedes Verhalten, das dem einen oder anderen missfällt, rechtfertigt es, einen Widerspruch zu konstruieren, der die Öffentlichkeit etwas anginge. Gerhard Schröder ist sicherlich kein Moralapostel. Ich bin davon überzeugt, dass die oben erwähnte Berichterstattung falsch war. Aber selbst wenn sie zugetroffen hätte, werde ich das Gefühl nicht los, dass es mich und das heißt auch meine Mitbürgerinnen und Mitbürger nichts anginge. Es wäre eine Angelegenheit, die ihn, seine Ehefrau und die anderen Frauen beträfe, nicht uns. Man kann hier aber auch eine andere These vertreten und sagen, dass ein Bundeskanzler eine höhere Vorbildfunktion habe, die er in einem solchen Falle verletzte, und deshalb hätte die Öffentlichkeit Anspruch darauf, solche Dinge aus dem Privatleben zu erfahren, vorausgesetzt natürlich, sie träfen zu. Aber die Abwägung zwischen diesen beiden Auffassungen – und das ist mein eigentliches Anliegen – kann nicht dem Zufall, kann nicht der Einstellung von Journalistinnen und Journalisten allein überlassen bleiben. Deshalb meine ich, dass wir ein Regelwerk brauchen, das solche Fragen entscheidet.

Ich will noch ein anderes Beispiel nennen. Hannelore Kohl litt bekanntlich an einer schweren Krankheit und hat sich das Leben genommen. Verschiedene Zeitungen und Zeitschriften, insbesondere der »stern«, meinten nun, ihre Leserschaft über ihren Verdacht unterrichten zu müssen, dass Altbundeskanzler Helmut Kohl eine Mitschuld trage, und zwar durch die Art und Weise, in der er seine Ehe geführt habe. Für mich war das Ganze geschmacklos. Es brachte geringen Respekt gegenüber einer höchstpersönlichen Entscheidung dieser Frau zum Ausdruck. Man muss solche tragischen Ereignisse nicht nutzen, um über Personen der Zeitgeschichte herzuziehen, gegen die man ja zu anderer Zeit und aus anderem Anlass alles vortragen darf, was man meint, gegen sie vorbringen zu müssen. Am schlimmsten fand ich, dass Helmut Kohl durch die Art der Berichterstattung gezwungen wurde, Auszüge aus dem Abschiedsbrief seiner Frau der Öffentlichkeit preiszugeben, um sich gegen diese Vorwürfe zu wehren. Wie groß auch der politische Gegensatz zwischen Helmut Kohl und mir sein mag, ich kann nicht akzeptieren, dass jemand zu seiner Selbstverteidigung gezwungen ist, das Privateste zu veröffentlichen, das man sich vorstellen kann.

Lange davor gab es ein anders gelagertes Beispiel, das mich

nachdenklich gestimmt hat. Der frühere Ministerpräsident Schleswig-Holsteins, Uwe Barschel, hatte in einem Wahlkampf versucht, seinen Konkurrenten von der SPD mit unlauteren Methoden in Misskredit zu bringen. Dieses Vorgehen zog immer größere Kreise, und Uwe Barschel wurde später in einem Hotel tot aufgefunden. Jahre danach wurde gegen seinen damaligen Konkurrenten, Björn Engholm, der inzwischen Ministerpräsident Schleswig-Holsteins und Vorsitzender der SPD geworden war, der Vorwurf erhoben, er habe von den Machenschaften Uwe Barschels einige Tage früher gewusst, als er dies bis dahin zugegeben hatte. Abgesehen davon, dass ich nie ganz verstanden habe, worin die Bedeutung dieser Tatsache bestanden haben soll, gab es in der Beweiskette eine entscheidende Lücke. Björn Engholm hatte erklärt, dass er von den Vorwürfen erstmalig aus einer Veröffentlichung des »Spiegel« am Sonnabend vor der Landtagswahl erfahren habe. Sein Rechtsanwalt war aber schon einige Tage vorher informiert worden. Die Beweiskette gegen Björn Engholm ließ sich nur schließen, wenn sein Rechtsanwalt von der Schweigepflicht befreit würde. Dann hätte dieser sagen können, wann er seinen Mandanten über die Vorwürfe gegen Uwe Barschel informiert hatte. In den Medien wurde Druck auf den Rechtsanwalt ausgeübt. Es wurde erklärt, wenn Björn Engholm bis zum Sonnabend nicht informiert gewesen sein sollte, dann müsste der Anwalt seine Pflichten gegenüber seinem Mandanten verletzt haben. Der Anwalt ließ sich auf ein Interview ein, in dem er zwar seine Schweigepflicht insofern einhielt, als er keine Auskunft darüber gab, ob und wann er seinen Mandanten unterrichtet hatte, aber doch andererseits erklärte, dass er selbst keine Pflichtverletzung begangen habe. Daraus konnte man nur entnehmen, dass der Anwalt Björn Engholm unverzüglich informiert und dieser folglich nicht die Wahrheit gesagt hatte. Der Anwalt hat durch dieses Interview gegen seine Pflichten verstoßen. Er hätte einfach schweigen müssen. Nur im Falle eines Disziplinarverfahrens gegen ihn hätte er sich zu seiner Selbstverteidigung vor dem zuständigen Gremium offenbaren dürfen. Jeden Tag wurde der Druck auf Björn Engholm größer, seinen Anwalt von der Schweigepflicht zu befreien. Man wollte die Beweislücke durch eine klare Aussage schließen. Irgendwann hielt Björn Engholm diesem Druck nicht mehr stand und befreite seinen Rechtsanwalt von der Schweigepflicht. Er tat dies aber nicht, wie es vom Gesetz vorgesehen ist, in Wahrnehmung eines höchstpersönlichen Rechts, sondern auf öffentlichen Druck hin. Er hatte praktisch keine Wahl.

Im Bereich der Spekulation, die noch weniger als einen Verdacht wiedergibt, muss es meines Erachtens auch Regeln geben. Ich erinnere mich an die furchtbare Flugzeugkatastrophe, bei der ein russisches Passagierflugzeug und eine Transportmaschine über dem Bodensee zusammenstießen und viele Menschen ihr Leben verloren. In jeder Nachrichtensendung wurde über dieses Unglück berichtet, und man war ergriffen. Im Anschluss an die Nachrichten strahlten mehrere Fernsehanstalten eine Sondersendung zu diesem Thema aus. Zum damaligen Zeitpunkt wusste man noch nichts über die Unglücksursache. In diesen Spezialsendungen wurde man aus seinem Mitgefühl herausgerissen. Erläutert wurden einem die Zustände im russischen Flugwesen. Zunächst erfuhr man, dass die Technik in den russischen Flugzeugen völlig veraltet sei. Wahrscheinlich, so wurde vermutet, habe das russische Flugzeug nicht einmal einen Kollisionsmelder besessen, der Piloten vor einem Zusammenstoß warnt. Ferner wurde berichtet, dass die Tauglichkeit der russischen Piloten zu wünschen übrig lasse, dass deren Disziplin inzwischen völlig heruntergekommen sei. Nicht selten genössen Piloten vor den Flügen Alkohol und seien deshalb fluguntauglich. Außerdem würden sie viel zu häufig eingesetzt werden und seien deshalb oft übermüdet. Hinzu komme, dass sie schlecht Englisch sprächen und deshalb die Hinweise der Lotsen von westlichen Flughäfen häufig nicht richtig verstünden. Das Bild war eindeutig: Wahrscheinlich waren die Russen mit irgendeiner Klappermaschine geflogen, die nicht einmal über ein Kollisionswarnsystem verfügte. Der Pilot war höchstwahrscheinlich müde, betrunken, sprach und verstand kein Englisch. Was sollte da noch lange recherchiert werden? Später stellte sich heraus, dass die Maschine in einem technisch einwandfreien Zustand und mit einem funktionierenden

Warnsystem ausgestattet gewesen war. Der Pilot war erfahren gewesen, nicht übermüdet, frei von Alkohol und hatte perfekt Englisch gesprochen. Schuld war ein überforderter Lotse in der Schweiz, der dem Piloten eine falsche Weisung gegeben hatte. Da der Lotse nach geltendem Luftrecht Vorrang vor einem Kollisionsmelder hat, hatte sich der Pilot an die Weisungen des Lotsen gehalten. Bei mehreren Millionen Menschen waren aber vorher durch die Spezialsendungen Vorurteile aufgebaut oder bestätigt worden, und das Ganze geschah ohne jede Recherche, alles im Rahmen der Meinungsfreiheit. Zwar wurde dabei nie behauptet, dass es zwingend so gewesen sein müsse, sondern nur, dass es so gewesen sein könne. Aber diese Unterscheidung erfolgt in den meisten Köpfen nicht mehr. Man nimmt es dann einfach als gegeben hin.

Ein besonders interessanter Bereich ist der investigative Journalismus. Durch ihn sind Sachverhalte recherchiert und öffentlich gemacht worden, die sonst nie ans Tageslicht gelangt wären. Die Bedeutung solcher Recherchen ist unmittelbar, aber auch präventiv. Sie können dazu führen, dass Personen, denen in Unternehmen, Einrichtungen oder auch von der Bevölkerung zu Unrecht vertraut wurde, das Vertrauen entzogen wird oder dass umgekehrt Intrigen aufgedeckt und damit Personen geschützt werden. Im Bereich der Politik und Wirtschaft sprechen sich solche Beispiele herum und mahnen Verantwortliche zur Vorsicht. Nicht selten sind sogar Gesetzgebungsakte die Konsequenz. Ohne den investigativen Journalismus wäre kein einziger Parteispendenskandal aufgedeckt worden und der Gesetzgeber nicht gehalten gewesen, neue, wesentlich strengere Gesetze zu erlassen, die die Unabhängigkeit von Parteien in höherem Maße gewährleisten sollen.

Der investigative Journalismus muss in der Regel dort tätig werden, wo andere Kontrollinstanzen versagen. So erfährt man durch ihn unter Umständen etwas, das eigentlich der Bundesrechnungshof oder ein Landesrechnungshof hätte aufdecken müssen. Häufig handelt es sich auch um Sachverhalte, für die eigentlich die Staatsanwaltschaft zuständig ist. Diese Form des Journalismus füllt also nicht selten Lücken aus, die sich dadurch ergeben, dass andere nicht oder nicht ausreichend ihren Pflichten nachkommen. In anderen Fällen gibt es aber gar keine Kontrollinstanzen, das gilt insbesondere für den Bereich der Moral. Kein Rechnungshof, keine Ermittlungsbehörde hat unmoralisches Verhalten aufzudecken, solange dadurch weder Staatsgelder verschwendet noch Straftaten begangen werden. Hier wird das Fehlverhalten von Menschen recherchiert, um das ihnen bis dahin entgegengebrachte Vertrauen zu erschüttern. Das kann, aber muss nicht gerechtfertigt sein.

Um erfolgreich investigativ tätig zu sein, muss man zum Teil selbst Methoden anwenden, die man entlarven will. Im »stern« habe ich zum Beispiel gelesen, dass Rudolf Scharping sich durch Vereinbarungen mit Moritz Hunzinger in eine unzulässige Abhängigkeit begeben haben soll. Voraussetzung der Berichterstattung war, dass ein Mitarbeiter Hunzingers, zumindest ein ehemaliger Mitarbeiter, dem »stern« unter Verletzung seiner Dienstpflichten Unternehmensunterlagen zur Verfügung gestellt haben muss. Die Frage ist hier, inwiefern der Zweck die Mittel heiligt. In der Regel kosten solche Pflichtverletzungen Geld. Die Betreffenden gehen ein Risiko ein, sie können gegebenenfalls selbst in irgendeiner Form zur Verantwortung gezogen werden. Dieses Risiko lassen sie sich zumeist bezahlen. Nicht selten werden entsprechende Unterlagen mehrerer Medien angeboten und demjenigen zur Verfügung gestellt, das die höchste Summe bezahlt. Der investigative Journalismus ist also zur Aufdeckung von Rechts- und Moralverletzungen darauf angewiesen, Informanten zu gewinnen, die ihrerseits bereit sind, Recht und Moral zu verletzen. Meines Erachtens verlangt dieser Umstand nach Regeln, etwa dergestalt, dass eine Verhältnismäßigkeit gewahrt werden muss, die man im Falle des »stern«-Beispiels als gegeben ansehen kann. Er verlangt aber vor allem, dass Journalistinnen und Journalisten, die solche Methoden anwenden, um Fehlverhalten anderer aufzudecken, sich wenigstens bei ihrer Berichterstattung der Tatsache bewusst sind, dass sie selbst häufig auf solche Rechts- und Moralverstöße angewiesen sind, um ihren investigativen Journalismus erfolgreich betreiben zu können.

Bei all dem darf man auch nicht vergessen, dass schon über Skandale berichtet wurde, die es nie gegeben hat. Informanten können lügen, Unterlagen können gefälscht sein, Journalistinnen und Journalisten können sich einfach irren. Das alles spricht für ein Regelwerk, das nicht einseitig sein darf. Der Gesetzgeber hat durchaus anerkannt, dass der investigative Journalismus für eine demokratische Gesellschaft legitim und wichtig ist. Deshalb sind Journalistinnen und Journalisten als Zeugen nicht verpflichtet, ihre Quellen preiszugeben. Dieses Zeugnisverweigerungsrecht ist unabdingbar. Aber wer mit einem solchen Privileg ausgestattet ist, trägt auch eine besondere Verantwortung.

Regelmäßig kommt es zu einem Aufschrei, wenn Landesparlamente versuchen, die Rechte Einzelner gegenüber Medien zu stärken. So hatte zum Beispiel der saarländische Gesetzgeber unter Oskar Lafontaine versucht, das Presserecht partiell neu zu gestalten. Eine Zeitung sollte im Falle der Verpflichtung zu einer Gegendarstellung nicht berechtigt sein, in derselben Ausgabe gegen diese Gegendarstellung zu polemisieren. Das empfanden die meisten Vertreterinnen und Vertreter der Medien als Einschränkung ihrer Pressefreiheit, und sie zogen vor das Bundesverfassungsgericht. Ein einheitliches Regelwerk wäre also angebracht. Vor allem sollte noch einmal gründlich darüber nachgedacht werden, ob Betroffene tatsächlich keinerlei Recht haben sollen, sich gegen Bewertungen zu wehren. Natürlich muss damit vorsichtig umgegangen werden, weil man in den Medien keinen Streit darüber austragen sollte, wie eine Person von einer Journalistin oder einem Journalisten gesehen wird und wie sie sich selbst sieht. Journalistinnen und Journalisten müssen sich frei äußern können, ohne ständig fürchten zu müssen, mit dem Gericht konfrontiert zu werden. Es gibt bei der Bewertung im deutschen Recht eine Grenze, nämlich dann, wenn sie in Schmähkritik umschlägt. Aber hier handelt es sich um einen dehnbaren Begriff, und die Frage ist, ob diese Grenze reicht. Es gibt Bewertungen, die für Menschen, aber auch für Unternehmen und Einrichtungen verheerende Folgen haben können, und nicht immer entspricht die von Journalistinnen und Journalisten an den Tag gelegte Sorgfalt der Schwere dieser Folgen. Das ungerechtfertigte Urteil über einen Künstler, das ihn als völlig unzuverlässig bezeichnet, kann ihn Verträge kosten. Wer kommt für einen solchen Schaden auf, wenn er in Wirklichkeit zuverlässig ist? Die negative Bewertung eines Unternehmens kann zu einer realen Insolvenzgefahr werden, die vor der Berichterstattung nicht bestanden hatte. Auftraggeberinnen und Auftraggeber, Kundinnen und Kunden könnten sich von diesem Unternehmen zurückziehen, obwohl es bis dahin erfolgreich am Markt agierte. Ich bin und bleibe davon überzeugt, dass ein vernünftiges, ausgewogenes Regelwerk nicht nur im Interesse von Unternehmen, Einrichtungen und einzelnen Personen läge, sondern auch im Interesse der Medien selbst. Rechtssicherheit verleiht den Akteuren größere Souveränität.

Inzwischen gibt es ein neues Medium, das Internet. Sein großer Vorzug besteht im Abbau von Herrschaftswissen, im Zugang zu Informationen für jede und jeden. Der Nachteil besteht im Missbrauch. Die Stichworte Kinderpornographie und Gewalterziehung mögen hier genügen. Das Internet war zunächst eine Art rechtsfreier Raum. Das konnte auf Dauer nicht gut gehen. Außerdem bricht das Internet mit dem Privileg von Journalistinnen und Journalisten, denn dort kann so gut wie jede und jeder eine breitere Öffentlichkeit erreichen. Dieses neue Medium sollte genutzt werden, um zu einem einheitlichen und geschlossenen Regelwerk zu kommen.

## 9. Kapitel

# Was nun?

Deutschland steht im Zuge der Globalisierung und der Erweiterung der Europäischen Union vor großen Herausforderungen. Bund, Länder und Kommunen sind in einem Maße verschuldet, dass sie immer schlechter in der Lage sind, ihre hoheitlichen, sozialen, kulturellen, bildungspolitischen und ökologischen Aufgaben wahrzunehmen. Weder stimmt die Einnahme- noch die Ausgabensituation in Deutschland. Auch die Geldverteilung zwischen Bund, Ländern und Kommunen ist nicht mehr tragfähig.

Die gegenwärtige Bundesregierung ist deshalb nicht nur außenpolitisch gefordert – zum Beispiel bei der Neubestimmung der Rolle der UNO oder der Rolle Europas im Verhältnis zu den USA –, sondern auch innenpolitisch. Größere Reformen stehen an, die keinen Aufschub dulden. Im Bundestag verfügen SPD und Bündnis 90/Die Grünen über eine ausreichende Mehrheit, im Bundesrat die CDU-geführten Länder. Da viele CDU-geführte Landesregierungen in Koalitionen mit der FDP agieren, muss auch diese bei wichtigen Entscheidungen einbezogen werden. Eine wesentlich bescheidenere Rolle spielt inzwischen die PDS, weil sie im Bundestag nur noch mit zwei Abgeordneten vertreten ist. Allerdings entscheidet sie mit, wie die Länder Berlin und Mecklenburg-Vorpommern im Bundesrat abstimmen. Auch das hat allerdings an Bedeutung verloren, weil die CDU-geführten Länder den Bundesrat klar dominieren, seitdem in Niedersachsen Anfang 2003 ein Regierungswechsel stattgefunden hat.

SPD und Grüne geraten immer häufiger miteinander in Konflikt. Aber nur solche Kompromisse haben Bestand, die keiner Zustimmung des Bundesrates bedürfen. Anderenfalls geht es um einen Kompromiss, den SPD, CDU, CSU, FDP und Bündnis 90/Die Grünen gemeinsam finden müssen. Darin liegt die große Gefahr, dass schließlich überhaupt keine Handschrift mehr zu erkennen sein wird. Andererseits liegt darin auch eine Chance, weil größere Reformen einen fast gesamtgesellschaftlichen Konsens voraussetzen.

Wie schon in der letzten Legislaturperiode wird Gerhard Schröder dazu neigen, unterschiedliche gesellschaftliche Gruppen an einen Tisch zu holen, um mit ihnen einen Kompromiss auszuhandeln. Er wird dann Bundestag und Bundesrat vor die Frage stellen, ob sie einen solchen Kompromiss gefährden oder mit tragen wollen. Die Frage ist nur, ob es sich Bundestag und Bundesrat bieten lassen werden, zu einer Art Ratifizierungsgremien reduziert zu werden.

Viele meinen deshalb, dass die Koalition aus SPD und Bündnis 90/Die Grünen nicht die gesamte Legislaturperiode hindurch halten wird. Ich sehe das anders. Alle werden sich an ihre Art der Beteiligung gewöhnen, und letztlich kann es sogar bequem sein, bei

Reformen darauf verweisen zu können, dass sie aufgrund der Konstellationen in Bundestag und Bundesrat nicht ausschließlich den eigenen Vorstellungen entsprechen können. Jede Partei kann für die andere zur Ausrede werden. Andererseits besteht immer die große Gefahr einer Blockade. Zurzeit sieht es zum Beispiel nicht so aus, als ob es gelänge, sich auf ein Zuwanderungsrecht in Deutschland zu verständigen, obwohl hier dringend Regelungen benötigt werden.

Wer die europäische Integration anstrebt, der muss gleichzeitig dafür eintreten, die Regionen zu stärken, damit die Menschen dort, wo sie leben und arbeiten, soziale Sicherheit und kulturelle Identität finden können. Europäisch darf nur entschieden werden, was europäisch entschieden werden *muss*. Vor Ort ist zu entscheiden, was dort entschieden werden *kann*. Ähnliches gilt für das Verhältnis von Kommune, Land und Bund. Dezentralisierung und Stärkung der Kommunen müssen das Ziel einer neuen Kommunalverfassung sein. Der chancengleiche Zugang zu Kultur und Bildung muss in der Kommune gewährleistet sein. Wenn Mütter und Väter gleichermaßen am Erwerbsleben teilnehmen wollen, müssen ausreichend Kindertagesstättenplätze zur Verfügung stehen. Die Eltern müssen auch sicher sein, dass ihre Kinder gut betreut werden. Eine weitere Voraussetzung für die Erwerbsarbeit von Eltern sind Ganztagsschulen, die wiederum von den Kommunen angeboten werden müssen. Auch die Integration Nichtdeutscher findet in den Kommunen statt und beginnt häufig im Kindesalter. Es geht aber auch um Fragen der Verteilung von Wirtschaftstätigkeit in Deutschland. Denn es muss doch wenigstens das Ziel sein, dass die Menschen an ihrem Wohnort auch Ausbildungs- und Arbeitsplätze finden.

Viel diskutiert werden Reformen des Arbeitsmarktes und des Tarifrechts. In letzter Zeit nimmt die Kritik an Gewerkschaften zu. Sie werden als »Besitzstandswahrer« dargestellt, die überwiegend die Interessen der Beschäftigten, nicht aber die der Arbeitslosen verträten. Auch ich habe meine Gründe zur Kritik an den Gewerkschaften. Seit über zwölf Jahren gibt es keine Lohnangleichung zwischen Ost und West, und ich meine, dass auch die Gewerkschaften ihren Anteil daran haben. In Zeiten hoher Arbeitslosigkeit sind andere Anforderungen an Gewerkschaftstätigkeit zu richten. In Tarifverhandlungen findet eine Verständigung auf eine bestimmte Lohnsteigerung für eine bestimmte Branche in einem bestimmten Gebiet für eine bestimmte Vertragsdauer statt. Wenn eine solche Einigung erzielt ist, steht fest, in welchem Umfang die Lohnsumme innerhalb des Vertragszeitraumes steigen wird. Warum war es so schwer, eine Verständigung zu erreichen, die eine schnellere Lohnangleichung im Osten ermöglicht hätte? Oder warum wurde nicht viel öfter versucht, eine ausgehandelte Lohnsumme in Arbeitszeitverkürzung umzuwidmen, wenn die Unternehmen sich gleichzeitig verpflichteten, diese Arbeitszeitverkürzung in neue Arbeitsplätze umzuwandeln? Warum haben die Gewerkschaften so wenig Aufmerksamkeit auf die Frage gerichtet, wie die Lohnentwicklung in anderen Ländern aussieht, um die Gefahr des Lohndumpings zu reduzieren?

Aber die gängige Kritik an Gewerkschaften lautet anders. Ihnen wird vorgeworfen, am Flächentarifvertrag festzuhalten. Insbesondere die FDP, aber auch andere Parteien verlangen, dass Löhne vornehmlich zwischen Betriebsräten und Unternehmensleitungen ausgehandelt werden, wohl wissend, dass Betriebsräte viel leichter unter Druck zu setzen sind als Gewerkschaften. Unter dem Stichwort Flexibilität wird von den Gewerkschaften die Zustimmung dafür gefordert, den Kündigungsschutz in Deutschland weiter zu lockern. Ein Blick auf die Arbeitslosenzahlen zeigt, dass in Deutschland schon jetzt ausreichend gekündigt werden kann. Diese Kritikerinnen und Kritiker sagen auch nie, welche Kündigungsgründe hinzukommen sollen oder welcher Kündigungsschutz abgeschafft werden soll. Überwiegend streben sie an, das Kündigungsschutzgesetz nur noch auf Unternehmen mit hoher Beschäftigungszahl anzuwenden, so als wäre dieses Gesetz das Hauptproblem der kleineren und mittleren Unternehmen. Das einzige Problem, das ich im gegenwärtigen Kündigungsschutzrecht sehe, besteht in der Sozialauswahl bei betriebsbedingten Kündigungen, ein Ansatz, der einerseits verständlich und notwendig, andererseits auch problematisch ist. Diese Auswahl zwingt

Unternehmen häufig dazu, sich von den fähigsten Mitarbeiterinnen und Mitarbeitern zu trennen. Es müsste versucht werden, beide Gesichtspunkte besser in Übereinstimmung zu bringen.

Der Zeitgeist, der insbesondere von CDU, CSU und FDP, zunehmend aber auch von SPD und Bündnis 90/Die Grünen getragen wird, verlangt soziale Einschnitte. Immer wieder wird der Eindruck erweckt, als ginge es Arbeitslosen und Sozialhilfeempfangenden zu gut. Wo aber bleibt die Reform, die zu deutlich mehr Arbeitsplätzen führte? Zunehmender Druck auf Arbeitslose und Sozialhilfeempfangende schafft keinen einzigen neuen Arbeitsplatz. Sicherlich gibt es Probleme bei der Vermittlung und auch die eine oder den anderen, die oder der bestehende Gesetze missbraucht. Aber weder darf das unzulässig verallgemeinert noch als das Kernproblem angesehen werden. Wichtig wären Reformen, die Existenzgründungen erleichterten. Das betrifft sowohl die finanzielle Ausstattung von Existenzgründerinnen und Existenzgründern als auch Beratungshilfe. Es müssten auch Wege gefunden werden, Unternehmerinnen und Unternehmern eine zweite Chance zu ermöglichen, wenn sie mit ihrer ersten Existenzgründung gescheitert sind, dabei aber wichtige Erfahrungen gesammelt haben.

Im Gesundheitswesen sind Strukturreformen dringend erforderlich. Deutschland braucht nicht die Vielzahl von Kassen, die es gegenwärtig gibt. Jede Kasse verfügt über eine eigene Bürokratie, die erhebliche Kosten verursacht. Wichtig wäre auch eine Positivliste für Medikamente, damit überteuerte Arzneimittel wesentlich seltener in Anspruch genommen werden. In den Kliniken und in der Ärzteschaft sind effizientere Strukturen denkbar, so zum Beispiel durch die Unterstützung von Polikliniken. Teure Medizintechnik ist, wenn sie nur selten gebraucht wird, an wenigen Standorten zu konzentrieren. Das erhöhte die Erfahrungen im Umgang mit dieser Technik und führte zu erheblichen Kosteneinsparungen. Ich wäre auch dafür, dass die Abrechnungen der Ärztinnen und Ärzte über die behandelten Patientinnen und Patienten an die Kassen weitergeleitet werden. So hätten Patientinnen und Patienten die Möglichkeit, die Abrechnung mit den tatsächlichen Leistungen zu vergleichen. Das heutige System lädt fast zum Betrügen ein. Jeder Ärztin, jedem Arzt ist klar, dass die gesetzlichen Krankenkassen unmöglich wissen können, welche Leistungen tatsächlich erbracht worden sind. Das Risiko einer Nachprüfung ist so gering, dass zu viele Ärztinnen und Ärzte es eingehen. Über solche Möglichkeiten wird viel seltener nachgedacht als darüber, wie Patientinnen und Patienten stärker an den Kosten beteiligt werden können.

In der Rentenversicherung ist bereits der Weg beschritten worden, die Arbeitnehmerinnen und Arbeitnehmer zum Abschluss einer privaten Versicherung zu zwingen, weil ihre gesetzliche Rente nicht mehr ausreichen wird. Für Geringverdienende zahlt der Staat Zuschüsse, die letztlich den privaten Versicherungen zugute kommen. Dies war der Beginn des Ausstiegs aus der Solidargemeinschaft.

Meines Erachtens muss über andere Reformschritte nachgedacht werden. Zum einen geht es um die Verbesserung der Einnahmesituation des Staates. Es kann nicht dabei bleiben, dass große Konzerne, Banken und Versicherungen sich fast vollständig ihrer Verpflichtung entziehen, durch die Zahlung von Steuern zum Allgemeinwohl beizutragen. Insbesondere hinsichtlich der Körperschaftssteuern sind Neuregelungen erforderlich. Die Wiedererhebung der Vermögenssteuer ist geboten und sozial gerecht. Nach wie vor plädiere ich dafür, eine dreiteilige Mehrwertsteuer einzuführen. Für Produkte des Grundbedarfs und für Handwerksleistungen sollte die geringere Mehrwertsteuer von sieben Prozent gelten. Was jede und jeder braucht, muss sich auch jede und jeder leisten können. Aus ökologischen Gründen sollte sich die Reparatur im Vergleich zur Neuanschaffung wieder lohnen. Für die Mehrheit der Produkte und Dienstleistungen kann es bei den bisherigen sechzehn Prozent bleiben. Für Luxusgüter wäre eine Mehrwertsteuer von zweiundzwanzig Prozent oder etwas mehr durchaus angebracht.

Der Spitzensteuersatz der Einkommenssteuer darf nicht weiter gesenkt werden. Allerdings sollten die Veränderungen der letzten Jahrzehnte berücksichtigt und der Spitzensteuersatz erst bei einem höheren Einkommen angesetzt werden, als das gegenwärtig der Fall ist. Bei extrem hohen Einkünften wäre auch eine Steigerung gerechtfertigt. Ein ernst zu nehmender Einwand gegen die Beibehaltung des Spitzensteuersatzes der Einkommenssteuer besteht darin, dass dadurch Personengesellschaften und damit kleine und mittlere Unternehmen besonders betroffen sind, deren verstärkte Förderung auch ich befürworte. Sie stellen das Rückgrat der Wirtschaft dar und haben real die schwächste Lobby in Deutschland. Eine Lösung des Problems sähe ich darin, dass das Steuersystem für sie umgestellt würde. Man müsste klar zwischen Betriebsvermögen und Privatentnahmen bzw. privaten geldwerten Vorteilen unterscheiden. Dann könnte für das Betriebsvermögen eine angemessene Betriebssteuer eingeführt und nur die Privatentnahmen und privaten geldwerten Vorteile dem Einkommenssteuerrecht unterworfen werden. Insoweit gäbe es dann keinen Grund, sie anders als andere Einkommensbezieherinnen und -bezieher zu behandeln.

Gesellschaftlich besteht gegenwärtig die Gefahr, dass die Mittelschicht aufgerieben wird, was für die Gesellschaft zerstörerische Folgen haben kann. Ohne die Mittelschicht gäbe es zwischen »unten« und »oben« nicht einmal mehr eine Kommunikation.

Ferner gilt es, über Subventionsabbau nachzudenken. Dabei geht es mir weniger um die Höhe der Subventionen als um ihren Sinn. Meines Erachtens bringt es nichts, Wirtschaftszweige, die in Deutschland nicht rentabel betrieben werden können, künstlich am Leben zu erhalten. Für die dort Beschäftigten ist es selbstverständlich eine Härte, wenn die Subventionen eingestellt würden. Aber auf Dauer ist es auch für sie nicht angenehm, nur alimentiert arbeiten zu können. Dagegen müssen Subventionen dort verteidigt bzw. eingeführt werden, wo sie im gesamtgesellschaftlichen Interesse liegen. Wie dargestellt, gilt dies zum Beispiel für den öffentlichen Nah- und Fernverkehr.

Kosten können auch durch Entbürokratisierung reduziert werden, die ein völlig anderer Vorgang ist als Deregulierung. Durch Entbürokratisierung nimmt die Verantwortung des Staates für gesellschaftspolitische Entscheidungen und Veränderungen nicht ab, aber er hört auf, Bürgerinnen und Bürger sowie Unternehmen sinnlos zu behindern. Hier sind zahlreiche Vereinfachungen denkbar, zum Beispiel im Baurecht. Nicht alles muss geregelt werden, vieles regelt sich auch von selbst. Der Staat sollte nicht für das Selbstverständliche, sondern nur für Konflikte zuständig sein.

Bei der gesetzlichen Rente brauchen wir eine verstärkte Diskussion über das Schweizer Modell. Dort ist jede Bezieherin und jeder Bezieher von Einkommen von einer bestimmten Höhe an verpflichtet, in die gesetzliche Rentenversicherung einzuzahlen. Dadurch ist es für die Gesellschaft diesbezüglich unerheblich, ob der Anteil der abhängig Beschäftigten im Vergleich zu jenen, die auf andere Art ihr Einkommen beziehen, abnimmt. Wir müssen Schritt für Schritt zum Einwohnerinnen- und Einwohnerprinzip übergehen. Wer ein ausreichendes Einkommen hat, sollte auch verpflichtet sein, in die gesetzliche Rentenversicherung einzuzahlen. Das Motto muss lauten: Die Millionäre brauchen zwar keine gesetzliche Rente, aber die gesetzliche Rentenversicherung die Millionäre. Eine solche Erweiterung der Einzahlerinnen und Einzahler hätte zwar zur Folge, dass die Zahl der Anspruchsberechtigten zunähme. Das wäre aber dann kein Problem, wenn die gesetzliche Rente in ihrer Höhe gekappt würde, was die Solidarität innerhalb der gesetzlichen Rentenversicherung zum Ausdruck brächte. Besserverdienende können zusätzlich private Versicherungen abschließen. Aber für alle ermöglichte ein solches System eine gesetzliche Rente, mit der wenigstens die Grundbedürfnisse befriedigt werden könnten und die Notwendigkeit von Sozialhilfe im Rentenalter entfiele.

Bei den Lohnnebenkosten der Unternehmen brauchen wir ein völlig anderes System. Heute zahlen die Unternehmen die zweite Hälfte der Beiträge für ihre Beschäftigten in die Versicherungssysteme ein. Ihr wirtschaftliches Ergebnis spielt keine Rolle. Entscheidend sind die Zahl der Beschäftigten und die Höhe der Bruttolöhne. Wir brauchen ein wesentlich flexibleres System und eine andere Berechnungsgrundlage für die Abgabe der Unternehmen an die Versicherungssysteme. Denkbar wäre, dass die Unternehmen verpflichtet würden, einen Prozentsatz ihrer Wertschöpfung einzuzahlen. Stiege die Wertschöpfung, zahlten sie mehr, ginge die Wertschöpfung zurück, zahlten sie sofort weniger, auch wenn sie immer noch die gleiche Zahl an Arbeitnehmerinnen und Arbeitnehmern zu gleichen Bruttolöhnen beschäftigten. Zum ersten Mal hingen diese Abgaben dann von der wirtschaftlichen Leistungsfähigkeit der Unternehmen ab und berücksichtigten Veränderungen dieser Leistungsfähigkeit. Eine solche Bemessungsgrundlage schüfe auch mehr Gerechtigkeit zwischen jenen Unternehmen, die arbeitsplatzintensiver sind, und jenen, die mittels Technik eine hohe Wertschöpfung erreichen. Die Einstellung von Arbeitskräften würde abgabemäßig weniger »bestraft« und ihre Entlassung weniger »belohnt« werden.

Es gibt also zahlreiche Möglichkeiten, über dringend notwendige Reformen in Deutschland nachzudenken. Es muss nicht immer neoliberal auf Sozialabbau, Privatisierung und Deregulierung hinauslaufen. Aber die jetzige Bundesregierung treibt im Sinne des Zeitgeistes mit der Agenda 2010 Sozialabbau und Deregulierung voran. Wir kommen aber in Deutschland um gesellschaftspolitische Debatten nicht mehr herum. Und dabei wird und muss es Kräfte geben, die die Frage der sozialen Gerechtigkeit, Chancengleichheit und ökologischen Nachhaltigkeit nicht als verstaubte Angelegenheit aus dem vergangenen Jahrhundert ansehen, sondern als ein lohnendes Ziel für Veränderungen im 21. Jahrhundert. Dafür muss die Stellung der Gewerkschaften, der Linken, aber auch der Kirchen gestärkt werden.

Habe ich früher das Versagen vieler linker Intellektueller bei der deutschen Vereinigung, beim Jugoslawien-Krieg und zum Teil auch beim Krieg gegen den Irak beklagt, so zeichnet sich ein Gleiches im Kampf gegen den neoliberalen Zeitgeist ab, der in der Agenda 2010 und in der Art und Weise, wie die Gewerkschaften in Frage gestellt werden, seinen politischen Ausdruck findet. In den sechziger und siebziger Jahren hatten linke Intellektuelle eine kulturelle Hegemonie in der damaligen Bundesrepublik gewonnen, von der dank der geistig-moralischen Wende unter Helmut Kohl heute keine Rede mehr sein kann. Im Unterschied zu damals gilt es heute unter Intellektuellen auch gar nicht mehr als besonders

»schick«, links zu sein. Nicht wenige ehemalige linke Intellektuelle genießen es geradezu, für Kriege moralische Rechtfertigungen zu suchen und in sozialen und ökonomischen Fragen dem neoliberalen Zeitgeist zu folgen. Die verbliebene und neu entstehende Linke muss deshalb auch wieder für größeren kulturellen Einfluss streiten. Dies wird ihr nur gelingen, wenn sie sich dem Mainstream und damit auch dem neoliberalen Zeitgeist zu widersetzen vermag.

Diese und ähnliche Fragen werden mich auch in Zukunft beschäftigen. Aber unabhängig davon stand ich nach meinem Rücktritt als Berliner Bürgermeister, Senator und Abgeordneter vor der Frage, was ich nun machen soll. Irgendwie muss ich ja meinen Lebensunterhalt bestreiten, und außerdem brauche ich für mein Wohlbefinden auch eine sinnvolle Tätigkeit.

Seit dem September 2002 arbeite ich wieder als Rechtsanwalt. Meine Kollegen Wolfgang Panka, Walter Venedey, Detlef Kolloge, Hardy Langer und in Bürogemeinschaft meine Kollegin Brigitte Kolb sind nicht nur ausgezeichnete Juristen, sondern auch interessante Persönlichkeiten, die mich in Gesprächen immer wieder herausfordern. Sie haben alle einen gewissen Hang zur Ironie, auch zur Selbstironie, der in wenigen Momenten auch in Zynismus ausarten kann. Auf unsere Art und Weise können wir alle Ost-West-Konflikte miteinander austragen.

In dieser Sozietät könnte tatsächlich zusammenwachsen, was zusammengehört.

Mir begegnen als Anwalt Probleme, von deren Existenz ich zuvor nicht einmal etwas ahnte. Häufig wenden sich Menschen an mich, die sich in einer für sie schier ausweglosen Lage befinden. Meistens kann ich nicht helfen, weil sie den Rechtsweg schon vollständig ausgeschöpft haben. Irgendwie hoffen sie aber, dass jemand, den sie aus den Medien kennen und der bis dahin als Politiker aktiv war, noch einen Weg weiß, wenn ein Verfahren rechtskräftig abgeschlossen ist. Einen solchen Weg kenne ich selbstverständlich auch nicht. Es ist nicht leicht, Menschen, die einen geradezu flehentlich bitten, schreiben zu müssen, dass man nichts mehr für sie tun kann. Viele bitten mich auch um kostenlose Vertretung. Sie appellieren dabei an mein politisches Agieren und mein soziales Gewissen. Abgesehen davon, dass ein solches Verhalten standesrechtlich untersagt ist, könnte ich es auch meinen Kollegen in der Sozietät nicht zumuten, denn schließlich bin ich verpflichtet, meinen Beitrag zur Bezahlung der Kosten zu leisten. Es gibt aber Wege in unserem Rechtssystem, zahlungsunfähigen Bürgerinnen und Bürgern zu helfen, wenn die Voraussetzungen für eine Beiordnung und Prozesskostenhilfe gegeben sind. Erstaunlich viele kommen auf mich mit der Bitte zu, mich mit jenen Unternehmen auseinander zu setzen, bei denen ich vor kurzem noch im Aufsichtsrat saß, entweder als Mitglied oder als Vorsitzender. Dasselbe gilt für Aufträge, bei denen ich mich mit dem Land Berlin befassen müsste. Für mich ist das insoweit erstaunlich, als es ja bedeutet, dass die Betreffenden davon überzeugt sind, ich hätte mich diesen Bereichen nie richtig zugehörig gefühlt.

Rasch stellte ich aber fest, dass ich mich spezialisieren muss, einmal um den Rechtsstoff besser zu beherrschen und zum anderen, um auch für mich eine Orientierung zu haben. Ich entschied mich für Straf- und Zivilrecht, einschließlich Wirtschaftsrecht, begebe mich aber auch ins Verwaltungs- und Arbeitsrecht. Im Unterschied zu meiner Zeit als Anwalt in der DDR muss und will ich bei Strafsachen allerdings wählerisch sein. Ich bin auch bereit, als Nebenkläger aufzutreten.

Meiner ganzen Entwicklung widerspräche es allerdings, würde ich es allein beim Anwaltsberuf belassen. Ich hatte ja denen, die auf meine Meinung Wert legen, im Wahlkampf versprochen, für sie öffentlich wirksam zu bleiben. Aber das ist leichter gesagt als getan. Zunächst hätte es eine ganz einfache Methode gegeben, denn im Zusammenhang mit meinem Rücktritt, mit der Wahlniederlage der PDS und ihrem Parteitag in Gera hätte ich Dutzende Interviews geben, mich sogar in Nachrichtensendungen, vor allem aber in Talkshows äußern können. Das meiste lehnte ich ab, weil ich damals den Eindruck einer solchen Verantwortung für die PDS verhindern wollte, die ich nicht mehr innehatte. Außerdem wollte ich mich nicht als ihr Medienkritiker instrumentalisieren lassen.

Eine Möglichkeit bestand in der Fortsetzung meiner alle vierzehn Tage erscheinenden Kolumne in der »Super Illu«, in der sich immer der konservative Hugo Müller-Vogg und ich äußern. Nach meinem Rücktritt zögerte der Chefredakteur Jochen Wolff, ob er die Serie mit mir fortsetzen sollte. »Super Illu« startete dann eine Umfrage unter den Leserinnen und Lesern, die sich zu mehr als neunzig Prozent für die Fortsetzung aussprachen. Das Ganze hatte zwar ein demütigendes Moment, aber ich fand es gerade noch erträglich, um nicht meinerseits die Mitarbeit aufzukündigen. Also schreibe ich diese Kolumne bis heute.

Bei einem Hintergrundgespräch mit Journalistinnen und Journalisten des »Berliner Kurier« wurde ich gefragt, ob ich bereit wäre, wöchentlich eine kleine Kolumne zu schreiben. Ich dachte mir, dies sei eine weitere Möglichkeit, mich öffentlich politisch zu artikulieren. Deshalb stimmte ich zu. Nun muss ich ein Geständnis ablegen. Die Kolumne in der »Super Illu« habe ich zwar immer autorisiert, aber während meiner Zugehörigkeit zur Bundestagsfraktion schrieb mein Mitarbeiter Dieter Liehmann mir die Entwürfe. Später übernahm das mein persönlicher Referent Horst Kahrs und anschließend mein Pressesprecher Christoph Lang. Nunmehr schreibe ich die Kolumnen selbst, und das ist doch ein anderer Arbeitsaufwand. Es ist wesentlich leichter, an einem Entwurf herumzubasteln, als selbst von Anfang bis Ende eine Grundidee durchzuformulieren. Mein Respekt vor der schreibenden Zunft hat sich insbesondere durch die kleine Kolumne im »Berliner Kurier« erhöht. Wöchentlich klingt wenig, aber es ist ungeheuer regelmäßig. Und vor allem wird mir dort kein Thema vorgegeben, so dass ich jedes Mal überlegen muss, worüber ich eigentlich schreiben soll. Außerdem muss der Text extrem kurz sein, was besonders schwierig ist. Karl Marx schrieb einmal an Friedrich Engels, dass er leider keine Zeit habe und ihm deshalb einen langen Brief schreiben müsse. Daran ist viel Wahres.

Im Winter 2002/2003 begann ich dann, dieses Buch zu schreiben. Wie schon beim vorhergehenden Buch überzeugte mich Manfred Bissinger, der ehemalige Herausgeber der Zeitschrift »Die Woche«, davon, ein weiteres zu veröffentlichen. Ich ließ mich darauf ein, zumal ich zu Recht befürchtete, nicht so schnell in meinem Beruf als Anwalt Fuß fassen zu können, also unterbeschäftigt zu sein.

Im Herbst 2002 suchte mich der Geschäftsführer des Deutschen Theaters in Berlin auf. Dort war die Idee zu einer Gesprächsreihe mit mir entstanden. Ich sollte mit jeweils einer bzw. einem Prominenten aus Kultur, Medien oder Politik ein Gespräch im Deutschen Theater führen. Eine ähnliche Gesprächsreihe hatte ich zu früherer Zeit schon in der Stadtbibliothek Berlin durchgeführt. Die Veranstaltungen waren immer gut besucht, und es gelang mir, einem vornehmlich aus Ostberlin kommenden Publikum Biografien näher zu bringen, die ihnen fremd sein mussten, wie zum Beispiel die Guido Westerwelles. Dabei hatte ich die Erfahrung gemacht, dass ich entgegen meinem Ruf durchaus in der Lage bin, mich selbst zurückzunehmen, mich auf Fragen zu konzentrieren und überwiegend den Gast zur Geltung zu bringen. Durch meine Erfahrungen in der Stadtbibliothek traute ich mir eine solche Gesprächsreihe zu und willigte ein. Das Ganze begann im März 2003. Mein erster Gast war der Regisseur Peter Zadek, mein zweiter der Dirigent und Pianist Daniel Barenboim. Es folgten Intendant Frank Castorf und der Publizist Günter Gaus.

Im Herbst 2002 hatte ich Gespräche mit Johannes Rau, Gerhard Schröder und Helmut Kohl. Ich fragte alle drei, ob sie bereit wären, einmal Gast einer solchen Veranstaltung im Deutschen Theater zu sein. Als Ersten fragte ich Helmut Kohl, der sich Bedenkzeit bis etwa Herbst 2003 ausbat. Das erzählte ich Gerhard Schröder, der mir daraufhin erklärte, dass er bereit sei zu kommen, aber erst, nachdem Helmut Kohl da gewesen sei. Und als ich das wiederum Johannes Rau erzählte, meinte er, dass er dann nach den beiden anderen Herren erschiene. Also schrieb ich Helmut Kohl, es hinge wieder mal alles an ihm. In einem Antwortbrief reagierte er ausgesprochen amüsiert, brachte aber auch die Vermutung zum Ausdruck, dass der leichte Druck, den ich ausübte, möglicherweise den alten »Strippenzieher der PDS« zum Vorschein kommen lasse. Widerlegen kann ich das nicht, also muss ich mit dem Ruf leben.

Am Sonntag der Bundestagswahl war ich in der Sendung von Sabine Christiansen. Sie wird von der Produktionsfirma TV21 produziert. Geschäftsführerin ist Sabine Christiansen und Geschäftsführer Michael Heiks. Wir kamen nach der Sendung miteinander ins Gespräch. Dabei entstand die Idee, eine Fernsehsendung mit mir und einer weiteren Person als Moderator zu produzieren. Ich äußerte sowohl Interesse als auch Bedenken. Ich weiß sehr wohl, dass es ein großer Unterschied ist, ob man in einer Talkshow als Gast oder als Gastgeber auftritt. Meine Qualitäten liegen eher in der Gastrolle. Vor allem erklärte ich, dass mir Neutralität nicht läge und Zuschauerinnen und Zuschauer diese von mir auch nicht erwarteten. Es müsste eine Möglichkeit geben, als Gastgeber an der Diskussion teilzunehmen, ohne die Rolle der Gäste dadurch erheblich einzuschränken. Außerdem müsste eine solche Sendung einen anderen Ansatz finden als üblich. Ich wäre nicht an einer Talkshow interessiert, die sich in die vorhandenen einreihte. Dann entstünde der Eindruck, dass ich auf irgendeine Weise versorgt werden wolle. Außerdem wolle ich es nicht mit professionellen Journalistinnen und Journalisten aufnehmen, die von ihrem Handwerk sicherlich mehr verstünden als ich. Die Idee, die dabei geboren wurde und über die wir dann noch öfter sprachen, war eine spezifisch ostdeutsche Talkshow. Das Ostdeutsche daran sollte sich weder unbedingt aus den Gästen noch aus den Themen ergeben, sondern aus der Tatsache, dass die beiden Moderatoren versuchen müssten, bundespolitische Entscheidungen hinsichtlich ihrer Folgen für die neuen Bundesländer zu beleuchten. Das gab es in dieser Form bisher nicht, und dieser Versuch reizte mich.

Lange wurde darüber diskutiert, wer als Mitmoderator in Frage komme. Schließlich konnte Lothar Späth gewonnen werden. Das ist zweifellos eine interessante Konstellation. Lothar Späth hat eine klassische West-, ich eine weniger klassische Ostbiografie. Beide haben wir als Politiker gearbeitet. Lothar Späth war als Vorstandsvorsitzender von Jenoptik seit Jahren in den neuen Bundesländern aktiv und versteht eine Menge von wirtschaftlichen Zusammenhängen, generell und speziell in Ostdeutschland. Wir haben beide eine sehr genaue Sicht auf die neuen Bundesländer, aber von völlig unterschiedlichen Standpunkten aus. Wir wollten in der Sendung aber nicht Schwarz und Rot spielen, sondern versuchen, sowohl mit Übereinstimmungen als auch mit Unterschieden souverän umzugehen. Wichtig war uns auch, dass es nur zwei Gäste gäbe, damit sie genügend zu Wort kämen.

Lothar Späth bin ich den vergangenen Jahren des Öfteren begegnet. Wir haben uns stets sachlich und fair behandelt. Mir kam hier zugute, dass Lothar Späth meinen Vater aus DDR-Zeiten kannte und sich gut mit ihm verstanden hatte. Er betrachtet deshalb DDR-Biografien mit anderen Augen, als das für CDU-Mitglieder, insbesondere in den alten Bundesländern, sonst typisch ist. Er erhebt sich nicht über diese Biografien und versucht auch nicht, die Rolle eines Richters zu spielen.

Irgendwann waren Lothar Späth und ich mit der Geschäftsführerin und dem Geschäftsführer von TV21 einig, und Michael Heiks bemühte sich, einen Fernsehsender zu gewinnen. Der Mitteldeutsche Rundfunk (MDR) war sofort interessiert. Aber die Verantwortlichen hatten sich das etwas leichter vorgestellt. Nach Bekanntwerden des Vorhabens erhob Bernhard Vogel scharfen Protest. Natürlich meldete sich die CDU-Bundestagsabgeordnete Vera Lengsfeld zu Wort, von der man lange nichts mehr gehört hatte. Aber der Kampf gegen mich ist eines ihrer wichtigsten Betätigungsfelder, und also hatte sie wieder ein Thema. Auch ein Bürgerkomitee in Leipzig und ein Autorenkreis in Berlin forderten vom MDR, auf diese Sendereihe zu verzichten. Bemerkenswert an den Einwänden war, dass dem MDR vorgeworfen wurde, vornehmlich auf hohe Einschaltquoten zu schielen. Ich wusste gar nicht, ob mit Lothar Späth und mir tatsächlich so hohe Quoten zu erreichen seien, aber die Kritikerinnen und Kritiker nahmen das an. Hier spätestens wurde ihre Argumentation für mich fragwürdig. Denn nach ihrer eigenen Darstellung gibt es viele Zuschauerinnen und Zuschauer, die an einer solchen Sendung interessiert sein könnten. Ihnen wollten sie aber vorschreiben, eine solche Sendung nicht sehen zu dürfen. Was sie früher bekämpft hatten, praktizierten sie nun selbst. Sie wollten nicht die

Zuschauerinnen und Zuschauer entscheiden lassen, sondern administrativ klären, wen diese sehen dürfen und wen nicht. Das Gute am Fernsehen ist ja, dass niemand gezwungen werden kann, sich irgendeine Sendung anzusehen. Wer mich nicht sehen will, kann einfach um- oder abschalten. Noch erstaunlicher war für mich, dass Bernhard Vogel in der »Leipziger Volkszeitung« mit der Aussage zitiert wurde, man dürfe auch nicht vergessen, dass ich mein Amt als Senator in Berlin einfach hingeworfen hätte. Damit erklärte er, dass er es für richtig gehalten hätte, wenn ich im Amt geblieben wäre. Mit anderen Worten, ich hätte im Range eines stellvertretenden Regierungschefs eines Bundeslandes, dazu noch der deutschen Hauptstadt, bleiben sollen. Die Rolle des Komoderators in einer Fernsehsendung, die einmal im Monat ausgestrahlt wird, schien ihm dagegen unerträglich, und er meinte, sie sei auch einem Großteil der Ostdeutschen nicht zuzumuten.

Es gibt viele Leute, die ich nicht mag und die ständig im Fernsehen auftreten, nicht nur als Gäste, auch als Gastgeberinnen und Gastgeber. In mir kommt in solchen Momenten nicht einmal die Idee hoch, dass man dagegen irgendetwas tun müsse. Ich weiß, was ich selbst tun kann, und das mache ich dann auch. Ich sehe mir die Sendung einfach nicht an, es sei denn, ich will mich ärgern.

Auf jeden Fall hatte ich durch mein Einverständnis selbst provoziert, dass es wieder Auseinandersetzungen um meine Person gab. So kommt es zu Momenten, in denen man eine Zusage bereut, weil man die vorherige Ruhe genossen hat. Aber nun wollte ich zu meiner Zusage stehen und meinen Beitrag leisten, damit die Sendung erfolgreich würde. Schließlich hatten sich andere für mich engagiert und zu diesem Engagement gestanden, und dann hatte ich kein Recht, mich zurückzuziehen. Gerade durch eine solche Sendung konnte ich auch für die Öffentlichkeit als politisch denkender und handelnder Mensch wahrnehmbar bleiben, ohne meine Rückkehr in den Anwaltsberuf aufgeben und ohne ein politisches Amt anstreben zu müssen.

Die erste Sendung fand am 20. Januar 2003 statt. Es war vorher gar nicht so leicht, geeignete Gäste zu finden. Dazu hatten die Auseinandersetzungen beigetragen. Außerdem wollen Politikerinnen und Politiker in der Regel erst abwarten, wie eine Sendung läuft, bevor sie an ihr teilnehmen. Es kamen schließlich der Bundesminister für Verkehr und Aufbau Ost, Manfred Stolpe von der SPD, und der ehemalige Bundesarbeitsminister Norbert Blüm von der CDU. Außerdem saßen zwei Gäste im Publikum, die Statements abgeben sollten. Vor der Lounge der Deutschen Bahn AG im Hauptbahnhof von Leipzig fand eine Demonstration gegen und eine andere für mich statt. Die Situation war also gespannt, und das wirkte sich auf alle Teilnehmerinnen und Teilnehmer, vor allem auf mich aus. Vor der Sendung wurde ich von den Verantwortlichen mehrfach gebeten, mich zurückzunehmen, damit kein Bild einer einseitigen Dominanz entstünde. Das fiel mir in dieser Sendung besonders leicht, und hinterher waren die gleichen Verantwortlichen der Meinung, ich hätte es mit meiner Zurückhaltung übertrieben. In einer solchen Sendung werden die Redezeiten der Beteiligten genau gemessen. Dabei kam heraus, dass ich von den 45 Minuten etwas über sechs Minuten gesprochen und damit von allen Beteiligten die geringste Zeit beansprucht hatte. Insgesamt war die Sendung nicht gut, was eben vor allem an mir lag. Wir hatten viel zu lange den Sinn und Zweck der Sendung erklärt und es nicht vermocht, Tempo und Spannung in das Gespräch zu bringen. Die Kritik dieser Sendung fiel zu Recht negativ aus. Die Einschaltquote war mit über vierzehn Prozent im Sendegebiet allerdings beachtlich. In der zweiten Ausgabe konnten Lothar Späth und ich uns deutlich steigern. Sie war besser, aber noch nicht optimal. Immerhin zeigte sie unser Steigerungspotenzial. Sowohl Lothar Späth als auch ich konnten gelassen abwarten, wie sich die Sendung weiter entwickeln würde.

Tatsächlich verlief die dritte Sendung noch besser, und auch die anwesenden Mitarbeiterinnen und Mitarbeiter des MDR waren zufrieden. Bei allen drei Ausgaben war die Quote zweistellig, was auf diesem Sendeplatz vom MDR noch nie erreicht worden war. Aber unmittelbar danach entschied der Intendant, Udo Reiter, die Sendung abzusetzen. Mir gegenüber begründete er diesen Schritt damit, dass die Polarisierung wegen meiner Person in den Gremien und bei den Zuschauerinnen und Zuschauern zu groß sei.

Mitglieder der Gremien berichteten mir aber, dass sie nicht verstünden, weshalb Udo Reiter sich auf sie berufe. In den Gremien gab es vor der ersten Sendung zwar Auseinandersetzungen mit einer Mehrheit für ihre Ausstrahlung, nach der ersten Ausstrahlung war das kein Thema mehr. Bei Zuschauerinnen und Zuschauern ist eine gewisse Polarisierung sogar wünschenswert. Udo Reiter konnte nicht bestreiten, dass sich die Sendung qualitativ steigerte und die Quote für den Sendeplatz einen Spitzenwert darstellte. Da er in einer Nebenbemerkung erwähnte, dass die CDU-Mehrheiten in seinen Ländern für die Zustimmungen zur Gebührengestaltung bei der ARD zuständig seien, wollte er mir wohl den Grad seiner Abhängigkeit andeuten. Ich bin davon überzeugt, dass er schon vor der ersten Ausstrahlung der Sendung einen Kompromiss mit Bernhard Vogel ausgehandelt hatte. Um sein Gesicht nicht zu verlieren, wollte er unbedingt die Sendung starten. Gleichzeitig wird er zugesichert haben, sie nach der dritten Ausstrahlung abzusetzen. Denn unmittelbar vor der ersten Ausstrahlung wurde plötzlich vorgeschlagen, nach der dritten über die Fortsetzung zu entscheiden. Udo Reiter hatte wohl gehofft, eine fachliche oder quotenmäßige Begründung für die Absetzung zu finden. Da diese Hoffnung nicht eintrat, musste er sich auf Gremien und Zuschauerinnen und Zuschauer zurückziehen und damit eine politische Begründung abgeben. Zensur kann mehr oder weniger offen erfolgen. Bernhard Vogel hat sich für eine ziemlich offene Variante entschieden.

Nach dem Sonderparteitag der PDS Ende Juni 2003 hoffe ich, dass die zwischen ihr und mir vorher entstandene Differenz wieder deutlich abnehmen wird. Das ermöglicht mir, mich öffentlich wieder stärker für sie und ihre Politik zu engagieren, was mich ebenfalls in Anspruch nehmen wird. Allerdings muss dies auch ohne Übernahme eines Parteiamtes gehen, denn ein solches strebe ich nicht mehr an.

Mit diesen Verpflichtungen bin ich ausgelastet. Mehr muss es nicht sein. Aber es sind viele neue Herausforderungen, so dass ich weiß, dass mein Leben nicht an Spannung verlieren wird. Ich kann neugierig bleiben auf den Fortgang dieses Lebens und auf mich selbst. Ich bin davon überzeugt, dass ein Mensch, der auf sich selbst nicht mehr neugierig ist, anfängt, in sich abzusterben. Davon kann bei mir keine Rede sein.

# Personenregister

**251**